梶田叡一 Kajita Eiichi
國分康孝 Kokubu Yasutaka
日置光久 Hioki Mitsuhisa
奈須正裕 Nasu Masahiro
杉田洋 Sugita Hiroshi
押谷由夫 Oshitani Yoshio
永田繁雄 Nagata Shigeo
森田洋司 Morita Youji
磯谷桂介 Isogai Keisuke
嶋﨑政男 Shimazaki Masao
藤田晃之 Fujita Teruyuki
宮台真司 Miyadai Shinji
鈴木寛 Suzuki Kan

これからの学校教育を語ろうじゃないか

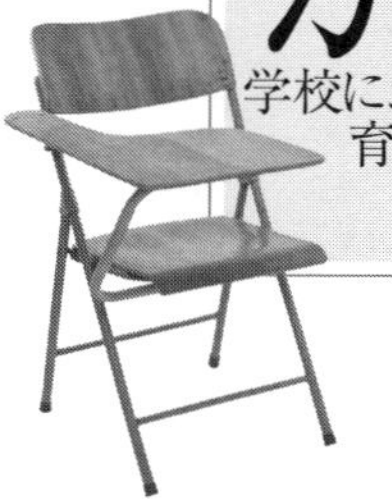

学校における人格形成と育てたい資質・能力

編著 Morotomi Yoshihiko
諸富祥彦

図書文化

はじめに

本書の中心をなすのは、学校教育のさまざまな分野・領域の第一人者と私（諸富祥彦）との数年がかりの連続対談の記録である。

さいわい、さまざまな分野の文字どおり第一人者の方々にご協力いただき、連続対談の相手をお務めいただいた。じつにそうそうたる面々であり、まさに学校教育の世界のオールスター戦の様相を呈《てい》している。

読者の方の中には、この本に登場する先生方のどなたかの話を講演などで聞いたことがあったり、書籍を読んだりしたことのある方も少なくないであろう。しかし、そんな読者の方々も本書をお読みいただければ、必ず新たな発見があるはずである。それは、私がその先生が語る話の核心に迫る問いを発していったからである。どなたがお読みになっても、実に刺激的な内容の濃い対談集になったと自負している。

この連続対談の発端となったのは、学校教育の諸分野・領域――生徒指導、キャリア教育、教育相談、教育カウンセリング、道徳教育、総合学習、特別活動など――においてどの分野・領域でも「自己を見つめる」とか「他者とかかわる」などと、一見みな同じようなことを言っているように見えるしやっているように見えるという疑問であった。しかしどの分野、領域も、それぞれ自分の殻に閉じこもったままで、お互いにほとんど交流していないのが実情である。

これらの分野・領域を隔てている壁や枠組みをいったん洗い直してはどうか。そして学校教育が子どもの人格形成を行っていくうえで、すべての分野・領域が暗々裡《あんあんり》に「共通してめざしているもの」とは何か、学校における人格形成の「統合的な枠組み」とは何かを模索すべきではないか。そうしないと、新たな分野、新たな教育課題が見つかる度に、既存の分野や教育課題との関連も不明確なまま次々と現場に放り込まれていくことになるであろう。しかしそれでは、学校現場はますます多忙になり混乱していくばかりではないか。

こうした問題意識をもとに本書で私は、道徳教育、生徒指導、教育相談、キャリア教育、特別活動、教育カウンセリング、教科教育、総合学習……これらの分野の第一人者の方々と、「学校教育は本来、何をめざすべきものなのか」「子どもの人格形成にどのような仕方でかかわるべきか。それはどんなコンピテンシー（資質・能力）を育成しうるものなのか」という根本的な問いをめぐって、数年がかりで白熱した議論を重ねていった。

その結果、学校における人格形成は、「自己の内面への深まり」という垂直軸と、「他者や集団、社会、人類共同体へのつながり、広がり」という水平軸との二軸で、どの分野・領域でもほぼ共通してとらえられるのではないか、という一応の仮説を得た。

しかし本書の魅力は、こうした点よりも、対談のディティール(細部)に宿った日本の学校教育の第一人者の方々の生の声である。思わずポロリともれた本音である。それは各先生方の講演や執筆という一人作業では決して生まれないものである。私との対談という相互交流の中でだけ発生しえたものである。

本書は、学校教育と真剣に向き合おうとされている方にお読みいただければ、必ず多くの発見があるとお約束できる内容になった。ぜひ、高い志のある方にお読みいただきたい。

明治大学教授
諸富祥彦

これからの学校教育を語ろうじゃないか
学校における**人格形成**と育てたい**資質・能力**

目次

はじめに◆2

第1章
学校教育における人格形成
どんな力「コンピテンシー」を育てるのか
諸富祥彦◆7

第2章
「我の世界」と「我々の世界」を生きる
梶田叡一◆諸富祥彦◆29

第3章
教育カウンセリングで各領域をつなぐ
國分康孝◆諸富祥彦◆56

第4章
教科教育・理科教育での人格形成
事実に学び謙虚さを育てる
日置光久◆諸富祥彦◆66

第5章　「総合的な学習の時間」での人格形成
つながり、かかわり、引き受ける
奈須正裕◆諸富祥彦◆78

第6章　特別活動と人格形成
「個」と「集団」の両輪で
杉田洋◆諸富祥彦◆98

第7章　道徳と人格形成
道徳的価値を中核とする人格形成
押谷由夫◆永田繁雄◆諸富祥彦◆112

第8章　生徒指導と人格形成
社会で生きる力を社会を通して育む生徒指導
森田洋司◆磯谷桂介◆諸富祥彦◆120

第9章　成長を促す教育相談
子どもを「決して切らない見捨てない」姿勢で
嶋﨑政男◆諸富祥彦◆135

第10章
子どもたちの未来を開き、学校を変革する枠組みとしてのキャリア教育
藤田晃之◆諸富祥彦◆149

第11章
自明性が崩壊した社会での学校教育
宮台真司◆鈴木 寛◆諸富祥彦◆172

第1章

学校教育における人格形成

どんな力［コンピテンシー］を育てるのか

諸富祥彦
Morotomi Yoshihiko

本書の意図

本書は、さまざまな分野の第一人者の方をお招きし、中立的で柔軟な視点で語り合うことをとおして、学校教育で必要とされている人格形成の基本的な枠組みを問い直していくものである。学校における人格形成のビジョンを描き直す（revisioning）のである。

学校教育における人格形成を、各分野の第一人者の方々との議論をとおして見直し、それぞれの分野ではいったいどんなコンピテンシー（資質・能力）を育成しうるものなのかを考えていくのである。

学校教育が人格形成をその至上の目的とするものであることには、異論はないであろう。教育基本法にも、その第一条（教育の目的）について、「教育は、人格の完成を目指し、平和で民主的な国家及び社会の形成者として必要な資質を備えた心身ともに健康な国民の育成を期して行われなければならない」と記されている。

私（諸富）は、これまで、学校教育のさまざまな領域や活動の中でも、比較的直接的に子どもの人格形成にかかわる分野に関心をもち、研究や実践にかかわってきた。

その分野とは、カウンセリングや生徒指導であり、道徳教育であり、学級経営、キャリア教育などである。こうしたさまざまな領域に領域横断的にかかわってきた。それぞれについて、かなり本格的に取り組み、学校現場とつながりながら思索を深め、実践的な提言を行ってきた（少なくともここ十数年のうちに、カウンセリング、生徒指導、道徳教育、キャリア教育、学級経営のいずれの分野についても単著編著を執筆し、理論だけでなく、実践的な視点からも論じてきた人間は、日本においてはおそらく、私一人だけだろう。誰も言ってくれないから自分で言うが、これは、かなり骨の折れる作業である)。

なぜ、こうしたスタンスをとってきたか。それは、子どもの人格形成――「人間性の育成」といってもいいし、「こころを育てる活動」といってもいいし、「生き方あり方の指導」といってもいいだろう――に、総合的にかかわっていきたい、という思いがあるからである。

私たち大人の目から見れば、道徳は道徳、カウンセリングはカウンセリング、生徒指導は生徒指導、キャリア教育はキャリア教育とそれぞれ別物であっても、子どもの視点からすれば、いずれも同じ「学校で学ぶこと」である。一体となり、渾然となって吸収されていく。

したがって、学校現場における子どもの「人格形成」「こころの育成」に本気で関心をもてば、生徒指導にも、カウンセリングにも、道徳にも、特別支援にも、学級経営にも、キャリア教育にも、自然とかかわらざるをえなくなっていった。渾然一体となって子どもの心に影響を与えている以上、いずれの分野にも関心をもたざるをえなかった、というのが、本心である。

そして、こうしてさまざまな分野に関心をもっていると見えてくることがあった。いずれの分野も、同じようなことを言っているのである。

何人もの教師から、こんな声を聞く。

「生徒指導、キャリア教育、教育相談、教育カウンセリング、それから道徳、総合、特活、みんな同じようなことを言っているし、やっている」。

例えば、算数の時間に「友達と一緒に話し合いながら、どんな解き方が可能かを考えよう」という活動をしたときに、どのような見方があるだろうか。

キャリア教育では「人間関係形成力」にかかわっているとみなされる。

生徒指導では「共感的な人間関係」にかかわっているとみなされる。

「存在感と自己決定と共感的な人間関係」の三つは、生徒指導の重要な機能である。

道徳教育では算数を学ぶ中で、「思いやり」のある人間関係をはぐくんでいるとみなされる。

「自己」の育成、自分を見つめる、他者とかかわる、集団や社会の形成者となる……。いずれも同じ子どもの「人格」「こころ」にかかわっているのだから、当然と言えば当然であるが、どの分野でも、似たようなことを言っている。そこには何か、共通してめざしているものがありそうである。それはもちろん、子どもの「人格」の形成であり「こころ」を育てることなのであるが、ではその「共通してめざしているもの」が何かと言えば、はっきりしない。

そして不運なことに――これが私が今回、この本を、そしてそのもとになる『指導と評価』誌上における対談の連載を企画した最大の理由なのであるが――それぞれの領域に関心をもつ現場の教員が分断されている。

道徳教育に関心を抱く学会や教員の会があり、生徒指導に関心を抱く学会や教員の会があり、カウンセリングに関心を抱く学会や教員の会がある。キャリア教育に関心を抱く学会や教員の会があり、学級経営に関心を抱く学会や教員の会があり、学校教育相談に関心を抱く学会や教員の会があり、特別活動に関心を抱く学会や教員の会がある。そして、それぞれの分野について教員はかなり深く学んでいるのであるが、つまりはたこつぼ式で、それぞれに交流する機会はほとんどないのである。それはまるで、同じようなことに関心を抱きながら「共通言語」をもたないがゆえに、交流できずにいるかのようである。

これは、何かとてももったいないことになっているのではないか。それぞれの分野に関心をもつ教員は――私もまたそうであるが――日々出会う子どもたちの「こころ」や「人間性」を育てたい、何かためになることをしたい、という純粋な関心でその分野に関心をもち、専門的な知見を蓄えているはずである。しかし、どれほどその分野のエキスパートになろうと、いやその分野のエキスパートになればなるほど、ますます「その分野特有の概念」に思考を支配されるようになる。ほかの分野を学んだ教員とつながれなくなってしまう。そんな悲劇的な事態が生じているように思われたのである。

そして、このような形で現場を振り回しているのは、次から次へと「これも大事」「あれも大事」と新たな分野を立ち上げてはその「会」をつくり、それぞれの組織、団体のトップとなっても決して他と本格的に交わることはしない、私たち学者、研究者の側に責任があるように思われてきた。

教育の世界は、子どもたちのためにいいことであれば、どんどん新たな領域を設けるべきだという傾向がある。戦後の六十数年の間に、次から次へといろいろな領域がつくられたが、多くの領域が「これは学校教育全体にかかわること」となり、実際にやっていることはかなり似ていたりする。

もちろん、各教科、特別の教科・道徳、特別活動は学習指導要領で時間を割り当てられた「カリキュラム」である。生徒指導は、学校のすべての教育活動を通して働く「機能」である。それに対して、キャリア教育、情報教育、人権教育、福祉教育……これらは「教育課題」である、という一般的な区分はできよう。しかし、実際には、道徳教育も、生徒指導も、キャリア教育も、人権教育も、福祉教育も、情報教育も……「学校におけるすべての教育活動を通して」行われるようになっている。これでは、「気にかけるべきこと」が多すぎて、飽和状態である。

一度概念をきちんと整理する必要がある。学校教育全体を俯瞰し、子どもたちの人格形成を考えるうえでの統合的な新たな枠組みが創出されていく必要があるのではないだろうか。

「学校教育のさまざまな分野における人格形成の営み全体を統合し俯瞰して見ることができる枠組み」が必要ではないか。そのための議論を領域の壁を越えて行うべきではないかと研究者にも文部科学省にも現場の先生方にも問題提起をしたい——これが、本書を企画した意図である。

概念の重要性

ここまで読まれて、何を頭でっかちなことを言っているのだ、と思われた方もいるだろう。

しかし、概念整理は重要である。

例えば、「キャリア教育」という概念について考えてみる。

もちろん、日本社会が不安定になりつつあること、人生の長期的な見通しをもちにくい世の中になりつつあること、そうした不透明な社会になりつつあるという「社会的現実」がまずあって、それがキャリア教育という「概念」を要請したのも事実である。

しかし、逆もまた、真なり。「キャリア教育」という「概念」が浸透するからこそ、この概念によって切り取られ浮き彫りになる「社会的現実」があり、これが「教育課題」を生み出している、ということも否めないのである。

心理学者のジェームス・ヒルマンは、「概念」が悩みを創り出しているという見方を提示する。

「現代人の悩みをつくり出しているものは何か」という問いに、多くの人が「トラウマだ」と言う。

しかしヒルマンは、人の悩みは、「トラウマ理論」「トラウマという考え方」がつくり出している、と言う。「トラウマが人を苦しめている」のではなく、「トラウマというものの見方」が世の中に流布することで、多くの人々の悩み苦しみをつくり出している、と考えるのである。

学校教育もこれと同様で、「概念」によって、次から次へと新たな教育課題が生み出されているところがある。

ヒルマンの考えを応用した面白い本がある。『概念の心理療法――物語から弁証法へ』（河合俊雄著、日本評論社、一九九八）である。

この本では、心理療法におけるさまざまな考え方そのものが病んでいるから、それを治療の対象にしなくてはいけない、という考えが提示されている。

教育の分野にこれを応用すれば、治療の対象としなければいけないのは、「教育現実」以前に、「教育にかかわる諸概念」であることになる。

実際、ある分野、ある領域の考えに染まってしまい、その視点からしかものごとを見ることができなくなるということが、教育現場ではしばしばある。特定の視点でしか物事を見られないと、全体を見ることができなくなってくるのである。

こうした教育にかかわる概念的な混乱を整理する必要は、宇佐美寛先生などが昔から言われていたことだが、教育哲学の本来の仕事であろう。教育実践や教育行政との密接な連携を保ちながら概念整理を行っていくことが、教育哲学の本来の仕事である。

しかし現実には、日本の教育哲学は、デューイやペスタロッチなどの教育思想を紹介する教育思想解説学になってしまっている。

教育哲学のもう一つの仕事は、教育心理学者やカウンセリング心理学者、教育社会学者らと連携して行うべきことだが、実証科学で新たに発見された事実をどんな概念で、どう理解するか、新しいデータに関する概念的な整理と概念的な解釈を行うことである。

もともとはドイツ語圏の教育学での発想だが、日本語に訳すと「教育科学（ペタゴギーク・ヴィッセンシャフト Pdagogik-wissenschapt）」という言葉がある。

例えば教育臨床心理学者はリストカットをする子どもたちや、不登校の子どもたちのケースを積む。それをどんな概念で、どう理解するかは、カウンセラーの仕事ではなく教育哲学者の仕事である。

調査そのものは教育心理学者や教育社会学者の仕事だが、調査にかけるべきほんとうの概念は何か、統計の結果がどんな「意味」をもつのか解釈するのは教育哲学者の仕事である。教育臨床家や実践家や教育実証科学者との連携のうえで、その概念に関する整理や概念的な解釈を行う。この両者の連携のもとに行われるのが「教育科学」なのである。

実証研究と哲学が融合しないと本来の教育学は成り立たないというのが、ドイツの教育科学の流れである。

残念ながら日本では、統計を行う人が概念整理も解釈も全部自分でしてしまう。日本では学問の間でも連携が行われていないという問題がある。それぞれ別個に、自分がよかれと思うことをやっていくうちに、どんどん領域が増えてしまい、その結果、現場が振り回されているのではないだろうか。

教育に関する新しいデータの解釈に教育哲学者は全然登場しないし、どういう活動、研究、政策議論が必要なのかという枠組みが全然ないのである。

人格形成の縦軸［垂直性の軸］と横軸［水平性の軸］

さて、話をもとに戻そう。

「人格形成の統合的な枠組み作り」でまず考える必要があるのは、子どもたちの人格形成を行っていくうえで、すべての分野、領域が「共通してめざしているもの」は何か、ということである。

すべての分野、領域が「共通してめざしているもの」――第8章で森田洋司氏がストックと呼ぶそれ――をまず確定することであろう。そのうえでキャリア教育でしか担えないところ、生徒指導でしか担えないところ、教育相談、教育カウンセリング固有の領域、道徳教育でしかできない押さえどころはどこか、というふうに見ていくのである。

新たな枠組みを創出し、そこに全体を統合し位置づけし直す作業を行うためには、各領域の固有性を明確にしつつ、同時に共通の基盤がどこであるかを押さえなくてはならない。

学校教育における人格形成でいちばん共通してやらなければいけない「共通の柱」を押さえ、同時に各領域固有の側面を明らかにする必要がある。

では、全体を見直し、整理して、子どもたちにとってより有益な実践を行うために有効な「共通の枠組み」とは、いかなるものであろうか。

私が今回の対談にあたり提案したのは、「自己」と「他とのかかわり」という視点である。

生徒指導、特別活動、道徳教育、キャリア教育、教育相談――いずれの領域にも共通するのが、一つは、自分自身を見つめる、自己を見つめる、ということである。

そしてもう一つが他者とかかわる、集団や社会とかかわる、ということである。

前者、すなわち、自己の内面を見つめる、という作業は、いずれ超越の次元へと開かれていく。だからこれは、垂直性の次元である。自己の内面を深く見つめる、「深める」という方向性と、内在を突破して人間を超えたもの、いのちそのものや崇高なるものとかかわる、という超越性へと「高まる」という二つの方向性をもっている。

いずれも、人間の内面性深くにかかわる垂直性の次元。「深まり」と「高まり」の方向性。これは、**図1**において、人格形成の「縦軸」として示されるものである。

図1◆人格形成の縦軸と横軸

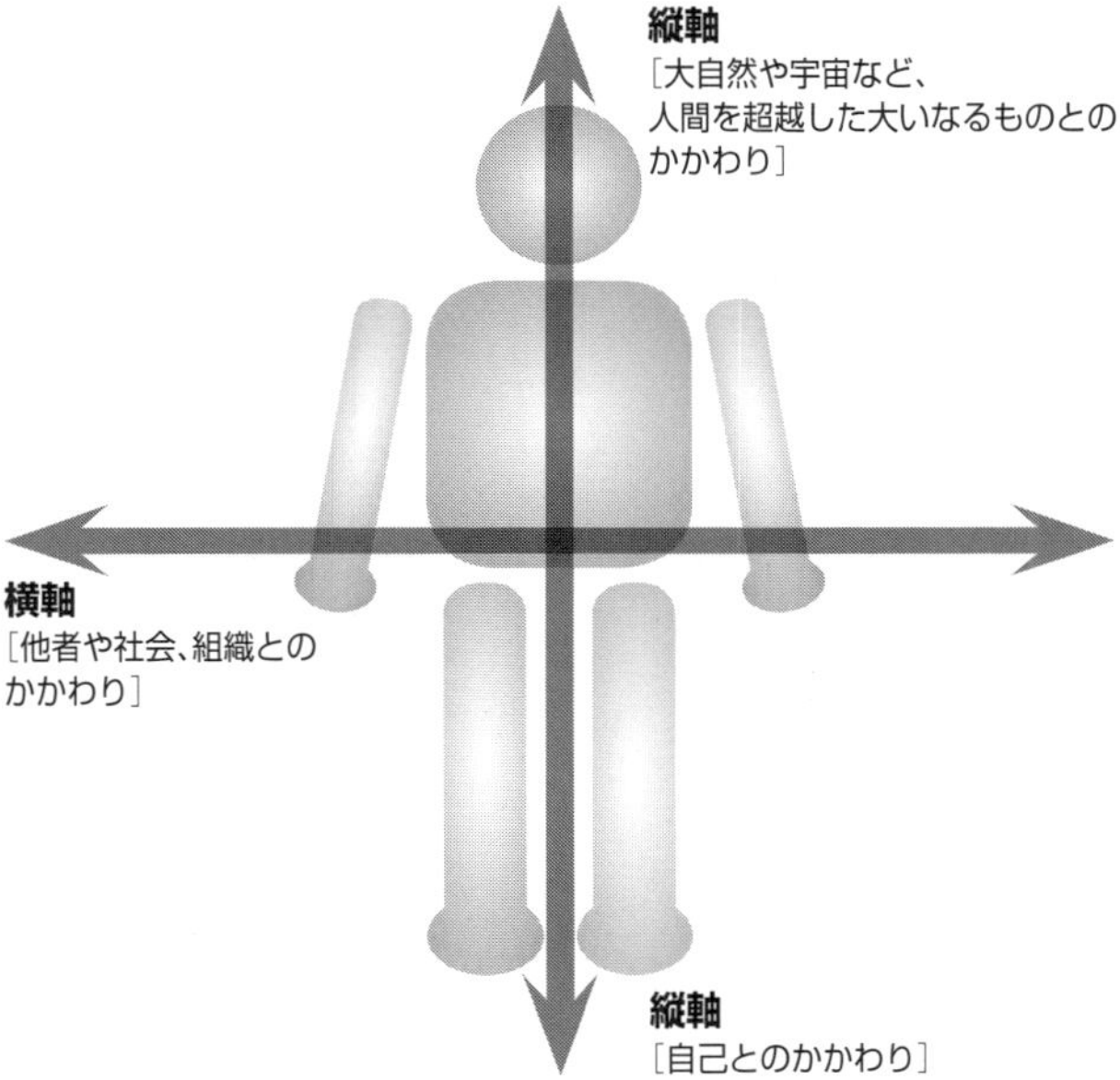

一方、後者は、他者とかかわる、という水平性の次元。

他の人間とかかわる、集団の中で他者とかかわる、地域社会とかかわる、と同心円状を描いて広がっていく。さらに人類共同体とのかかわり、つながりへと広がっていく「広がり」の方向性をもつ。

いずれも、自分以外の他者とかかわっていく水平性の次元。「広がり」と「つながり」の方向性。これは、**図1**において、人格形成の「横軸」として示される。

人格形成の「縦軸」と「横軸」。

垂直性と水平性。

自分を深く見つめ、自分を超えたものへと開かれていく「深まり」と「高まり」。

他者へ、集団へ、社会へ、人類共同体へと広がっていく「広まり」と「つながり」。

この二つの軸で、学校教育における人格形成の骨格は、ほぼ押さえられるのではないか。

この二軸による人格形成モデルをもとに、さまざまな学校教育の領域をとらえ直してみると、スッキリして、実態が見えやすい。道徳教育であれ、生徒指導であれ、教育カウンセリングであれ、教育相談であれ、キャリア教育であれ、特別活動であれ、総合的な学習の時間であれ、そこで実質的に行われている「人格形成」の幹は何かというと、この二軸、すなわち、「自己の内面への深まり」という垂直軸と、「他者や集団、社会、人類共同体へのつながり、広がり」という水平軸の二方向でほぼ、とらえることができるのである。

学校における人格形成の各領域や活動すべてに共通する「幹の部分」をこのようにとらえておいて、それにプラスアルファされるそれぞれの領域に固有の活動を「枝葉の部分」とする、というように整理しておけば、全体的な概念整理に一歩踏み出せるのではないだろうか。

この二軸は、とりわけ、道徳教育における「四つの視点」、すなわち、「自分自身」「人との関わり」「集団や社会との関わり」「生命や自然、崇高なものとの関わり」の四つの視点にほぼ対応すると考えられる。

そして、この「四つの視点」は、以下のように、新しく改正された教育基本法の「第二条 教育の目標」の内容の二から五において、それぞれそれに相当する記述が盛り込まれており、日本の学校教育における「人格形成」の基本的な考えを表すものと受け取っていいように思われる。

第二条 教育は、その目的を実現するため、学問の自由を尊重しつつ、次に掲げる目標を達成するよう行われるものとする。

一 幅広い知識と教養を身に付け、真理を求める態度を養い、豊かな情操と道徳心を培うとともに、健やかな身体を養うこと。

二 個人の価値を尊重して、その能力を伸ばし、創造性を培い、自主及び自律の精神を養うとともに、職業及び生活との関連を重視し、勤労を重んずる態度を養うこと。

三 正義と責任、男女の平等、自他の敬愛と協力を重んずるとともに、公共の精神に基づき、主体的に社会の形成に参画し、その発展に寄与する態度を養うこと。

四 生命を尊び、自然を大切にし、環境の保全に寄与する態度を養うこと。

五 伝統と文化を尊重し、それらをはぐくんできた我が国と郷土を愛するとともに、他国を尊重し、国際社会の平和と発展に寄与する態度を養うこと。

この四つの視点のうち、Aの視点「自分自身」とDの視点「生命や自然、崇高なものとの関わり」がほぼ「縦軸」(内面の深化と超越への開けという垂直性の次元)に、そしてBの視点「人との関わり」とCの視点「集団や社会との関わり」はほぼ「横軸」(他者、集団、社会、人類共同体へのつながりと広がりという水平性の次元)に、相当すると考えられるのである。

また、この二軸は、第2章の対談相手である梶田叡一氏の言う「我の世界」と「我々の世界」にもほぼ一致する。すなわち、**図1**の人格形成モデルの「縦軸」(内面の深化と超越への開けという垂直性の次元)が梶田氏の言う「我の世界」に、「横軸」(他者、集団、社会、人類共同体へのつながりと広がりという水平性の次元)が梶田氏の言う「我々の世界」に、ほぼ一致すると考えられるのである。

第二章以降の対談でお会いした方々からも、この「学校における人格形成の二軸モデル」について、おおむね賛同をいただくことができた。

それぞれの分野、領域は、子どもに、どのようなコンピテンシーを育てるのか

本書でもう一つ、焦点を当てるのが、「コンピテンシー・ベーストな考え方」、すなわち、「子どもに育成すべき資質・能力」をまず定め→「その○○力をどうやって育成するか」という順序で学校教育の中身を考えていこうとする考え方である。

次章以降、さまざまな分野、領域、活動の第一人者の方々と議論を重ねながら、それぞれの分野、領域、活動では、子どもにどのようなコンピテンシー(資質・能力)を育てていこうとしているのか、また、育てることができるのかを考えていく。

周知のように、コンピテンシーという概念は一九九〇年代以降、「生きる力」(文部科学省)「リテラシー」(OECD)「人間力」(内閣府)「社会人基礎力」(経済産業省)「学士力」(文部科学省)といった言葉で論じられる「新しい学力観」「新しい能力観」に関する議論の中で、OECD(「経済協力開発機構」)が組織したDeSeCo(Definition on Selection of Competencies:コンピテンシーの定義選択)プロジェクトが提唱した「キー・コンピテンシー」という考えによって知られるようになったものである。

こうした動向の中で共有されているのは、「従来の知識・技能伝達型の学校教育では、これからの変化の激しい時代を生きていくのに必要な力を子どもたちに育てることはできない」という危機感であり、「学校でどんな力を育てていく必

要があるのか」を本気で見直さなければいけない、という認識だ。

高度成長時代にあっては、全員が読み書きそろばんといった基礎能力をすべての子どもに育てていくことが重要視されていたが、いま、この不透明な時代を生きていくのに、こうした一定の知識・技能の習得では不十分なことは誰の目にも明らかである。そこで、一定の知識・技能を子どもたちに教えていくだけではなく、その知識や技能を実際に毎日の生活場面でどのように使えばいいかが問われるようになったのである。

この新しい「学力」観は、どこから要請されているのかというと、一つは、産業界からである。『ワーク・シフト——孤独と貧困から自由になる働き方の未来図〈２０２５〉』(紀伊国屋書店)の中で著者のリンダ・グラットンは、二〇三〇年、つまりいまの中学校三年生が三十歳くらいになるころには、世界中で働き方の大きな転換が起きるという。上司がいて、部下がいるといった階層システムはもうなくなり、それぞれの人間が専門家となり専門家同士が寄り集まってチームで自由なプロジェクトを組みながら仕事をしていくスタイルがごく一般的になっているだろうと実に刺激的な予測をしている。

著者の予測が当たるかどうかは別にして、これから十五年後には、おそらく、いま求められているのとはまったく異なる能力が求められるようになることは明白であろう。

いずれにせよ、こうした産業界からの要請によって、「人材育成・人材マネージメント」という視点が、学校教育の中に急に取り入れられ始めた。しかもそれを中学校、小学校へと降ろしていく形でカリキュラムの再編成を行おうとされているのである。

ＯＥＣＤのDeSeCoプロジェクトは、乱立する「新しい能力」概念を整理し、ＰＩＳＡなどの能力評価プログラムの理論的・概念的基礎づけを行うために企画され、コンピテンスの概念とキー・コンピテンシーの選択を行った。DeSeCoはコンピテンスを「ある特定の文脈における複雑な要求(demands)に対し、認知的・非認知的側面を含む心理——社会的な前提条件の結集を通じて、うまく対応する能力」(Rychen & Salganik 2003 : 43)と定義し、この定義をもとにキー・コンピテンシーを選択した。

キー・コンピテンシーとは、「個人の人生の質(クオリティ・オブ・ライフ)」と「うまく機能する社会」を実現するために必要なもので、しかもすべての人の人生のさまざまな側面にかかわるものである。キー・コンピテンシーは、カテゴリー１(道具を相互作用的に用いる)、カテゴリー２(異質な人々からなる集団で相互にかかわりあう)、カテゴリー３(自律的に行動する)の三つのカテゴリーから成っており、これら三つのキー・コンピテンシーは三次元座標のように組み合わされ、相互作用的な群（constellation）として機能すると考えられている（松下佳代（二〇一一）「〈新しい能力〉による教育の変容」『日本労働研究雑誌』614）。

キー・コンピテンシーの「カテゴリー2」「カテゴリー3」

ここで重要なのは、特にカテゴリー2やカテゴリー3を見ると、DeSeCoによるキー・コンピテンシーは、決して、ペーパーテストなどで測定しうるものではない「全人格的なもの」であるということだ。「異質な人々からなる集団で相互にかかわりあう」「自律的に行動する」という言葉から直ちにわかるように、これらは、学校教育の諸領域の中では、教科にももちろんかかわるが、それ以上に、道徳教育、生徒指導、特別活動、教育カウンセリング、キャリア教育といった「人格形成」により直接的にかかわるものである。

松下（二〇一一）も言うように、「PISAでは、カテゴリー1のコンピテンシーの一部がカテゴリー2や3のコンピテンシーと切り離されて、独立に測定・評価されているわけである。PISAが調査にとどまっている限りでは、このことは大した問題ではない。どんな調査にもそうした抽象や限定はつきものだからだ。だが、PISAが教育政策を通じて教育実践に大きな影響をもつようになったとき、このリテラシーの切り詰めは、実践の全体性を損ねるようになる」。

本書の文脈で言えば、DeSeCoの言うキー・コンピテンシーは、いわゆる教科教育によって育成可能な範囲を超えて、道徳教育、生徒指導、特別活動、教育カウンセリング、キャリア教育といった「人格形成」により直接的にかかわる分野が育てていかなくてはならないものであるのに、「キー・コンピテンシー＝PISA型学力」という大いなる誤解（！）が見過ごされてしまう危険があるということである。

繰り返しになるが、キー・コンピテンシーは「個人の人生の質」と「うまく機能する社会」を実現することができるために必要な能力である。PISAでは、カテゴリー1（道具を相互作用的に用いる）だけを他から切り離して測定しているにすぎないのである。

「個人の人生の質」と「うまく機能する社会」を実現することができるために必要な能力は、DeSeCoが示しているように、より広く、全人格的なものである。日々の生活の中で直面するさまざまな状況の要請に対して、自らの内的構造のすべてを総動員して応答していく能力こそが、これからの社会を生きていくうえで必要とされる「新しい能力」であり、それは全人格的な能力である。あえて「学力」という言葉を使うならば、それは「人格力」という学力である。

例えば、ある生徒が、「学級の中で、いじめやからかいが、なかなか止まらない場面」に出くわしたとする。こうした「状況の要請」に対して、生徒はみずからのもつ諸力を総動員して、それに応えていくことが求められる。

「このクラスからいじめがほんとうになくなるためには、どうすればいいか」を学級で徹底的に話し合い、「どこに問題があるのか」を発見し改善するには、どうしたらいいかを個々が考え、改善策を全員で話し合う。例えばその話し合いのプロセスの中で、ある生徒は「席の配置といじめが関係している」という問題を発見し、その対処策として「二週間に一度、機械的に席順を変える」というシステムを提案したりするだろう。このとき、この生徒は、DeSeCoが提示したキー・コンピテンシーの「1―B 知識や情報を相互作用的に用いる」「2―B チームを組んで協同し、仕事する」「2―C 対立を調整し、解決する」「3―C 権利、利害、限界、ニーズを擁護し、主張する」などをまさに総動員しているのである。

また、生徒が自らの10年後、20年後を見据えて、どう生きるべきかを真剣に考えたとしよう。このときこの生徒はDeSeCoが提示したキー・コンピテンシーの「1―B 知識や情報を相互作用的に用いる」「1―C テクノロジーを相互作用的に用いる」「3―A 大きな展望の中で行動する」「3―B 人生計画や個人的プロジェクトを設計し、実行する」などをまさに総動員しているはずである。

このように考えるならば、現状では学習活動の場面に限定されて用いられがちな「コンピテンシー」概念は、より広く、学校の全教育活動の中で育てていくべきものとしてとらえなおされなければならなくなる。

DeSeCoのキー・コンピテンシー概念では「対象世界」「他者」「自分自身」という三つの軸によって能力がホリスティックにとらえられている。もちろん、この三者は不可分なものであるが、あえておおまかに言うならば、「対象世界」は教科教育の持ち分、そして「他者」「自分自身」はより直接的な人格形成領域――道徳教育、特別活動、生徒指導、キャリア教育、教育相談、教育カウンセリングといった相互に重なり合う諸領域――の持ち分であると言えるだろう。

（また、「他者」「自分自身」は、私が先に提示した「人格形成の二軸モデル」の二軸にほぼ相当する。）

パースペクティヴィズム

「コンピテンシー」という概念を世に広めたDeSeCoのキー・コンピテンシー概念自体が、いわゆる「学力」の幅に収まるものではない「全人格的能力」であると述べた。

逆に言えば、道徳教育、特別活動、生徒指導、キャリア教育、教育相談、教育カウンセリングといった諸領域は、子どもたちが有意義な人生を送るために、また、社会の担い手となるために必要な何らかの「コンピテンシー」(○○力)を育成しているからこそ現在存在しており、その限りにおいてこれからも存在し続けるであろう。

周知のように日本以外の先進国の大半では、「コンピテンシー・ベースト」の見地、すなわち、「子どもにどのような資質・能力を育成すべきか」をまず定め→「その○○力を育成するためにはどのようなカリキュラムが必要か」という見地からカリキュラムが再編成されている。日本でも今後、同様の見地からカリキュラム再編が進んでいく可能性は低くないであろう。例えば、品川の「市民科」などはその先駆けである。教科学習以外の分野が再編成されて「こころ科」「人間科」などができるかもしれない。

その際には、「どのような資質・能力(コンピテンシー)を育てる必要があるか」がまず見定められ、その能力を育成するのに必要なプログラムが組まれ、そうした実践を行うのに相応しい「器」として、まず現存する諸領域、諸活動――道徳教育、特別活動、生徒指導、キャリア教育、教育相談、教育カウンセリングなど――において、どのような「コンピテンシー」を育成できており、またそのように想定されているかを見定めておくことが必要であろう。

その際重要なのは、こうした諸領域、諸分野を実体視しないことである。

例えば、小学校段階におけるキャリア教育がその典型であるが、「キャリア教育」という「視点」があることで、現在行われている小学校でのさまざまな教育活動――例えば、小グループでの話し合い活動――が「キャリア教育上、意味あるもの」という「意味」が浮上してくる。

同様に「生徒指導」という「視点」「観点」に立つならば、「いまここで行われている活動は、自己決定の場面である」といった「意味」が浮上してくる。

また同様に「道徳教育」という「視点」「観点」に立つならば、「いまここで行われている活動は、生命という価値を学習している場面である」といった「意味」が浮上してくる。

ここで役に立つのは、ニーチェの言う「パースペクティヴィズム(Perspectivism)」(「観点依存性」ないし「視野依存性」)、実体的な真理などなく、あるのはただ多様な「視点」「観点」だけであるという考えである。

パースペクティヴィズムに自覚的に立って、現存する諸分野、諸領域――道徳教育、特別活動、生徒指導、キャリア教育、教育相談、教育カウンセリングなど――において、どのような「コンピテンシー」を育成できており、また育成されうると想定されているかを見定めておくことが必要なのである。

するとどうであろうか。例えば、第2章以降の対談の内容を踏まえれば、次のように考えられないだろうか。

〈学校教育の諸分野・諸領域でその育成が期待されている資質・能力(コンピテンシー)〉

◆まず、各分野・領域を問わず、学校の教育活動の全体を通し、**全カリキュラムにおいてその育成が求められる「ジェネリック(汎用的)なコンピテンシー」**として、さしあたり、次のようなものがあげられる。

◆基礎的な「知識」「言語活用力」「数量処理力」

◆そうした基本的な技能を活かすための「創造力」「問題発見力」「問題解決力」「探究力」「批判的な思考力」「発信・伝達力」「高度情報化社会における情報活用力」「グローバル化した世界におけるインターナショナルな交流・交渉力」

◆「幸福な人生の獲得」と「幸福な社会の維持・形成」に必要な人格的諸力「自己理解力」「セルフコントロール(自己管理)力」「キャリアプランニング力」「生涯にわたる持続的な自己学習力」「自律的な活動力」「人間関係力」「傾聴力」「発信力」「状況把握力」「集団参画力・社会参画力」「地球的視点に立った、持続可能な未来の創造に責任ある主体として参画する力」

本書での学校教育の諸分野、諸領域のリーダーとの対談を踏まえれば、**各分野、各領域で育成されるものと期待されている資質・能力**には、次のようなものがあると考えられる。

◆学校の全教育活動を通して行われる道徳教育は、仮に「こころの力」を育成するものだとすれば、「四つの視点」がその内容を示している。
すなわち、道徳教育では、「自分自身とかかわるこころの力」「他者とかかわるこころの力」「自然や崇高なものとかかわるこころの力」「集団や社会とかかわるこころの力」が育てられている。

◆また、道徳の時間は「自分を見つめる力」、とりわけ「道徳的価値とかかわって自分の内面を見つめる力」というコンピテンシーを育成している。

◆生徒指導では、自己選択、自己決定して生きていく「自己指導力」と共に、「人々が社会の中で生活し、個々の幸福の実現と社会を発展させていくための包括的、総合的な社会的なリテラシー」である「社会的リテラシー」の育成をめざしている。

◆教育カウンセリングでは、不安定な社会を生き抜くコンピテンシーとして、「他者とのつながりの中で、このかけがえのない一瞬一瞬を自分らしく生きる、実存的な感覚を保持して生きる力」が育てられている。

◆理科教育では、「子どもが自然の事実に実感を伴って学ぶ力」、そして自然の事実に学ぶことで培われる謙虚さが育成されている。

◆特別活動では、一般的な社会性、人間関係の力と共に、「身近な集団で生じた問題から目を逸らさず、自分自身のこととして引き受け、話し合いによって解決策を探る力」が育てられている。

◆総合的な学習の時間では、「国際、情報、環境、福祉健康などのグローバル領域」「地域の伝統文化、行事、生活習慣、経済産業などのローカル領域」「キャリアなどの個人的領域」の三領域にわたって、

「答えなき問い」に自分を開き続け、「自分自身にとっての切実な問い」として引き受け、そこから逃げずにかかわり続け考えぬく力の育成をめざしている。

そしてそのために必要とされる「関連資料を探し出す力」「資料をもとに課題を発見する力」「他者と協力する力」「意見の異なる人の話に耳を傾ける力」「粘り強く考え続ける力」などの能力の育成がめざされている。

◆キャリア教育は、「子どもの生涯にわたる幸福」という視点からとらえなおすと、いま・この段階でどのような力を育てておくべきかを考えるために必要な視点のことであり、そこでは例えば、「出会いに生き方を学ぶ力」「夢見る力」「自分を見つめ、選択する力」「コミュニケーション能力」「達成する力」「七転び八起きの力」「社会貢献を喜べる力」などの力を、授業、ホームルーム、学校行事といった学校教育のさまざまな場面で育成していくことをめざしている。

（拙著『7つの力」を育てるキャリア教育――小学校から中学・高校まで』図書文化参照）

状況からの問いに「応答する力」
これからの学校教育で育てるべき「グランド・コンピテンシー」

仮に、現存する学校教育の諸分野・諸領域において、ここに述べたような能力、コンピテンシーが育成されているとして、そしてその背景にあるいは根本に存在する、いわば「グランド・コンピテンシー」のようなものが想定できるとするならば、それは何であろうか。

それはちょうど、DeSeCoによるコンピテンスの定義が「ある特定の文脈における複雑な要求に対し、認知的・非認知的側面を含む心理――社会的な前提条件の結集を通じ、うまく対応する能力」であったのと同様に、状況と人間との相互作用的概念ではないだろうか。

例えばそれは、「日々、直面するさまざまな状況の要請（問い）に対して、自らの内的諸力を総動員して応答していく能力」＝「応答力」などと言うべきものではないだろうか。

人間は、「○○力」「○○力」というさまざまな「能力」を包み込んだ「袋」のような閉鎖的なシステムではない。状況に開かれ、複雑な相互作用の中で進んでいく「開かれた生命システム」である。

自分のもつさまざまな能力を活かしながら生きていくためには、「状況」からの問い(要求)に応じていく力、それに「自分を開き続けかかわり続ける力」が何よりも必要である。

例えば、学級の中で、いじめがとまらないとき……。

例えば、いつも誰かが仲間外れにされ、孤立状態が続いているとき……。

例えば、電車の中で座れずに苦しんでいるお年寄りがいるのに、目をつむったまま大音量で音楽を聞いているため、それに気づけずにいる若者がいるとき……。

このようなときに、こうした状況を「自分とは無関係なもの」として切り捨てることなく、「自分自身にもかかわるのっぴきならない問い」として引き受け、考え、どのようにすればいいかをほかの人とも話し合いながら、この問題に対する自分なりの答え(応答)を見つけていく……。

こうした「状況の要請(問い)への応答力」が、諸能力が活かされる背景として必要なグランド・コンピテンシーであると言えないだろうか。

これからの厳しい時代を生き抜いていくことができる生き方のモデル――それは、一言で言うならば「状況からの問いに対してresponsibleな人間」である。Responsibleは、「応答できる」こと。状況からの問い、要請があって、それに応える(Responseしていく)わけである。状況からの要請があって、それにResponseする。Responsibleという言葉には、応答可能という意味と同時に責任を負う、引き受ける、という意味もある。

人は、自分が置かれた状況にさまざまな仕方で問われている。その状況からの問いかけに、いかに応えるか。どう応答するか。これは、その状況の問いかけをどのように引き受け、責任を負うか、ということでもある。

子どもたちは、先の見えない不透明な時代を生き抜いていかなくてはならない。

原発の問題がある。環境問題もある。人口問題もある。……すべてが簡単には答えが出ない問題である。「答えなき問い」が、この世界には山積みである。

そうした「答えなき問い」が山積みのこの世界にあって、それぞれの問いに直面し、それをどう引き受けどう応えていくか。この力を育てていくことが、大学でも高校でも、小学校でも中学校でも重要になる。

コンピテンスをもっている、というのは単にバラバラの構成要素として、「○○力」の寄せ集めをもっている、ということではない。大切なのは自分のもっている「○○力」「○○力」「○○力」のすべてを総動員して、「状況からの問い(要請)」に応答していく、ということである。

原発の問題、人口減の問題、環境問題……いずれも複雑な状況がかかわっている。そうした状況の要請に応えるために、自分のもっている力をすべて結集して応えていかなくてはならない。

DeSeCoの定義で使われていた言葉で言うと、orchestrateつまり、オーケストラの指揮者のようにすべてを総動員していくということだ。しかも統制して秩序をもって。オーケストラの指揮者のように「○○力」をすべて動かしていく。こういうことができる力。自分が直面している困難な状況に応じて、もっている諸力を総動員しフルに発揮していく力。こうした力を育てていくことが求められているのである。

この考えは、「状況からの要請志向」であるとも言えるし、「応答志向」であるとも言うことができる。私たちが日々直面するさまざまな問題状況からの要請(問い)にどう応えていくか、という「応答力」の育成が求められているのである。

AかBか、賛成か反対かといった二者択一ではなく、この状況の問いかけに、自分はどう答えることができるかを総合的に考えていく力が求められているのである。

例えば、日本の人口減の問題を考えるとき、労働力確保のために移民を受け入れるべきかどうか。「背に腹は変えられない。どんどん、受け入れていくしかない」という考えもあるし、「移民を入れたら日本の文化そのものが修復不可能なほどに変化してしまう」という考え方もある。いや、移民の前にまず、女性や高齢者の労働力を活用すべきだ、という考えもある。

さらに大きなテーマとしては、「持続可能な社会」をどうやって作っていくか、という大状況からの問いもある。

そもそも、新しい「能力」を育てることの必要性が指摘されてきたいま一つの大きな理由としては、環境問題などが世界的に表面化してきて、「持続可能な社会の可能性」について議論され始めたことが小さくない。古くは一九七二年のローマクラブ著『成長の限界』、最近のものではドネラ・H・メドウズ他著『成長の限界　人類の選択』の中で、脱成長志向の社会のあり方が論じられてきた。人類がどうやって生き残っていくか。経済成長とは異なる形の、新たな豊かさをどう実現するかを模索する議論が活発になってきているのである。

DeSeCoのキー・コンピテンシー概念をはじめとして、世界中の国々で「新しい能力」が模索されていることの背景には、このままでは人類は生き抜いていくことができない、という問題意識がある。持続可能な社会、お互いにケアをし合い、お互いに支え合える社会をつくらなければいけない。

誰かが教えてくれたことを守っていればいいわけではない。一人一人がこの世界に潜んでいる課題と向き合いながら、なんとか解決策をひねり出していかなければならない。

Answerという意味での「正当」はないけれども、Responseという意味で「応答」することはできる。いろいろなむずかしい問題があって、それぞれの状況の要請(課題)にどう応答していくか、が問われているのである。

一人一人がより納得のいく応答を自分の内側に生み出していき、それを生み出していく過程で、ほかの人と共に学んだり考えたり議論したりする。みんなで話し合ったり、考えたり、議論していくなかで、自分なりにピタッと納得のいく応答が内側で形成されていく。

そして、状況の要請に対する人間の応答には、一定の秩序が存在しているのである。(ジェンドリンの言う「応答的秩序」Responsive Order)

ジェンドリンは次のように言う。「我々は常にすでに相互作用(状況、実践、行為、パフォーマンス……)のうちにある」。身体は「自らの状況を感じとり、来たるべき新たな状況を暗黙のうちに知る能力」をもっている。「我々はまさに、状況に即座に応じながら生きている。一日の大部分において、それぞれの状況についての身体感覚に直接応じる形でほとんどの行為を行っている。我々の身体は、その状況を経験し(その状況を感じ、その状況そのものであり……)次にとるべき行為と言葉を暗黙のうちに知っている。状況について考えるより前に、状況について語るべき言葉が浮かび、それを語ることで状況を変えていく。もしそうした言葉が浮かんでこないならば、——それが来るのを——しばし立ち止まって待つ必要があるのである」。我々は常にすでに単なる認知的思考よりも「より広い応答的秩序の中にいる(We are always already in a wider responsive order)のである」。(Gendlin E.T. 1997, The responsive order : A new empiricism. *Man and World* 30(3)383-411.)

「答えなき問い」を引き受け、問い続けるモデルとしての教師

子どもたちに「世界からの問い」「答えなき問い」に目をつむらず、自分自身にとってのっぴきならない問いとして引き受けてほしいと願うのならば、当然のことながら、まず教師自身が「世界からの問い」の前に自分自身を開き、「答えなき問い」を引き受けなくてはならない。

例えば、テレビでニュースを観ているとき……

例えば、新聞を読んでいるとき……

例えば、日々の暮らしの中でふと疑問を感じたとき……

そこで感じた疑問を自分とは無関係なものとして退けるのではなく、「自分自身にとってものっぴきならない問い」として、引き受け、考え続けること。

このことがまず、教師自身に求められる。教師が、自分自身にかかわることとして真剣に考えぬいた問いでなければ、子どもたちに「ほんとうの問い」として提示する資格はないはずだ。

まず、自分自身が真剣に問うている「問い」を抱えた教師でなければ、子どもたちに真剣に「問い」を提示することはできない。教師自身が、自分も真剣に問うてはいない問題を子どもたちに向かって「あなたたち、考えなさい」と言っても、それでは伝わる由もない。

世界の「答えなき問い」を自分に無関係なこととして退けるのではなく、「自分とかかわらざるをえない問題」として、「自分自身ののっぴきならない問い」として、引き受け、問い続け、考え続けるということ。

自分の人生から、世界から発せられてくる「無数の答えなき問い」を、ほかでもない「自分自身にとっての、のっぴきならない問い」として引き受け、考えぬき、その問いに応答していくこと。すなわちリスポンシブル(responsible)であること。

この姿勢を、教師一人一人がもちながら生きているかどうか。このことが教師には、絶えず、問われている。その意味では、教師は、まず自分自身が、人生と真剣に向き合い、本気で生きていないとできない仕事なのだ。

最終章で、宮台真司氏と鈴木寛氏が、「教師自身が死ぬほど勉強して、率先的学習者となること」「自明性が崩壊した世界にあって、暗闇の中の真理を求め続けること」と言い、第5章で奈須氏が「教師は絶えず自分を開いておくこと。子どもによって変えられる覚悟を引き受けておくこと」と言うのも、このこととつながっている。

一人一人の教師が、まず自分自身のこととして、「どうやって持続可能な社会をつくっていくかという問題」「震災の問題」「原発の問題」「地球の裏側で餓死している多くの子どもたちの問題」「世界規模の貧富の格差の問題」——これらの問題を、「自分自身とかかわらざるをえない、のっぴきならない問い」として引き受け、真剣に考えぬいていく——その姿を見せるだけでも、いや、その姿を見せることこそが、子どもたちにとって最高の教育になるはずだ。

教師自身が世界からの問いを引き受け、問いを抱えながら生き続けていく。このことが子どもたちに伝わると、子どもたちのうちに自ずと「問い」が育まれる。子どもたち自身が「世界からの問い」を引き受け、それを問い続けながら生きていくことにつながっていく。子ども自身の内面に、一生涯かけて取り組むに足る「問い」が育まれ、ミッションとパッションとリスポンシビリティーが育まれていくのである。

これ以上の教育はないはずだ、と私は思う。

「ミッション〔使命〕の形成」「生涯かけて問いぬく問いの形成」こそ、人格形成の柱である

本書の対談を通して、私の心に最も強く残ったことの一つ。それは、人格形成とは、最終的には「内面的な生き方」の問題だ、ということである。

第2章で梶田叡一氏が、現代の「生きて働く力」が主流の時代にあって、「世の中(我々の世界)を生きていく力」も必要だが、真に充実した人生を生きるには、「我の世界(個の内面の世界)」が重要とあえて説き、詩や美術などの芸術を学ぶ必要を主張して、「人生で大事なこと。それは、狂うことですよ」と言うとき、また第3章で國分康孝氏が「死をイメージして生きる」ことで「このかけがえのない一瞬一瞬を自分らしく、実存的に生きる」ことの大切さを説くとき、「最終的には、やはりこれだな」という深い納得感を禁じ得なかった。

では、人生からの、世界からの問いを「引き受けること」、それに「応答していく」ことの重要さを説く本書の視点から、最も重要な「内面的資質」とは何か。

それは、生涯かけて問いぬく問いに値する「問い」を得て、「自分の人生に与えられた使命(ミッション)」を負いながら生きることだろう。

人生の中で仕事が占める時間の割合はかなり多い。仕事を単に金銭を稼ぐ手段としか感じられなければ、人間はどこか空虚にならざるをえない。

幸福な人生を送る条件の第一は、我を忘れて、ただその仕事に取り組んでいるだけで幸せだと思える仕事を見つけることだろう。「我を忘れて時間の経つのも忘れ、報酬のことも忘れてひたすらそれに打ちこんでいるだけで心が満たされる仕事」——そんな職業に就くことができるならば、ただそれだけで、人生の幸福の八割は約束されているようなものではないだろうか。

『三太郎の日記』という大正時代の若者のバイブルだった著作には、「魂の生活と一致する仕事を選びなさい」と記されている。

私もまさにそうだと思う。それは、私の言葉で言えば、「魂のミッション」。心の底からそれに打ち込める。魂にピタリと一致して、ただそれをしているだけで幸せだと思える。そんな使命（ミッション）を見つけることである。

一人一人の人生には、その人が果たすべき「使命」が与えられている、と私は思う。一人一人の人生には、その魂に刻まれた使命（魂のミッション）があり、人は自らの仕事に没頭することを通して、その使命を実現していくのである。（対談の後半で梶田叡一氏は、「私はいつの間にかこういうことに気づかされたわけです。それを表現して残して、次の誰かを触発するための素材を残すのは、私は義務だと思う」と語られた。梶田氏はまさに、自分の人生に与えられた使命をいま、果たしているのだということが伝わってきた。）

子どもの四十年後、五十年後を見据えて、その生涯において幸福になるためには、どうすればいいかを考えていくのが、真の教育である。そのための最も確実な方法は、一人一人の子どもに、生涯かけて取り組むに値する「問い」を育てていくことである。その子が一生かけて取り組んでいくべき課題・使命を見つけていくよう援助することである。多少控え目な表現を使うとすれば、その子なりの「志（こころざし）」を育てる教育である。

子どもの生涯の幸福を見据えた真の教育において、子どもが生涯をかけて問いぬくに値する「問い」を内面に育み、「ミッション（使命）」形成のきっかけを与えることほど、重要なことはない。「ミッション形成」こそが、人格形成教育の柱に据えられるべきものだというのが、私の考えである。

第2章

「我の世界」と「我々の世界」を生きる

世の中（我々の世界）に出て生きて働く力だけでなく、「我の世界」も重要だ

梶田叡一
Kajita Eiichi

個の内面の世界、垂直性の問題ですね！

諸富祥彦
Morotomi Yoshihiko

解説

梶田叡一氏は、言うまでもなく、ここ二十年近く、日本の学校教育をリードされてきた方である。二〇〇八年告示の学習指導要領改訂のまとめ役を務め、新たな形で「生きる力」の基本コンセプトを作られた。その基本的着想は、「確かな学力」をつけることを土台に、学校教育をその本来の姿に戻すことにあった。前回の学習指導要領で強調された「自ら考え自ら判断して」という考えを大切にしつつ、「親や教師、友達の言うことも聞き、対話し、自分と違う感覚や発想も受け入れる」という成熟したあり方までを含めて「生きる力」であるとしたのである。

もう一つの重要な点は、「我々の世界」だけでなく、「我の世界」の大切さを示すことであった。「我々の世界」とは、「世の中」のこと。前回の学習指導要領では、学校の中だけでなく、世の中に出てから生きて働く力でなければならない、とされていた。これももちろん大切であるが、人間がほんとうに充実した人生を生きるためには、個別的な「我の世界」が重要となる。ワクワク、ドキドキしながら、「今日一日、生きていてよかったな」と思える、そんな生き方が日々できることである。概念や論理の世界だけでなく、例えば「汚れちまった悲しみに」という中原中也の詩に表現されている感性、イマジネーションの世界を広げる、深める、といったことについても学ばなければならない。

この「我の世界」の重要性は、学習指導要領の正しい理解のために必要であるばかりでなく、学校教育で育成すべきコンピテンシーについて考える際にもきわめて重要である。社会の側からのニーズにばかり目を奪われていると、つい見逃してしまうことだが、コンピテンシーは、未来に向かって生きていくために蓄積すべきものであるばかりでなく、死へと向かって一瞬一瞬過ぎ去っていく時間を充実して過ごすために必要な人間としての資質でもある。

梶田氏の言う「我の世界」は、私（諸富）の言葉で言えば、「垂直性の世界」であり、「内面の世界」である。そしてこの「垂直性」の世界は、内面に深まると同時に、高みに昇っていく超越性の世界でもある。梶田氏も「宗教的なものに目覚めなければ人間として高い生き方はできない」とずっと言ってきたという。しかし、学習指導要領で宗教というと個別宗派の話に誤解される部分がある、と残念そうに語っておられた。ちなみに今回の対談者の中で人格形成における「超越」の重要さを指摘していたのは、梶田氏と最終回の宮台氏であった。

梶田氏は実存的な深みと潔さ、さわやかさを合わせもった魅力的な方であった。いずれも本物の言葉であったが特にいまの私には「私はいつの間にかこういうことに気づかされたわけです。それを表現して残して、次の誰かを触発するための素材を残すのは、私は義務だと思う」という言葉が、残っている。対談中とても楽しく、時間が経つのも忘れるほどであった。「自分の人生のモデルにしたい」と思える方と出会えたのは、ほんとうに久しぶりのことである。［諸富祥彦］

新学習指導要領における人格形成とは

人格形成の最終原点は「生きる力」

諸富◆学習指導要領の改訂に最高責任者という立場で携わられた梶田叡一先生にお話を伺います。

先生に最初にお聞きしたいのは、やはり新学習指導要領についてです。今回の改訂では、学力の底入れについてはパワーアップしているように思うのですが、人格形成については、先生はどのようにお考えで、実際の指導要領改訂の過程では、どのような提言をされたのでしょうか。

梶田◆ひとことで言うと「生きる力」です。これが人格形成の最終到達点なんですね。「生きる力」には「豊かな心」「健やかな体」「確かな学力」の三つの側面が入っています。この三つをまとめたものが人格ですから。実は十年前にも「生きる力」と言われたわけですが、今回は前回に比べて大きな違いが三つあります。

「生きる力」❶——確かな学力を強調

梶田◆一つめが、いわゆる「ゆとり教育」の問題ですね。十年前には、「ゆとりの中で生きる力を」という言い方をしました。これについて二〇〇〇年の教育改革国民会議で河合隼雄先生は、「ほんとうのゆとりは、子どもにとっても先生にとっても大事なことだけれど、実際には、手抜き、ゆるみ、たるみといった意味でのゆとりでしかなかった」とおっしゃっています。

つまり、「ゆとりの中で」というのが、「勉強以外で」ということだったのです。簡単にいうと、反知性主義、反勉強主義です。今回はそういう考え方をとっていません。「豊かな心」「健やかな体」「確かな学力」。その中でも、確かな学力を非常に強調しています。

学校を本来の姿に戻す

梶田◆今回の改訂は、学校がそもそもどういう存在だったのかを見直そうというところがあります。学校は、当然ながら勉強をするところです。プロの教師を雇って、子どもたちに関心や意欲をもたせ、きちんと筋道を教え理解させる、必要なトレーニングもする、そして子どもに任せて自力解決もさせていく……。こうしたいろいろな手だてを使いながら、子どもに勉強を喜んでやらせて、その結果として力がつく、これを行ってきたのが学校です。これはどの時代、どの国でも同様です。それが忘れられていたのが、「ゆとり」が強調された時期だったのです。

簡単に言うと、人間にとって勉強は大事であり、勉強をして賢くなるところが学校だということです。「賢くなる」とは別の言葉で言うと、知性に裏づけられた理性です。これを大事にしていくのが、今回の「生きる力」です。

諸富◆知性や学力、勉強を、「生きる力」に重要な部分として位置づけし直したところが大きな違いなのですね。

梶田◆生物学者のリンネが、人間にホモ・サピエンスという学名を与えました。これは一種の本質規定なんですね。人間の本質は何なのか。知恵、サピエンチアがあることなんです。だから「生きる力」というのは、元気がよければいいというものではないのですね。

人間というのは、もともと勉強をしてサピエンチアを身につけていくものであり、そのための社会的装置が学校であった、ということ。これが第一点です。

諸富◆学校本来の姿に戻すという意図があるんですね。

「生きる力」❷——傾聴と対話に重点を

梶田◆二番目の違い。前回の学習指導要領では、「生きる力」は「自ら学び自ら考える力」といわれてきました。しかし、人間が成熟していくためには、「自ら」だけでは足りないのです。

例えば、人の話を傾聴することができ、自分の主張や感覚や考えと違っていても、自分の考える素材として受け入れることができる……こうしたことが大切なのです。しかし、前回の「自ら学び自ら考える」の強調では、自分の思うことだけを言い張るということになりがちでした。

「自ら学ぶ」ことも必要だけれど、親や教師、友達の言うこともじっと聞き、対話をする。違う発想や感覚を受け入れ、その間に橋をかけることも考える……こうした成熟したあり方までを含めて「生きる力」であるというのが、相違の二番目です。

諸富◆つまりこれまでは「自分で自分で」ということが強すぎた。きちんと対話をすることに重点を置こうというのが新しい点ですね。

梶田◆そういうことです。それと関連して、「自分で考えて判断して、自らの責任でやれば、何をやってもいい」と考える風潮が、教育の世界にも、社会にもありました。これも困るということです。

人間としての美しいこと、醜いことに気づかせる

梶田◆援助交際をしている女子高校生を補導すると、必ずくってかかってくるというんですね。「私が考えて判断して私の責任でやっているのに、何で文句をつけるんだ」と。私は、こんなとき、「何で？」とくってかかられたら、その二倍も三倍もの大きさの声で、「何ででも！」と言って返すんだ、と言います。小理屈をこねていればいいのではないのですよ。

人間として美しいこと、醜いことがあります。自分の責任でやろうがやるまいが、人間としての醜いことは駄目なのです。これがわかってくるのが、成熟するということですよね。

対話が必要なんです。自分が気づかないような視点、人間としての美しさとか醜さを考えさせるようなきっかけ、こうしたものは対話のなかで生まれてくるでしょう。だから「自ら」だけでは困るんです。

諸富◆対話というと、「ああそうか、君はそう考えているんだね」と相手を受け入れることだと勘違いしがちですが、そうではなくて「何ででも！」と。これはある意味では打ち切るような対話ですけれど、そこにほんとうのことが伝わる対話があるのですね。

人格のぶつかり合いがほんとうの対話

梶田◆そうです。少なくとも、教師や親は、自分のかかわっている子どもに対して、その場だけの親しさや和やかさだけで対話してはいけないのです。ときには強く否定しないといけないことがあるわけです。

諸富◆このお話でいえば、援助交際以外にも、「なぜ人を殺してはいけないのか」という問いに対して、正面から答えられる大人が誰もいないと議論になったこともありまし

た。しかし、正面から答えようとすること自体が、おかしな対話を生んでいるのかもしれませんね。

梶田◆そうです。つまりすべてこざかしい言葉のうえでのやりとりで、お互いが納得すればいい、ということになっては困るんですよ。一人の人格と一人の人格がぶつかることによって、何かに気づく、あるいは何かが深く見えてくる、広く見えてくる……こういうことのきっかけが人と人との独立した人格のふれあいの中でできる、これが対話でしょう。だからいろいろな形態がとれるわけです。

私は、禅の対話を見れば、いつも和やかな笑顔で猫なで声で接することだけが対話だとは思いませんね。とくに親や教師は、そういうことを考えなければいけません。

ロジャースの理論をはき違えた日本の教育界

梶田◆日本の場合は、カール・ロジャースの理論をはき違えて受け止めたんです。若いときのロジャースは「何でもそのまま受け入れればいい」と言っていますが、晩年は一八〇度変わるわけですから。

カール・ロジャースが変わったきっかけは、娘のナタリー・ロジャースの父親批判だったとよくいわれます。ナタリーが、「お父さんに、何についてもそれでいいよと言われて育ってしまったために、自分は自我が発達しないまま成長してしまった」と言うわけです。二度の離婚もそのせいだ、ということまで言うわけです(笑)。

諸富◆僕はナタリー・ロジャースさんとは何度もお会いしていますが、かなり強い方です。

梶田◆大事なのは、父親自体がナタリーの批判を受け入れたことです。あれだけクライアント中心だと言っていたのを、相手の意向にそのままそっていくことではない、と変えるわけです。相手とその場でちぐはぐなことになっても、自分が一人の独立した人格として、言わざるをえないことは、相手が嫌な顔をしても言わなければいけない、と理論的に変わるわけです。私は、これがロジャースのすごいところだと思います。

ロジャースの研究者の畠瀬稔先生も、晩年にお会いしたときのロジャースは、若いときとはえらい違いだと書いておられます。温かくて、何でもよしよしと言ってくれていたあのロジャースが、ちょっと怖い存在になっていたというわけです。私はそれも大事なことだと思うんです。

残念なことに戦後占領当局の方針で、軍国主義的なものをぬぐい去って民主主義的な教育をするということで、デューイ(John Dewey 1859-1952)をもってきたんですね。デューイそのものは厳しい部分はあるんだけれど、結局、子ども中心で、子どもがやりたいことをやりたいときにやりたいようにやるのがいちばんハッピーなんだという、非常に単純化された原理として日本に入ってきたわけですね。その延長でカール・ロジャースの考え方がもてはやされたと思うんです。

でも欧米は、キリスト教の伝統に支えられてきましたから、そういう考え方は、ある種「鬼っ子」です。長い目で見れば、甘やかして人間がきちんと育つわけはありません。「私が考えたことです」「私が判断したことです」「私の責任です」と、何でもこれですめば、親や教師の責任はどこにもなくなりますよね。

諸富◆前回の学習指導要領には、少なからずそういった雰囲気がありましたよね。それを本道に戻したのが、今回の「生きる力」のいちばん違うところなのですね。

「生きる力」③——「我の世界」を生きる力と「我々の世界」を生きる力の両方を

梶田◆あと、前回の学習指導要領の「生きる力」と違うところがもう一つあるんです。前回の「生きる力」は、学校の中だけでつじつまが合う力ではなく、社会に出てから生きて働くような力でなければいけない、といわれたわけです。それはそれで大事なことですが、今回は、「世の中に出てきちんと生きていける力であると同時に、自分の人生を豊かにする力」という言い方をしています。これは私が以前から使っている言葉でいうと、「我々の世界」を生きる力であり、「我の世界」を生きる力でもあるのです。

「我々の世界」とは世の中、ということです。子どもたちが学校で身につけるのは、世の中に出てから使う力です。それも必要だけれど、「我の世界」を生きることも非常に大事だということ。その両方を見据えることで、ほんとうに充実した形で生きていけるのです。そういう力の基礎を学校で考えさせることです。

長い人生の中には、「我々の世界」に濃密に組み込まれている時期もあれば、距離を置く時期もあります。例えば、「定年退職後は余りの人生だ」というのは間違った考え方でしょう。定年になろうと寝たきりになろうと、すべてが自分の人生の中で大事なステージです。死ぬ瞬間まで自分にとって大事な人生なんです。「今日はこういうことでワクワクしたな、こんなことでドキドキしたな、こういうことがピンときたな、今日一日生きていてよかったな」と思えることこそが大事なんです。これは、「我の世界」を生きる力です。

人間の意識の世界は個別——我の世界

梶田◆人間には「我々の世界」と「我の世界」の両方があるんです。よく言われるように人間は社会的な動物であり、一人では生きられません。でも意識は個別なんですよ。一人で生まれて一人で生きて一人で死ぬんです。人生も個別です。根本から言うと人間は個別的な存在なのです。

例えば、私がうれしいということと、ほかの人がうれしいということは、違うでしょう。私がこの音楽を聴いてほんとうにワクワクしたり、ピンときたりしたとしても、たとえ親子であろうと、きょうだいであろうと、仲間であろうと、必ずしも同じではない。感性を含めて、その人の意識の世界は個別のものなのです。だれもが体験して、それを経験化しますが、自分が体験し経験したことは、ほかの人と共有することはできません。その大部分は自分の中だけにとどまって、墓場までもっていくんですよ。言葉にしてそれが伝わったようにみえても、ほんとうのところは伝わりません。これが「我の世界」なんです。このことを忘れては、ほんとうの教育にならないのです。

諸富◆両方が大事だと。

梶田◆両方が大事なのです。いままでは、片方の「我の世界」のことが忘れられがちになっていましたが。

芸術系の教科で「我の世界」を耕す

梶田◆「我の世界」について、学習指導要領でどうなったか。今回は各教科とも内容が増えたので、時間数を増やしたい教科や領域がたくさんありました。時間配分の調整が大変だったわけです。音楽や図工・美術は、小学校から選択制にすればいいという話が出た時期もありました。「生きる力」は世の中に出て使う力だから、芸術系で生きていける人は少数でしょうから、そういう人だけが音楽や図工・美術を学べばいい、ということですね。でも、そういう考え方はやめたわけです。子どもたち全員に音楽も図工・美術もやらせなければいけない。なぜかといえば、これらは基本的に「我の世界」を耕す教科だからです。「我々の世界」では必ずしも必要不可欠ではないのです。

諸富◆そうですね。

いいものにふれればワクワク、ドキドキ

梶田◆すばらしい音楽と出合わせる、そしてそれを自分で演奏するなり、CDで聴くなりして追体験する。これをやっていかないと、音楽の世界はわからないのですよ。

明治維新からしばらくの間、西洋音楽は日本人にとっては何の感動も起こさない退屈なものでしかなかった、とよくいわれます。明治維新から五十年、日露戦争の後、日比谷公園で毎週軍楽隊が西洋音楽を演奏したときにも、西洋音楽に関心をもつ人は非常に少なかったのです。

いまは日本人の誰もが、バッハでもベートーベンでもモーツァルトでも、これを聴いてワクワクし、感動します。それは小さいときから聴き慣れてきたからです。いいものに出会っていくことによって、初めてワクワク、ドキドキできる感性が耕されていくことになるのです。

逆にいうと、琴や三味線、太鼓を聴いても、いま、ワクワク、ドキドキしない人が増えています。そこで今回の学習指導要領では和楽器も強調しました。日本の伝統音楽は日本人が古来から大事にしてきた独特の芸術性をもっており、音階も和音の作り方も違います。例えば雅楽は西洋音楽からいうと不協和音が多いんですよね。でもこれはこれ

で違う意味の美しさなんです。そういうものに子どもたちをふれさせようということです。

伝統的なものというのは、どこかで誰かが、ワクワク、ドキドキしたからこそ残ってきているんです。それが文化、古典というものですね。ところが、それが心を揺さぶるためには、ご先祖様が陶冶した感性が遺伝子によって次の人に伝わっていくわけではないので、もう一度、一から始めないといけないわけです。

そういう意味で、西洋音楽も日本の音楽も、近隣のアジアの音楽も、子どもたちにいいものにふれさせて、多様な感性を陶冶しよう、ワクワク、ドキドキの世界を深め、広めようということで入れられています。図工や美術についても同様です。

「言葉の力」ではイマジネーションの世界も大切に

梶田◆今回の学習指導要領では、どの教科、領域でも言葉の力が大事だといわれ、国語でもとくに言葉の力が強調されました。基本的には概念と論理ですが、その土台としてボキャブラリーを豊かにすることも言われています。

でもそれなら、中原中也の「汚れちまった悲しみに」という詩はどうしますか。概念としてもよくわからない。異質なものを組み合わせていますから、論理にもならないでしょう。悲しみなんて汚れるわけがないんですから。かといって、そういうものはいらないのかといえば、そうではないわけです。異質な言葉をぶつけることによって初めて出てくるような、心情の世界、印象の世界がある。概念と論理ですくい取るのではなく、イマジネーションによってすくい取るという、まったく違う世界のすくい取り方があるわけです。「言葉の力は概念と論理だ」とそちらだけを重視する国語教育になってしまったら困りますよね。

概念と論理を組み立てる言葉の世界という意味では、言葉の力は基本的には「我々の世界」的なものです。しかし、イマジネーションの世界は「我の世界」です。そのイマジネーションの世界を広げる、深める言葉の働きについても学ばなければいけないわけですね。そのためには優れた指導者が必要となります。

俳句にみる「我の世界」――松尾芭蕉

梶田◆もう一つ、芭蕉の俳句でみてみましょう。

芭蕉の「古池や蛙飛び込む水の音」、これを子どもにそのまま投げかけてごらんなさい。「古いお池があって、そこでカエルさんが飛び込んだんだって、ポチャン」……これで終わりです。面白いですか?

諸富◆何の感動もそこには……。

梶田◆情景描写ではあるけれど、何の感動もありませんよね。俳句を知る人はこの句について「これは蕉風開眼の句」、芭蕉らしい句の作り方の最初の句だと言うんです。

しかもそれだけもてはやすからには、芭蕉の感動を受け止める何かがあったということでしょう。古い池があって、そこにカエルが飛び込んでポチャンだけだったら、これは百五十年、二百年と続いてこないはずです。

諸富◆初発の感想を出させて受け止めるだけで終わると、何も表現にはならないですね。

梶田◆どうにもならないでしょう。そこで感動のありかは何かとみていくと、まず「古池に」ではなく「古池や」なんですね。上の句と下の句が切れている。だから単なる情景描写ではないわけです。前と後ろを続けて情景を言っているのではなくて、どちらかに感動があって、どちらかが注釈になるわけです。

このことについて、弟子の其角が書いた文章がありまず。初めに芭蕉の耳に届いたのは、ポチャンという水の音だけだったというんですね。静寂の中でポチャンという水の音が非常に鮮烈に聞こえたというわけです。それで思わず「ああ、カエルが飛び込んだのかな」と、芭蕉の中にイメージが湧いたといいます。

諸富◆ある種、現象学ですね。

梶田◆まさに現象学なんです、基本的には。

鑑賞の仕方を教えるのがプロの教師

梶田◆この句の場合、下の句が先にできたといいます。「蛙飛び込む水の音」ですね。その上に何をつけたらいいかね、と弟子にご下問があり、「カエルが水に飛び込むところからイマジネーションを膨らませるとすれば、山吹の花かな」と多くの弟子は思ったそうです。平安時代以来、カエルといえば山吹、という縁語なんですね。カエルが居る、その辺りに山吹の花が咲いていて……という、その光景をイマジネーションとしてもってくるのは、非常にポピュラーな約束事だったわけです。

ところが芭蕉は、それでは鮮烈な水音に感動したことを表現できない、イマジネーションとしては山吹では駄目だ、ということで「古池や」にしたというんですね。水の音がして、「ああ、カエルが飛び込んだのかな」という思いを起こして、このときの感覚をもっと深めていくためには、だれも見ていない古びた池に……となったわけです。最初に耳に届いたポチャンという水音の鮮烈さや自分の受けた静かな感動が、このイマジネーションによって裏打ちされたというわけですよね。

こういった鑑賞の仕方を教えるのがプロの教師なんです。だから教師は勉強しないといけない。

諸富◆ポチャンの鮮烈さがある意味すべてで、後はつけ足しなんですね。

梶田◆そうなんです、後はつけ足しなんです。ポチャンという水音が事実としてあった感動で、あとは注釈なんです。ただその注釈によって、水音を浮き彫りにしたいわけです。これがのちの芭蕉の句の基本的な作り方になっていると言われるのですね。これは「我の世界」です。
俳句のもつ奥行きを知ったところで、就職や結婚ができるわけでもお金がもうかるわけでもありません。ただ、心豊かな人生を送るためには、例えば、俳句の世界にふれて「先人は、朝顔に目を奪われたり、鮮烈な水音に心を奪われ、それを表現として残してくれた」ということを知ることが大切です。このような形で文化遺産を受け止める能力や感性が身について、はじめて「我の世界」を豊かな形で生きていけることになるわけです。

「言葉の力は「習得」するだけではなく「活用」「探求」できるところまで

諸富◆「言葉の力」が新しい学習指導要領に入ったことについて、「単語や文法を覚えるとか、形式的な面ばかりだ」とおっしゃる現場の先生もいますが、それは梶田先生のもともとの発想とは、全然違うということですね。

梶田◆学習指導要領にそんなこと、一切書いていませんよ。習得があって、活用があって、探求があるんです。

諸富◆最初の習得のレベルでとどまっている……現場がそうなってしまっているわけですね。

梶田◆何でも反復練習をすればいい、といった考え方が間違いなんです。部分的には反復練習をする場面もあるかもしれませんが、習得だけで完結するものではありません。それを土台に、次のステップの活用につなげていかなければなりません。
いままで応用問題とされてきたのは、どの教科でも、ストレートで単純な応用でした。ところが今回、PISA型読解力や全国学力学習状況調査のB問題では、国語でも算数・数学でも論述の問題に理科的な資料の読み取りが出ていたり、社会科的なものが出ていたりする。応用問題が広く複雑になってきています。活用とは、非常に広い範囲で使いこなすということです。
さらにそれを土台にして、新しい自分なりの知識やものを作り出す探求、クリエィティブな創造性にいきつかないといけない。習得、活用、探求は、どれがいちばん大事ということではなくて、それらが一体となって知性、サピエンチアになっているということなのです。

諸富◆さきほど教える力が必要だというお話をされましたが、その点、習得は比較的教えるのが簡単に見えますよね。反復練習も習得の方法の一つだとすると、反復を繰り返せば簡単ですが、活用や探求のレベルになると教育者の力がかなり求められますね。

梶田◆ものすごくいります。今回の全国学力学習状況調査でいままでにないような論述の問題を出している理由は、教師への投げかけでもあるわけです。「こういう問題が解ける子どもに育てなければいけない」とすると、「いままでの授業の仕方ではどうなのか」となるはずです。教師は実践記録や理論資料をいろいろ読んで、一工夫も二工夫もしないといけない、ということなのです。

教師に必要なのは「明るく元気」「プロになろうという志」

梶田◆私は講演の最後にいつもこう言うんです。「みなさん、指導のプロになってくださいね。でも、教師としていちばん大事なのは、明るく元気、ということです」と。

諸富◆小学生にとって、暗くて元気がない先生は、とても耐えられないですね。

梶田◆中学生も高校生も、大学生でもそうですよ。教師は明るくなければ。逆にいうと「あの先生、言っていることはまずい点もあるし、板書も間違えることがある。だけどあの先生の顔を見ただけでやる気が出る。生きていこうという気になる」……私はこれがいちばんだと思うのですよ。だからプロといっても、いろいろな層に分かれているんです。まず、明るく元気。私はあえて、「暗い人は教壇に立つな」と言っているのです。

諸富◆私も同感です。

梶田◆ほかの人の追随を許さないような知識などを身につけていくのは、四十歳、五十歳を過ぎてからかもしれないけれども、若い人の場合、プロになろうという気持ちがあればいいと思います。明るく元気、そしてプロになろうという気持ちです。

「我の世界」「我々の世界」生き方のステップ

すべての教育で「我の世界を生きる力」と「我々の世界を生きる力」をつける

諸富◆先生の言葉でいう「我の世界」を生きる力と、「我々の世界」を生きる力、例にあげていただいた芭蕉の世界は、「我の世界」を生きる力ですね。

この二つに明確に分けてあるというお話はとても印象深かったのですが、「我々の世界」を生きる力は「現象的実存的社会的水準」で、「我の世界」を生きる力は「本質的実存的水準」というのが、非常にわかりやすいと思います。これは先生が以前から言われていたことですね。

今回の学習指導要領において、これをどのような形で、あるいはどの程度、形にできたのでしょうか。

梶田◆これには二つあって、一つは教科構成です。さきほどお話しした、芸術にかかわる教科ですね。これを「我の世界」ということで大事にしたいということです。国語教育の中でも、論理的な言語空間だけではなくてポエティックな言語空間も大事にしたい。しかし同時に、これからはどの教科のどういう教育においても、この二つを念頭においてほしいというのが私の考えです。

諸富◆教科別ではなく、どの教科においても両方の力が必要だということですね。

梶田◆そうです。子どもはいろいろな教科を学習しますが、結局は総合された形で、一人の人が勉強するわけですから、ね。社会に出ていくときには、「我々の世界」を生きる力も、「我の世界」を生きる力もついていないと困るわけです。教育とはそういうものだという意識を、先生方一人一人にもってもらわないといけないと思います。

「我の世界」と「我々の世界」の表裏

［スパイラルな構図］

諸富◆例えば新しい理論を構築するとか、新しい学問を創造するときに、多分その人の思考の中では、両方が生きていると思うんです。「我々の世界」の論理や概念の論理的な組み立てだけでは、既存のレベルまでしかいかないですね。よく言われるのが、アインシュタインが相対性理論を発見したとき、その二十数年前から何かを発見するという予感がずっとあったというんです。これは「我の世界」のことだと思うんです。でも「我の世界」だけで相対性理論ができたわけではない。いろいろなことを徹底的に研究している間に、この我の世界がふわっと花開いて両者が結びつくということが起きたと思うんです。つまり「我の世界」と「我々の世界」がインタラクションを起こしたときに新しい世界が開かれてくるのです。

梶田◆というか、実際に生きていくうえでは「我の世界」と「我々の世界」は裏表なんですよ。「我々の世界」で生きていくことを考えながら、それをまた「我の世界」にフィードバックしないといけないでしょう。どの世界でも、「我の世界」だけでは生きられませんからね。この二つがうまくインタラクションするようにもっていかないといけないのです。

理念的にいうと、この二つは分けて考えないといけないのですが、一人の人の中ではインタラクションしています。しかし、それぞれの時期でその具体は異なってきます。私はスパイラルな構図を考えてみているのですが、『自己を生きるという意識——〈我の世界〉と実存的自己意識』（梶田叡一著、金子書房）の七五ページに掲げたような考え方をしています。［本書では次ページ参照］

生き方のステップの第三段階は「開悟」

梶田◆育てていくのは「我々の世界」を生きる力であり「我の世界」を生きる力だけれど、一人の中でそれがかみ合っていかないとだめなんですよ。「我の世界」的な感性や、いろいろなことを知っているといった「我々の世界」的な力がついていたとしても、社会で本人が生きていくという事実があったときに、本人が二つの世界を自分の中で自覚的に統合しないといけないのです。

普通の人は無自覚のまま力だけはもって生きていくのですが、何かにぶつかってハッと気づくことになります。例

生き方のステップとトラップ［ERK］

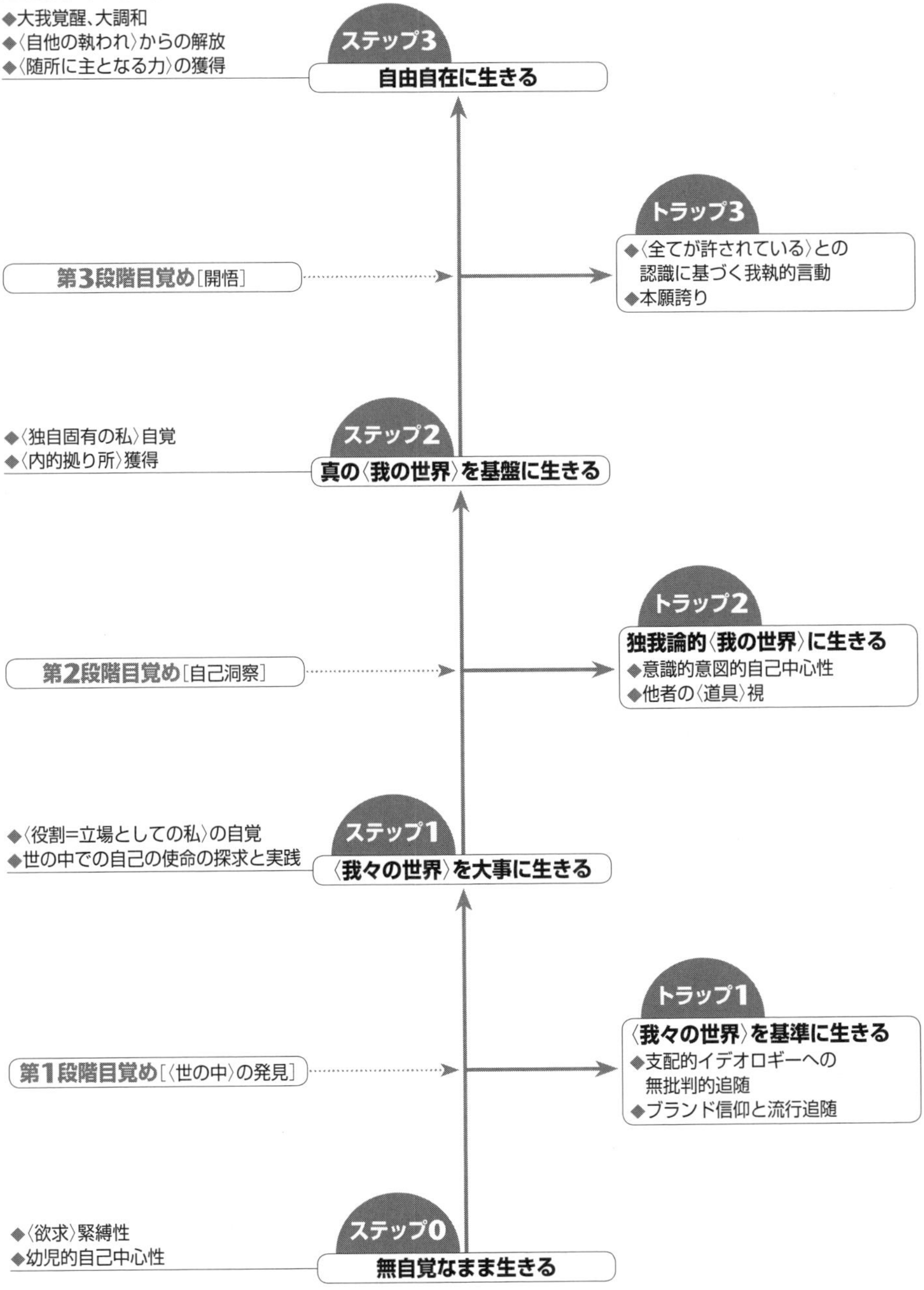
ステップ3
自由自在に生きる
◆大我覚醒、大調和
◆〈自他の執われ〉からの解放
◆〈随所に主となる力〉の獲得
トラップ3
◆〈全てが許されている〉との
認識に基づく我執的言動
◆本願誇り
第3段階目覚め［開悟］
ステップ2
真の〈我の世界〉を基盤に生きる
◆〈独自固有の私〉自覚
◆〈内的拠り所〉獲得
トラップ2
独我論的〈我の世界〉に生きる
◆意識的意図的自己中心性
◆他者の〈道具〉視
第2段階目覚め［自己洞察］
ステップ1
〈我々の世界〉を大事に生きる
◆〈役割=立場としての私〉の自覚
◆世の中での自己の使命の探求と実践
トラップ1
〈我々の世界〉を基準に生きる
◆支配的イデオロギーへの
無批判的追随
◆ブランド信仰と流行追随
第1段階目覚め［〈世の中〉の発見］
ステップ0
無自覚なまま生きる
◆〈欲求〉緊縛性
◆幼児的自己中心性

えば、世の中に出て初めて世の中できちんと生きていかなくてはいけないという意識をもつことになるわけです。これが第一段階の目覚め、世の中の発見ですよ。

そのうちに第二段階に入ります。「でも、ほかならぬ私が生きているんだよね」という自己洞察、これは「我の世界」の目覚めです。

両方が統合された形で、「我の世界」も「我々の世界」も生きていくところに行き着くんですね。これが「真の『我の世界』を基盤に生きる」になるのです。「我の世界」を基盤にしながら人と上手に対話もし、協調もし、自分の責任において行動していく、ということになるでしょうね。

その上の第三段階の目覚め、「開悟」。これはもう、「我々の世界も我の世界もええじゃないか」ということです。

諸富◆とらわれがなくなる。

梶田◆とらわれがなくなって、おのずから「我々の世界」的なもの、自分が世の中で責任をもって生きていくということ、同時に基本的にその底には自分の一回しかない人生をどう生きていくかということ。その両方があって、いろいろなことにとらわれない。これは例えば、良寛さんがお使いに行って、子どもが遊んでいたらその輪に入って全部忘れてしまったとか、そういうことも含めた、いい意味での遊びの世界になっていくのかもしれないですね。

あえて私は言いますが、第三段階の開悟まですべての人が到達するとは思いません。ここに行き着くのは例外的な人です。普通の人は、「我の世界」を土台に、「我々の世界」を生きる、というところで終わると思うのです。

自己意識のコペルニクス的な転換を

人間性を高める教育では、宗教的な目覚めが必要

梶田◆私はとくに、「宗教的なものに目覚めなければ、人間として高い生き方はできない」ということをずっと言ってきました。二〇〇〇年の教育改革国民会議ではずいぶん主張しました。でも、いまの日本社会ではなかなかわかってもらえない。

「宗教」というと、いろいろな個別宗派の話に誤解される部分があるんですね。私はカトリックだけど、だからといって誰もがキリスト教やカトリックでなければいけないとは考えていません。

私は例えば法華経をとても大事にしたいと思っていますし、宮沢賢治のように法華経の行者でいきたいという気持ちもわかります。私が言いたいのはそういう意味での宗教性ということなのだけれど、それはいまはなかなか理解されない。

トランスパーソナル心理学と「我の世界、我々の世界」の接点

諸富◆私は日本トランスパーソナル学会の会長をしています。さきほどの先生のスパイラルな図は、ケン・ウィルバーの考えとほぼ一致していると思います。

梶田◆私も、発想や感覚的なものがウィルバーと非常に通じるものがあると思います。私は『教育フォーラム』44号の「命の教育」の冒頭に次のように書いているんです。

がんにかかって初めて知った「私が命」

梶田◆詩人で高校の教師であり、高校の副校長もされているとても優秀な女性に、がんが発見されました。その方が摘出手術のために入院した際、詩を書きました。そのときの詩が『宙ぶらりんの月』(汐海治美著、風詠社・星雲社〈販売〉)というタイトルの詩集として出版されています。

その先生が、「がんになって初めて、自分の体や自分の存在が、ある種与えられたものであり、私が生きているのではなくて、こういう形で生かされているのだと気がついた」と言うのですね。「若いときには、ある年代になったら自分がこれだと思うような生き方をしたいと考えていた。それがいかに若いときの浅い考えだったかということを、今回手術をして初めて気づいた」という趣旨のことをおっしゃっているんです。

天動説的自己観から地動説的自己観に変わらなければ、命の問題というのは全然わからないのです。命とはそういうものです。

「命は愛しいものだから大事にしましょう」ではなくて、「私が命」なのです。そしてこの「命である私」というのは、ほかの命と相互依存的な関係でしか動けないわけです。

「朝、ごはんを食べました」という言い方をしますが、それは私が食べたのではなくて、命の相互依存の仕方によって私という一つの命が、こういう形で現象的に他の命を摂取している……これがある意味、地動説的な自己観ですよね。

これを前提にしなければ、「命はかけがえがないものだから大事にしましょう」と言ったところで、すべて空虚な話になってしまうでしょう。

「一般者」の具体的・個別的現れとしての「私」

梶田◆『意識としての自己』(梶田叡一著、東京大学出版会)に書いた「私とは何か」というなかで、「私が考えている」「私が話している」と言いますが、「ほんとうに私が話しているのか」というわけです。私をして、もっと大きな「命」がそう話させていると。「私が」という主語から間違っているのだ、ということです。

諸富◆確かに梶田先生がお話をされているんだけれども、

同時に何か別の力が語っている、ということでしょうか。

梶田◆「別の」と言ったらおかしいけれど、梶田が話しているというのは、単なるその時その場での現象でしかない。梶田と名づけられた個体をして、こういうことをこの場で話させている大きな力があるわけです。こういう見方のほうがやはり真実なのでしょうね。私はそう思います。

諸富◆言い方は違うかもしれませんが、私は命の問題について、私が命をもっているのではなくて、命の働きがまずあって命が私という形をたまたまとっているんだと考えています。命が、あるときは鳥という形をとり、花という形をとり、命が私をしているんだというような言い方をしています。これも展開といえば展開ですね。

梶田◆そのとおりです。私も『自己を生きるという意識』（梶田叡一著、金子書房）に少し書いているのですが、命がまさにそうなのです。『『一般者』の具体的・個別的現れとしての『私』』……つまり大きな命といってもいいけれど、一般者というものがあって、その個別的な一つの現れが私なのです。そうすると私も大きな存在の中のある部分として、こういうふうに現象させられている。

諸富先生も同じことを考えておられるみたいだけれど、命というものは基本的にそういうふうにとらえないと。かけがえがないとか言ってみたってね。

諸富◆「この私の命が」と言っても……。

梶田◆そうなるでしょう。「一つの命は、地球よりも重い」とか何とか言ってみたって、空想だなと思うんですよ。いわば比較をすること自体が、何か間違った発想ですよね。

「一期は夢よ　ただ狂え」

梶田◆「一期は夢よ　ただ狂え」（閑吟集）なのですね。自分自身の意識体験そのものを絶対視してしまうと、私こそが命であって、ほかのものは、よくて「ほかの命」、場合によっては「命かどうかわからないけれど、そういう約束事になっているから」という感じになってしまいます。でも私という意識体験を相対化してしまえば、「一期は夢よ」です。「ただ狂え」ですよ。私はそう思います。

諸富◆「ただ狂え」。いいですね、先生。大賛成です。意識体験に忠実にいったら、下手な能書きではなくて、そちらになる。

梶田◆せっかくだから狂わないと、と私は思います。

諸富◆今回、先生の本を読んで思ったのは、ほんとうのことを語ってくださっているのが、すごくスカッとしました。

プロがいて子どもが育つ、社会的装置が学校

梶田◆私も年を取ってくると、「我々の世界」でいろいろな役をしないといけなくて、その一つとして、今回の学習指導要領のこともやって……それは仕方ない。

諸富◆こういう仕事をするとそれに染まってしまう方も結

構いて、文部科学省用語しか使わなくなる方もいます。

梶田◆私は染まるわけがないんですよ。私と文部科学省との関係はといえば、一九八〇年代は仲がよかったんですよ。生活と総合をつくるときには、私がいちばん中心となったという意識もありますから。でも、一九九〇年代の文部科学省と私は犬猿の仲。なぜなら文部科学省の人たちが、「これからの学校はメダカの学校にしなければいけない」と言うんです。「だれが生徒か先生か」ですね。「これまでは、スズメの学校でした」と。「ムチをふりふり、ちぃぱっぱ」ですね。私はそういう言い方が嫌いなんです。一つのあおりとしては面白いけれど、「ムチをふりふり、ちぃぱっぱ」みたいな一方的な教育を行った学校が日本のどこにありますか。ないはずですよ。今度は逆に、「だれが生徒か先生か」で教育になりますか。

私は「『だれが生徒か先生か』でよいのであれば、先生も給料をもらってはいけない」と言ったんです。子どもたちはもらっていないわけですから。「だれが生徒か先生か」では、プロではないでしょう、って。プロがいて子どもが育つというのが、社会的装置としての学校のあり方なんですよ。

諸富◆先生の中でぶれないものが、ちゃんとおありで。

梶田◆それは当然なんですよ。ところが世の中や文部科学省のほうが変わって、二〇〇一年から私にお呼びがかかるようになりました。学習指導要領の改訂なんて面倒なことを、通常は東京周辺の人以外には任せません。打ち合わせがいっぱいあって、関西からそのたびに来ないといけないわけでしょう。しかもほかにも大事な役を与えられていたわけですからね。

譲れない「我の世界」を大切に

ときに「蛇のように賢くなれ」

諸富◆『自己を生きるという意識』に、子どもの例を出されています。「我々の世界」と「我の世界」を両方とも身につけることが必要だという文脈ですね。

子どもが汚い箱や袋に、キラキラした石やボタンのかけらを後生大事にして入れている。親や教師が見つけると、「捨ててしまいなさい、ただのかけらじゃないか」と言うと。そのときに「我々の世界」で生きる力と、「我の世界」で生きる力を両方とも身につけている子どもであれば「捨てなさい」と言われたら、ニコっと笑って「がらくただね」と言ってまず捨てる。世の中できちんと生きていこうとするなら、まず聞いておいたほうがいいからと捨てる。けれども親や教師が向こうに行ってしまったら、「おっと」と言ってまた拾い集める。「自分にはどうしてもきれいに見えるんだから、今度は見つからないぞ」と言ってしまい直す……。これですよね。

梶田◆聖書のイエスのメッセージで言うと、蛇のごとくさとくならないといけないと。自分の中で複数のものを大事にしないといけない。親や教師との関係も大事にしないといけないわけですし、最後の譲ることのできないものは何かという、これも大事にしないといけないでしょう。それを蛇のごとくさとく上手に工夫して、折り合いをつけないといけないわけです。

1%が我の世界
99%はソーシャルスキル、

梶田◆千利休がなぜ死をたまわったかというと、99%豊臣秀吉を支えてあげていたけれど、「これは譲れない」というところがあったからでしょう。

諸富◆譲れない部分ですね。その他の99%の部分は、いわゆる社交術とかソーシャルスキルですね。最近ソーシャルスキルに振り回されている人間が多いような感じもしますね。

梶田◆それだけしかないですよ。

諸富◆そればかりの人たちがいますよね。そうではなくてソーシャルスキルは、あくまでもほんとうは実存の世界というか、「我の世界」を生きるための……。

梶田◆そうです、方便なんです。

諸富◆つまりソーシャルスキルをうまく使いながら、我を生きるというのが生きる意味。

梶田◆そうです。だから「我の世界」が土台にあって、「我々の世界」を生きなければいけないのであって、実はその二つは併存ではないのです。「我の世界」が土台。99%は「我々の世界」だけでもいいのです。ソーシャルスキルでいいのです。でもどこかでは、これを曲げたら私はね……というところが出てきて、そのときは命を懸けないといけないのです。そこも子どもたちにわからせないといけないですね。

諸富◆いいお話ですね。そこをわかってもらうのは、なかなか大変なことですけれどね。

梶田◆私自身もソーシャルスキルが下手ですから、どうやって身につけようかとは思うんですよ。だけど、一部の譲れない部分を忘れるようになったら終わりですよね。

諸富◆残念ながら教育の社会がそういう方向になってきて……。ほんとうは「我の世界」を生きるのがいちばん大事なんだ、とどこかで教えないと。

ワクワク、ドキドキできるものを大事に

梶田◆そうです。「我の世界」というか、自分がピンとくるもの、自分がワクワクするもの、ドキドキするものを、どこまで大事にできるかなんです。

諸富◆いやあ、先生いいですね。それのために生きているんですものね。

梶田◆それなんです。その意識がみんななくなっているん

ですよ。私はよく言うんだけれど、世の中で上手に生きるのも大事だけど、それが目的ではないということを、小学校のときから少しずつでいいからわからせようと。

諸富◆目的ではないということですね。

肩書きはそのときだけの約束事

梶田◆私は学校の先生方にお話をするときに、「いまは、教頭や校長になりたいと一生懸命だろうけれど、校長になったらすぐだよ、定年が」と言うんです。

諸富◆そうですよね。

梶田◆そうでしょう。「定年になって五年ぐらいはまだ何かしら仕事があるかもしれない。でも七十歳近くになるとほとんどない。でも、すぐに死ねないからね」と。うまくいけば九十歳ぐらいまで生きちゃいます。でもそれは、おつりの人生ではないでしょう。一つの大事な人生のステージです。そんなときに「私は以前、この学校で校長をしていたからね」と昔の学校に行っても、「この忙しいときになんで来たの」という顔をされるだけです。肩書きは現職の、そのときだけの約束事なんですよ。それを忘れて自分に価値ができたように思ってしまうんです。元校長とか元何とか、それは本人が思い込んでいるだけの話で、だれがそんなことを思ってくれますか。

啄木の「友がみな　われよりえらく　見ゆる日よ　花を買い来て　妻としたしむ」というのがあるでしょう。世の中的なものだけで生きていると、一喜一憂することになるんですよ。「あいつのほうがさきに偉くなりよった」とか、「みんながうまくいくのに何で私だけうまくいかんのだろうか」とか、いろいろあるでしょう。

でもそういうときに、それとは違う「我の世界」があることにハッと気づくんですよ。やはり「花を買い来て妻としたしむ」なんですよ。私は妻が相手にしてくれないから、孫と親しむ、です(笑)。

梶田叡一の「我の世界」

仕事面では四十代がいちばん充実

諸富◆先生、いまの仕事は相当充実されていますよね。

梶田◆でも、ごまかし、ごまかしですよ(笑)。年齢段階で頑張りがきく時期もありますが、もう私は夜遅くまではやれませんもの。

諸富◆先生が夜遅くまで起きていたのは何歳ごろまでした？

梶田◆五十歳の声を聞いたら、やっぱり無理をせんようになりましたね。

諸富◆そうですか、じゃあ、僕ももうできない(笑)。

梶田◆自分でも四十代はすごく仕事をしていたと思います。四十代で私は一万部以上出た本を十冊以上出しました。

毎年一冊か二冊本を書いていたし、そのほかに編書があるしね。やっぱりそれだけ売れていたし、講演も多かったし。でも五十代に入った途端に、パッタリ売れなくなりました(笑)。いま、六十代後半ですけど、私は「アラ古希」ですからね。「でも、まあ、いいか」という感じです。

各圏域を超えた人格形成は可能か

各領域が圏域を守ることの弊害

諸富◆先生方と話をしていると、キャリア教育、生徒指導、教育カウンセリング、あるいは道徳教育や特別活動で言っていることも、全部同じではないかというところがあります。しかし、それぞれの領域で固まっていて、領域主義のようなところがありますね。道徳は道徳の、特活は特活の、キャリア教育はキャリア教育の圏域を守っている。でも実は全部同じようなことを行っている。子どもたちからすれば同じ先生がいろいろやっているだけの話なのに、領域ごとにコテコテに固まってしまっている。

しかも二十年前、三十年前にはキャリア教育も、教育カウンセリングもエンカウンターもありませんでした。なかったものがポコポコ出てきて、また新しい領域をつくっていくんですね。

何か新しい領域ができればできるほど、それぞれの概念を妙に絶対視して、現場がそれに振り回されてしまう。それは、現場の先生が悪いのだと言っていいのかどうか。現場としては、文部科学省の先生がいろいろ言っている。そうしたら、全部気にしなければいけないのでは……となりますね。しかし、どの領域も全部似たようなことを言っているわけですね。これはちょっと変なのではないかと私は思います。

いろいろな領域に共通する何らかの枠組みを提示してあげたほうが、現場の混乱がだいぶ少なくなるのかなと思って、この対談企画を考えてみたんです。これについて梶田先生はどんなお考えをおもちでしょうか。

スポットライトの当て方が違うだけ

梶田◆簡単ですよ。これはお互いに縄張り根性をもっているだけの話。だいたい学習活動と人格形成を分けることだって間違いなんです。

諸富◆すでに、それが間違いであると。

梶田◆間違いです。勉強を通じて賢くなって、それがほんとうに人格をつくっていかないといけないのですよ。勉強するということと人格形成を別に考えてはいけないでしょう。そういうなかで、道徳教育だろうと人格教育であろうと、一つのことにどこからスポットライトを当ててみるかだけの話で、結局同じことなんですよ。一人の人間がしっかりして、しかも知性をもち、理性をもち、そして「我々の世界」も「我の世界」も生きられるようになるというのが目的なんですから。ことさら分けることが間違いです。

ただスポットライトの当て方はいろいろとあります。スポットライトを一つの角度から当てたものだけで集まってこの世界をつくるというのは変な話でしょう。それは党派性ですよ。

諸富◆いま先生がスポットライトと言われたことを哲学者のニーチェは、パースペクティズム、つまり観点依存性と呼んでいます。つまり、ここから当てるのとあちらから当てるのとでは見えるものが違ってくるけど、実は同じものを見ているのだと。ですので、こっちが絶対だ、こっちが正しいという議論が間違いで、むしろいま先生がおっしゃったように、スポットライトの当て方が違うだけなんだと。けれども、スポットライトの当て方はいろいろあるというとらえ方をすればいい。

仲間をつくらないと落ち着かないのは気の毒な話

諸富◆自分が日本一だと思っている先生がたくさんいますしね。

梶田◆まあ、そうなんでしょうね。私はあんまりそういうのは入らないし。それから、師弟関係をつくるのでもそうでしょう。私は弟子がいません。もちろん恩師もいません。よく言うんだけど、私の弟子と認めるほどのやつはまだ出ておりません(笑)。教えたことのある人はいっぱいおりますけどね。

諸富◆教え子はいるけど弟子はいないと。

梶田◆師弟関係で私がいつまでも教えるとか、向こうがいつまでも尊敬している、といったことはないわけです。それはそうでしょう。そういう小さな仲間内をつくらないと気持ちが安定しないというのは、気の毒な話だと思います。

一生のうちに「一箇半箇の打出」

諸富◆道徳、特活、教育相談、生徒指導でも、何かセクト主義で断絶していますよね。あまり接しない。

梶田◆それはみんな自信がないからですよ。だから、小魚は群れを成すんですよ。目が覚めれば大きい世界に泳ぎ出す。しかし、みんなが目が覚めると思ってはいけないですよ。小さく群れなければ落ち着かない人は、それで群れをつくったらいい。師弟関係をつくらんと落ち着かないやつは、それをつくったらいい。

諸富◆私は何か、ある程度の共通の枠組みを作って、目を覚まそうよと言いたくなるんです。

梶田◆うるさく言ったって目を覚ますわけがない。目が覚めるきっかけになる人ならいるかもしれません。きっかけは準備してあげなければいけないですよね。ただ、呼びかけさえすれば応えてくれると思ったら大間違いです。きっかけを準備して、それでうまく呼応してくれる人が出ればもうけものということです。禅宗だったら一生のうちに「一箇半箇の打出」というんですよ。自分の思想を継いでくれる人が自分の一生のうちに一人でも半人でも出てくれば万歳だと。私はこれがいいと思っています。

諸富◆千人も一万人も見てですね。

梶田◆それはそうです。つきあう人は千人も一万人もいるでしょう。私のやってきたことを大きな財産にして生かして、次の時代を開いていく、といった人を指導できれば幸せですね。しかし、そういうのは、私が生きている間に一人出るか出ないかです。

諸富◆一人出るか出ないか、これはいい言葉です。

梶田◆でも、それだけの積み重ねはしておかないといけないと思います。自分の中にも、それから発信する者としても。私はいっぱい本を書いていますが、それは、いつかだれかが生かしてくれるのではないかと思うからですよ。

諸富◆いつか、だれかが……。

梶田◆そうでしょう。一万人が読んだからといって、呼応してくれるわけではありません。一万人も読んでくれれば、間違って一人ぐらい呼応してくれるかもしれない。そういうものですよ。それを何十冊かやっていけば、確率的には若干は出てくると思う。

諸富◆大変いい勉強になりますね。

梶田◆それをあせって、自分が言っていることと同じ表現で書いてくれたから弟子だとか、自分の書いたものを引用してくれたから弟子だとか、つまらない話です。自信のない人が多すぎるんです。

すべては人生のエピソードの一つ

梶田◆今回の学習指導要領の改訂というのは、私は自負するものがあります。三十年ぶりに内容を増やし、レベルを高くしたわけだし、「生きる力」にしてもコンセプトを変えたわけだから。そして、私に呼応する人が文部科学省の幹部の中にもいたということですからね。私の言うことをすべて受け止めてくれたかどうかは別として、少なくともあまり逆らわないで、何人かが「これでやろう」ということになったわけです。それは世の中的には面白かったですよ。

諸富◆いい人生です、先生。

梶田◆だけど、それは私の人生というステージの中のエピソードの一つです。

諸富◆エピソードの一つ、ですか。かっこいいですね。

梶田◆そういうものじゃない？　世の中なんて、みんなもそうですよ。

諸富◆一回、中教審のトップになったら、ずっと居座る人がいますよ。

梶田◆それは気の毒な話で、それしか生きがいがないからですよ。結局、「ワクワク、ドキドキ」のために、みんな肩書を求めているんですよ。でも、外側から来る「ワクワク、ドキドキ」は一時的なものだし、自分でどうにもできないでしょう。与えられもせず、取り去られもせずというものを、自分の中でいくつも作っておかないといけないでしょう。自分でほんとうにのめり込めるCDを何枚集めているか。「そのうち暇になったら、そういうものも考えます」と言ってたら絶対だめなんですよ。普段から作っておかないとね。私はだいぶ集めていますよ。だからそれだけでいいわけです。

「ワクワク」するものをいくつももつ

梶田◆学問とはそういうものでしょう。私は学問をめざしたんですから。よく人に聞かれるんですよ、「こんなに忙しいのに何で本を書くんですか」と。私はこういうことのために、この道を選んだんですから。

諸富◆そうですよね。ほんとうです。

梶田◆忙しいというのは世の中の都合の話です。本を書くには、ネタを読み込んだりするのに夜中も使うでしょう。「何でそんなことをするんです?」と聞かれますが、「それをやりたいからこの道に入ったんだ」と言うんです。

大きな家に住んだり、高級車に乗ったり、財産ができたり、大きな勲章をもらったりするよりも、研究者の道に行ったら、その何倍もの充実感があるという思いがあるからやっているんですよ。大きな勲章をもらいたかったら国会議員にならないといけないでしょう。財産を作りたいなら経済界に行かないといけない。

諸富◆例えば講演料をたくさんもらったら、ちょっとうれしいじゃないですか。それでついお金のほうに走ったり……。あるいは学部長になれば、うれしいところがあるじゃないですか。それで、学内政治のほうに走ってしまう人が多いですよね。

梶田◆それはだれしも人間は弱いからね。「あってもいいけれど、でもね……」というのが自分の中にあれば。

諸富◆「こちらのほうが大事」というところを、本末転倒にならないようにするということですね。

梶田◆そのためには自分の中で、ささやかでも、ワクワクするものがなくてはね。そうでしょう。

諸富◆キーワードはワクワクですね。

「我の世界」「我々の世界」は垂直と水平、二本の軸

諸富◆私は「我の世界」「我々の世界」、「自己とかかわり」も、大ざっぱに言うと二つの軸でとらえられるのではないかと思うのです。「我の世界」というのは、ある意味では内面、自己、深さ、超越、あるいは垂直の軸と言ってもいいと思うんですね。「垂直の軸」というときに、上に超えるほうと、下に深まっていく場合がありますね。だから、「我々の世界」というのは外面とか、かかわりとか、他者、集団、社会、客観社会、広がり……。

梶田◆水平になってくる。

諸富◆垂直の軸と水平の軸とに、大きく分けてもよろしいでしょうか。

梶田◆それはいいと思いますよ。私は教育の中では「内面性の教育」ということをよく言っているんですけどね。これが垂直の軸の下に下りるほうなんです。宗教の話のときもするんですね、これは垂直の軸の上の方の話なんですよ。

道徳教育における「人間を超えた超越的な世界」

諸富◆道徳ということを考えるときに、宗教とまでは言わなくても、人間を超えた超越的な世界というものが基盤にあるんじゃないでしょうか。

梶田◆「私というものは、実は考えられないほどに大きな働きの中の一部分」ということですね。キリスト教のドイツ神秘主義でいうと、エックハルトは「神と一致するためには、神を捨てなければいけない」と言いました。神というのは外側に置いていたら、絶対だめだと言うんです。ほんとうに神と一致するためには、自分が神の一部だという認識に変えなければいけない。神というものは自分を含めた大きな働きのことをいう、というのです。

親鸞もそうでしょう。南無阿弥陀仏というのは、自分が言っているという思いがある間はだめで、「南無阿弥陀仏と言わしめた何かがある……ありがたいことだ。南無阿弥陀仏」なのです。そういう気持ちを起こさせてくれた、大きな力に対して感謝の念として「南無阿弥陀仏」ですよ。これは自分を超えた大きな力ではないんですよ。自分が大きな力の中にほんとうにピタッとはまり込んで、うまく機能している、ということが実感されたということなんですよ。畏怖の念では困るんですよ、ほんとうは。

諸富◆いま先生がおっしゃったことを道徳の世界で生かすのは、やはり宗教学になるからだめなんでしょうか。

梶田◆そんなことはないですよ。だけど、いま言ったようなことは自分で実感していなければね。あえて言うけれども、現代の日本人でそんなことを実感している人なんて、ごく少数でしょう。だから、私は次善の策、三善の策で、いまのような言い方でも悪くないだろうと思うのです。

諸富◆私がこういう社会に目覚めた一つは、先生も引用されていましたが、パウロが「もはや私が生きているのではない。私の中にキリストが生きているのだ」と言ったという話なんですね。

そこを強調した日本の宗教学者に、滝沢克己さんや八木誠一さんがおられます。私はあの二人に決定的な影響を受けました。そこから宗教的な実存論とかトランスパーソナルの世界に目覚めていったんです。人間を超えた何か……というところを、基盤にすえないと、道徳はそもそも成り立たないのではないかと思います。

自分本位の良心が「我の世界」での道徳

梶田◆必ずしもそうではないと思いますね。上を見れば確かに垂直の話になるけれど、自分の内側を見れば、自分の実感として「これは嫌だな」とか「これは美しいな」といったものがあります。これが実感を伴って本音になる。それだけでも私は道徳ができると思う。あまり垂直の上のほうを言わなくてもね。というのは、上のほうを言うと日本の場合、きれいごとになります。よそゆきのその場限りの借り物の言葉。私はああいうのが嫌いなんですね。

やらないよりは偽善でも何でも、良いことはやったほうがいい。だけど、偽善はやはり実感や本音が伴っていない。外側だけを整えるということになります。だから、ほんとうの道徳にはなりませんね。世の中的には道徳になりますが、その人自身のあり方としては、つまり「我の世界」としては道徳になりません。

諸富◆やはり実感を伴わないと、ということですね。

梶田◆それが良心ということになるわけです。本質論としてはそこに気をつけなければいけない。どこかで呼応する人がいるかもしれないから、私は本質論を書き残していきたいと思います。発言もしていきたいと思います。

学習指導要領の道徳で「入門」し、土台作りをする

梶田◆いまの学習指導要領の道徳の表現も、まだまだ深めようがあると考えています。これは入門みたいなものでしかありません。でも、入門として言えば、あれでいいと思います。それでやっていって、どこかでハッと気がつく。天動説から地動説へのコペルニクス的な展開が必要なんですよ。そのための土台作りだと思えばいいんです。

諸富◆具体的に何かをするのはむずかしいことですね。

梶田◆なかなかむずかしいし、はっきり言うとほとんどの人はそういうことに気づかないで死んでいきます。それでいいんですよ。

諸富◆僕はまだ若いせいか何か……。

梶田◆先生みたいにいろいろと大事なことに気づいている人は、自分自身にそれを放任することを許してはいけません。自分自身で大事な気づきをどんどん深めて、それをまた表現していかないといけない。なぜか。それは、いますぐなのか五年後なのか、あるいは先生が亡くなって三十年後かもしれないけど、先生のその考え方に触発されて、「ああそうだった」という人が出てくるかもしれないからです。

諸富◆さっき「一人でもいいから」とおっしゃっていた、その世界ですね。

梶田◆それは生きているうちの先生の義務だと思います。

期待はせずに言い続けるのが義務

梶田◆今回の学習指導要領は、はっきり言うと、道徳というもののとらえ方としてはまだ薄い。ある意味では入門だろうと思います。行き着く先を十分に示すものにはなっていない。このことを私は言っていかないといけないと思います。

そして例えば諸富先生が、滝沢克己さんや八木誠一さんに触発されて発言し続けられることが大事だと思います。みんながそれをわかってくれると期待してはいけないですよ。ただし、言わなければだめ。

諸富◆「期待せずに言う」と。

梶田◆自分に与えられた義務なんですよ。大事なことに気づかせてもらったうえは……。自分は気づいた、いつの間にか気づかされたわけです。そうしたら、気づかされたものを表現して残して、次のだれかを触発するための素材として残すのは義務ではないでしょうか。

言語の重要性──体験の経験化

諸富◆先生の著書の中で、森有正のところに「体験の経験化こそが人格形成の基盤になる」と書いてあったんですね。私はこの「体験の経験化」という言葉に非常に関心があります。

梶田◆「言語はコミュニケーションの道具」とよく言われますが、それだけのことではないのです。言語は認識の道具、思考の道具、判断の道具です。そして、認識したことしか、その人にとっての世界にはならないのです。だから、自分の世界を豊かなものとして構成していこうと思ったら、日々の印象や体験を言葉によって整理して、それを自分の財産にしていかないといけないわけです。

諸富◆まだ言葉になっていない体験を言語化していくことによって、自分の財産になっていく。その認識のために言語は重要なんだということですね。

梶田◆認識のためというか、それ以外の方法はないでしょうね。

諸富◆言語以外には、方法はないですよね。

梶田◆一過性の体験を自分の財産にするためには、ある種の固定化が必要です。

文部科学省用語は問題にしない

諸富◆よく「体験と座学の関係」というふうにいわれますね。学校で総合学習の中で子どもたちに体験をさせることと、座学での学習活動の関係がよくいわれます。その場合にもこのことは当てはまりますか。

梶田◆学習だって体験ですよ。

諸富◆なるほど。簡単に分けてはいけないんですね。

梶田◆そう、ああいう単純な分け方はつまらない話です。

諸富◆ああいうことを言っているのがつまらない。

梶田◆入り口としてはあってもいいんですよ。「机の前に座っているだけではだめだよね」ということをわからせるために、それを言ったっていい。けれど、言っている中身が妥当、適切かというと、必ずしもそうではないということです。

諸富◆先生はほんとうのことを言ってくださるから、すごく面白いですね。

六十点で祝杯をあげること

梶田◆結論的に言うと、全部自分で気が済むようにやろうなんて思ってはいけません。六十点で御の字。六十点になったら万歳。そこで祝杯をあげてください。そういうことも、私は子どものうちからわからせたいなと思います。いまは完全主義が多いでしょう。何でも自分の気が済むように——と。けれど、気は済まないんです。一人で生きているんじゃないんだから。

諸富◆いろいろアドバイスをいただいてありがとうございます。梶田先生の本を読んでいるときから、この先生はいろいろ役員もやっているし、偉い先生なんだけど、ほんとうのことを言ってくれそうな感じの先生だなという感じはしていたんです。

梶田◆私にはそれしかないんですよ。

諸富◆大変勉強になりました。

梶田◆諸富先生を励ます会です（笑）。

諸富◆はい、ありがとうございます。

梶田◆頑張ってもらわないと（笑）。

第3章 教育カウンセリングで各領域をつなぐ

教育カウンセリングは、「生き方の指導」であると同時に、「死に方の指導」でもある

國分康孝 Kokubu Yasutaka

死をイメージして生きることで、日々の時間を大切に、自分らしく生きることができるのですね

諸富祥彦 Morotomi Yoshihiko

解説

國分康孝氏は、日本教育カウンセラー協会会長にして構成的グループエンカウンターの開発者。悩める青春を送っていた私の高校時代からの恩師である。初めて手紙をさしあげてから、もう三十五年にもなる。その國分先生から、改めて「教育カウンセリング」の本質的特徴とは何か、お話をうかがった。そこで強調されたのは、「私はこう思う」「私はこうなんだ」という「アイネス」、実存主義の感覚の重要性であった。

他のさまざまな心理学的アプローチとの比較において、教育カウンセリングの特徴は、実存主義という哲学的背景が濃厚なことである。國分氏は言う。「教育者というのは人の人生に関与しますから、人生哲学なしには、手も足も出ない職業だと思うんです」「カウンセリングというのは、結局生き方の指導なんだけれど、それは同時に死に方をも指導することになります。どういう死に方がいいか、どういう生き方がいいかというのは、哲学が登場する場面です」。

そして、この実存主義の中核として、次の三つをあげる。

「なりふりかまわず、自分の言いたいように言え。したいようにしろ」と自分を打ち出すこと。

Experiencing◆体感。生きるとは、いまの状態を体感すること。

寒いときには寒さになりきれ。悲しいときには悲しみになりきれ。

You should live as if you were going to die tomorrow◆明日死ぬものの如く今を生きよ。

実存主義においては、この「自分を打ち出していく個の自覚」と「個はほかの個とつながっているという意識」、「個の世界」と「リレーションの世界」が重要である。それは梶田氏の言う「我の世界」と「我々の世界」に相当する。教育カウンセリングの代表的な方法の一つである構成的グループエンカウンターは、この二つを意識した教育方法である。教育カウンセリングが提唱する「実存」的な生き方とは、他者とのつながりの中で自分らしくあり、自分らしく生きることである。自分が自分の人生の主人公となって日々を生きていくことである。

いまの子どもたちが大人になるこれから二十年後、三十年後の日本社会においては、ますます流動性が高くなり、終身雇用制がなくなり、家族が解体し、結婚せずに生きていく独身者が増え、少子高齢化とともに単身世帯が増加していく、と予測される。そこでは、不安定な社会状況のもと、絶えず「自分はいま、何を求められているか」を敏感に嗅ぎ取り、社会のニーズに応えていく力が求められるだろう。そうした不安定な社会を生き抜くコンピテンシーとして、「他者とのつながりの中で自分らしく生きる」実存的な感覚を保持して生きる力が求められることは間違いない。［諸富祥彦］

教育カウンセリングとほかの領域の異同

諸富◆教育の分野には、学級経営、生徒指導、教育相談、キャリア教育、道徳、特別活動などがありますが「どの分野もかなり同じことをやっているのではないか」と言う人がいます。今回はほかの領域と教育カウンセリングの異同の視点から、教育カウンセリングのエッセンスを語っていただければと思います。教育カウンセリングの創始者である國分先生ご自身のお立場から、その独自のポイントをお話しいただければと思います。

教育カウンセリングの背景には実存主義という哲学がある

國分◆思想的背景が濃厚なところが違うと思います。教育カウンセリングには実存主義の考えがかなり強いですが、ほかの領域にはあまり思想の意識がないような気がします。「どうするか」ということは語るけれど、その背景にある思想についてあまりふれていないような気がします。

私はすべての教育カウンセラーが構成的グループエンカウンターを体験したほうがいいと思っていますが、それは構成的グループエンカウンターを体験することで、実存主義の感覚が身につくだろうという理由からです。実存主義の感覚とは「I think」、「I feel」。「僕はこう思うんだ」「私はこうなんだ」というアイネス(個の意識)が核になっているんじゃないかという気がします。

諸富◆実存主義を唱えたキルケゴールの「実存宣言」といわれている言葉があります。彼は最初理系を専攻していたんですが、「自分がこのために生き、また死んでもいい」という理念をもって学問をしたいと、専攻を文系に変えたんです。教育カウンセリングの実存主義というのは、そういう部分が濃厚だということでしょうか。

國分◆そうですね。実存主義の考えを核に、それを具象化・方法化したものが教育カウンセリングです。

諸富◆実存主義の特徴は、先生がいまおっしゃったアイネスですね。パールズの「ゲシュタルトの祈り」にある「人からどう思われても、私はこう生きるんだ」というアイネスと、それを語る自己開示という部分がかなり濃厚ですね。

教育学の色彩が強い教育カウンセリング

國分◆諸富さんも私も教育学出身で、教育学を出てからカウンセリングを学んだわけです。いま考えると、教育学では実存主義が主になった人間学を教わったと思います。日本の心理学の弱点は、思想、哲学に弱いことだと思うんです。教育カウンセリングというのは、教育学と心理学から出てきたカウンセリングを上手にドッキングさせているところが特徴じゃないでしょうか。

諸富◆教育カウンセリングは、教育学プラスカウンセリングということでしょうか。

國分◆そうですね。カウンセリングももともとは、心理学というより教育学という気がしています。アメリカではカウンセリング心理学は教育学研究科に属していて、臨床心理学は別の研究科なんです。教育カウンセリングというのは、教育学の色彩が強いカウンセリングということですね。

諸富◆フィロソフィーがあって、教育学的な背景をもつところが、ほかの心理学との違いと考えていいでしょうか。

國分◆そのように理解してほしいですね。教師は人生指南番で、哲学なしには人生指南番にはなれないと、私は思います。教育者というのは人の人生に関与しますから、人生哲学なしには手も足も出ない職業だと思うんですね。

カウンセリングは生き方の指導

諸富◆先生自身の人生哲学を形成するうえで、大きな影響を受けた方はいらっしゃいますか。

國分◆霜田静志先生、ムスターカス、エリスをあげたいです。霜田先生は若き日にキリスト教徒で、神道と仏教の勉強もされたようです。私なりに翻訳すると、霜田先生はある思想を心理学の用語で伝えておられたということです。

ムスターカスからは実存主義そのものを教わり、エリスからは実存主義をもとにしたカウンセリングの方法を教わったと思います。エリスはカウンセリング心理学者の中では、いちばん哲学的色彩が強いと思いますし、哲学と心理学を上手にドッキングさせた気がしますね。エリスが来日したときに東北大学の長谷川啓三さんが「いちばん影響を受けた心理学者は誰ですか」とたずねたところ、「僕は心理学者よりも哲学者からの影響のほうが大きい」と答えられたんです。

人を援助するときに、どうしても思想をもち出さないと解けない問題もあります。いささか抽象的なたとえですが、フロイトのクライアントが、「精神分析で僕の悩みは消えるでしょうか」と聞いたところ、「君のつまらない悩みは消えるだろう。しかし、人間としての悩みはますます深まるだろう」とフロイトは答えたそうです。

人間としての悩みを受けて立つためには、精神分析以外のものが必要だというのが私の解釈です。そこで登場するのが思想哲学だろうと思います。生き方を定義しなければ、人間としての悩みを突破できないからです。教育者やカウンセラーなど、人の人生に接触する人は、哲学的思想が不可欠です。教育カウンセラーは教育者ですから、思想哲学をもったカウンセリングを提唱しなければいけません。

諸富◆技術だけのカウンセリングでは不十分であると。

國分◆技術だけで解ける問題も確かにありますが、「どう生きるか」というようなことになってくると、やはり思想が必要です。カウンセリングというのは結局生き方の指導なんだけれど、それは同時に死に方をも指導することになります。どういう死に方がいいか、どういう生き方がいいかというのは、哲学が登場する場面です。

諸富◆先生の筑波大学の退官講演で「明日、死ぬ者のごとくいまを生きろ」という言葉がいちばん印象に残っているんですが、この言葉ともやはり通じるんでしょうね。これが実存主義の中核でしょうか。

実存主義は心意気の哲学

國分◆中核はと聞かれたら三つありますね。「一期一会のつもりで生きろ」のほかに「カレッジ・トウ・ビー」、なりふり構わず自分の言いたいように、したいように、自分を打ち出すこと。もう一つは「エクスペリエンシング

(experiencing)」、生きるとはいまの状態を体感すること。寒いときには寒さに成り切れ、悲しいときは悲しみに成り切れという。

諸富◆三つに強いて順番をつけたらどうなりますか。

國分◆「カレッジ・トゥ・ビー」が一番で、次が「エクスペリエンシング」、最後に「you should live as if you were going to die tomorrow（一期一会）」でしょうか。共通して言えるのは、実存主義は心意気の哲学だということです。いい教育者はやはり心意気がなくちゃだめだと思います。心理学の特徴はリサーチ、教育者の特徴はプラクティショナーなんです。教育者はプラクティショナーを主流として、そこにリサーチがつくという形です。

諸富◆同僚の先生方から見て「あの先生はもう心意気がない、気迫がない」という教員はいますね。これでは「教育カウンセリングを習得した」とはとても言えませんね。

教育カウンセラーはスカラーをめざすべき

國分◆純粋のリサーチャー（研究者）ではなくて、プラクティス（実践）しつつ研究もするような、二つ重なっているのが私はいいような気がします。これを英語でスカラーと言います。

実践とリサーチの両方をワンセットにした人生。エーリッヒ・フロムも若いときは社会運動に打ち込み、晩年は一生懸命本を書いて研究者になりました。そのイメージですね。

諸富◆つまり教育カウンセラーをめざすということは、スカラーでないといけない。リサーチも含む実践家になるということですね。

國分◆そして世の中をリードする人ね。リサーチとプラクティスとをワンセットにして、世の中をリードしていける人がスカラーです。

諸富◆「この方向に向かっていこう」という理念を提唱して世の中をリードしていく、そのような存在であるべきだということですね。

各領域を統合する枠組みの必要性

諸富◆キャリア教育、学級経営、生徒指導、特別活動、道徳等々いろいろな領域があります。私は教育カウンセリングというのは、とてもバランスのいい学問であると思っているんですが、こういった領域をつなぐとき、何が中心になるフィロソフィーか。どの領域も人間が対象で、子どもが自分自身を生きるサポートをしている、援助をしている領域だと思うんです。

いろいろな領域は子どもにとってはどれも教育活動です。これを一つにつないでいくとしたら、やはり中核となる哲学の一つが実存主義ではないでしょうか。

実存主義における「個の自覚」と「ほかとのつながり」

國分◆そうです。実存主義と締めくくったときの中身は、二つあると思います。一つは先ほど言ったように自分を打ち出していく個の自覚、もう一つは、個はほかの個とつながっているという意識。実存主義では世界内存在という言葉がありますが、これは日本語に訳すと「縁がある」ということだと思います。

パールズは「ゲシュタルトの祈り」で、人はどうあろうとも、私は私の個を打ち出すといったけれども、弟子のタブスは、その打ち出す個というのは、他との関係においてはじめてある個なんだ、とリレーションを強調しているんです。

「教育カウンセリングを支える実存主義」というとき、その意味は二つあります。「個を大事にする」というのと「リレーションに気づく」というものです。構成的グループエンカウンターは、この二つを意識している教育方法だと私は思いますね。

諸富◆「個の自覚」と「他者との縁、つながり」ですね。

各領域に共通する二つの次元

諸富◆現在、学校にはさまざまな領域があって、領域の争いのようになっているところが少しあります。このため、一貫したフィロソフィーをもって子どもにかかわることが妨げられているのではないかという気がします。この現状を解決するために、一つの統合した枠組みが必要ではないかというのが、今回の私の提案の一つです。

この「統合した枠組み」で提唱したいのが、一つは内面的深さの垂直次元、個の自覚の世界です。もう一つが水平の次元、対社会、対人関係、横の広がり、他者とのかかわりの次元です。このシリーズの第一回目にお話を伺った梶田叡一先生は、これを「我の世界」「我々の世界」と呼んでいました。

この二つを統合する枠組みで、すべての教育活動を一つの軸につなげていくということが必要ではないかと思います。

國分◆100%賛成ですね。

諸富◆どの領域でも、自分を深く見つめる次元と、他者や集団とかかわる次元の二つは欠かせないと思います。

國分◆そうですね。個と他のかかわりを体験学習させる方法はたくさんありますね。構成的グループエンカウンター、キャリア教育、特活……これらを全部ひっくるめて名前をつけたら、ガイダンスカリキュラムになると思いますね。これからの教育で大事なのはガイダンスカリキュラムで、その原理は、梶田先生の言葉で言えば「我の世界と我々の世界」、私の言葉で言えば「個の世界とリレーションの世界」。この二本の柱がガイダンスカリキュラムになりますね。

諸富◆言葉は違っても、自分を深く掘り下げ見つめる次元と、他者や組織とかかわったりする次元の二つがあるということですね。

教育カウンセリングと教育相談との違い

諸富◆教育カウンセリングの概念には、いろいろな次元での「個の自覚と他者とのかかわり」が含まれていて、そこが学校教育相談との違いではないでしょうか。学校教育相談というと、どうしても個別教育相談を連想してしまって、特活とは関係ない、道徳とも関係ない、キャリア教育とはあまり関係がない、生徒指導とも別だねとなります。教育カウンセリングは道徳の時間でも特活の時間でもありうるし、生徒指導でもありえます。「個の次元対他次元」の二つの軸の哲学をもったアプローチであり、どの領域にも入りうる。それぐらい広い枠組みなのが教育カウンセリングだと思うんです。

國分◆そうですね。それを表す言葉、みんなが納得するいい言葉はないかと考えて、私が提唱しているのが「ガイダンスカウンセリング」です。昔の教育相談は、個別面接志向の身の上相談風のものが多かったけれど、ガイダンスカウンセリングは「生き方教育」です。

教育カウンセリング創始のきっかけ

陸軍幼年学校の教育

諸富◆教育カウンセリングは、あらゆる領域にわたって、個の自覚とリレーションの二つの次元で子どもたちの人格形成を支援します。こういった領域は、國分先生が提唱されるまでは、あまり日本では注目されていなかったと思います。何をきっかけに、このような「育てるカウンセリング」を提唱されるようになったのか、個人的なエピソードがありましたら教えてください。

國分◆陸軍幼年学校の教育ですね。私が十四歳のころに受けた幼年学校の教育は、いま考えるとキャリア教育からソーシャルスキルから、全部総合された教育だったと思います。あの教育を現代版にすると、教育カウンセリングになると思います。

諸富◆教育カウンセリングは「個の自覚とリレーション」のどちらも大事にしますが、先生がそれらを体験されたエピソードはありますか。

國分◆「軍人だから、いつ死んでも悔いのない生き方をする」ことを教えられました。「自分は、いま、どういう生き方をしているか」を絶えず考えるのです。

他者との関係は、いろいろな場面で教わりました。例えば行軍しているときに、生徒に水筒の水を飲ませないんですね。理由を聞くと、指導教官は次のように答えました。「君たちが持っている水筒の水は、敵陣に突っ込んだときに、倒れている敵の一般市民に飲ませる水だ」と。一般市民は君たちの親と同じだ、俺たちは敵の兵隊とは戦争しているけれど、一般市民と戦争しているわけじゃない、と。人がそばにいることを意識させる教育が、いたるところにありました。ほかの人が自分たちに何を期待しているかを考えて行動する、人の身になって行動するということですね。

諸富◆総合的な人格形成の支援のエッセンスが詰め込まれていたんですね。

國分◆人生観の教育、人間関係の教育と、非常に多角的でいい教育でしたね。

ムスターカスの実存主義

國分◆ムスターカスから教わった実存主義もきっかけです。人は皆一人一人、ユニークな世界に住んでいる、だから自分も大事にしなければいけないが、人の人生も大事にしなければいけない、ということを教わりました。自分はどんな経験をしているか、相手はどんな体験をしているか、この二つを絶えず頭において行動すること。

私にとって、幼年学校の教育とアメリカで教わった実存主義風の教育とは、ほとんど重なっていますね。

諸富◆いまの日本の学校教育にいちばん欠けているのは何だと思われますか。

國分◆個の自覚、すなわちアイデンティティーの教育と、リレーション、すなわち人のことを考える教育と、二つとも足りないんじゃないでしょうか。

三つのメッセージ

後輩へのメッセージ――自己開示のできる人間に

諸富◆三つほどお聞きしたいと思います。まず、國分先生の後に続く後輩たちに、メッセージをいただければ。

國分◆生徒が「この先生でよかった」と思うような教師になってほしいですね。教師にならずに会社勤めをしても、自分の部下に「いい上司に出会った」と思われる上司になってほしいです。そのためには、まず第一に、自己開示のできる人間になることです。フロイトを語りつつ自己を語る、ロジャーズを通して自己を語る。フロイトやロジャーズの通訳になるのではなく、自己を語れということです。

諸富◆単なる解説者ではいけない。逆にフロイトもロジャーズも学ばずに自分のことだけを語るのでもない。ちゃんと学問を経たうえで自分を語れということですね。

リーダーへのメッセージ——目標を出し、集団をまとめ、一人一人をケアする

諸富◆次に、いまの学校教育を現場でリードする立場の方たち、校長先生や指導主事に、いちばん言いたいことは何でしょうか。

國分◆よきリーダーになってほしいですね。よきリーダーの不可欠条件は、**1**◆目標を掲げ、**2**◆集団をまとめ、**3**◆一人一人をケアすることです。「どうしたらいいでしょうか」と聞くのではなくて、「私はこうしたい」と目標を立てるだけの勉強をし、みんなが求めているものを察知して目標を立て、「これでいきます」と言って目標を出し、集団をまとめ、一人一人をケアしてほしい。

生きがいと楽しみ——次の世代に語り継ぐこと

諸富◆これからの人生の生きがい、毎日の生活で楽しみなことは何でしょうか。

國分◆生きがいは、これまでの人生を次の世代に語り継ぐことですね。私がアメリカに行って勉強して大学の教授になったのは皆さんのおかげだから、自分が勉強して得たものを全部次の世代に渡していきたいですね。

エネルギーの根源は

諸富◆國分先生は実に精力的に活動を続けてこられましたが、先生をこれまで支えてきた力は何でしょうか。また個人的な楽しみはおありですか。

人の役に立っているという感覚

國分◆私を支えてきた力は、陸軍幼年学校とアメリカの教育ですね。

私の指導教授のファーカー先生は、どんなに親しくなった学生でも成績がふるわなければ卒業させませんでした。「かわいそうという気持ちは起きませんか」と尋ねたら、「かわいそうだけど、いいかげんな学生を卒業させると、市民に迷惑をかけることになる。私は市民に対して責任がある」と。アメリカが私の支えになるというのは、そういう「自分は世の中のためになる仕事をしているんだ」という生きがいですね。幼年学校が支えになっているというのも、「自分は人の役に立つための存在なんだ。自分は寝食のために生きているわけではない」という感覚があるということです。

諸富◆國分先生は枯れた雰囲気がなくて、生命力、エネルギーに満ちあふれていると感じます。先生はいまでも青春時代のアメリカや幼年学校の原体験を生きておられるんで

すね。

絶えずすることがあること

國分◆100%そう思いますね。十四歳の幼年学校と三十代のアメリカ大学院、この二つが常にあります。もっと土台のところに両親がいますね。両親はいつも私のことを「康孝」と呼び捨てでしたから、私はいくら教授になっても「康孝」と呼ばれる人間で、両親から見たらほんとうに頼りない息子なんです。それで私は高齢者になっても絶えずエネルギーが充満している時代に生きていると思います。

私の恩師、霜田静志先生は八十三歳で亡くなりましたけど、亡くなる少し前に、「みんな死ぬのが嫌だとか、死ぬのが怖いと言うけど、自分は全然怖くない。することがたくさんあって、死ぬことを考えるいとまがないんだ」とおっしゃっていました。人間というのは、絶えずすることがあったほうがいい。だから、私も老けた自分を考えるいとまがないような状況に自分を置いていますね。

諸富◆國分先生のエネルギーの原点を教えていただいたような感じがします。

未完の行為を完成したい

國分◆アメリカ留学はつい昨日、幼年学校もついこの間のような感じですね。授業はアメリカ時代の教授の感覚を思い出してやっていますね。

諸富◆先生のスピリットはアメリカに留学された三十代の前半のままということでしょうか。

國分◆そのとおりです。私は元気な三十五歳のまま、九十五歳まで生きると思います。私の母は九十五歳で亡くなったから、せめて九十五歳までは現役で、九十五歳でちょっと一息つこうかなと思っています。しゃべり続けて、書き続けて。多くの人に還元できる仕事がしたいです。

悪い言葉で言えば昔を引きずっている、いい言葉で言えば昔を生きているんです。これは「未完の行為」があるからかもしれない。幼年学校の途中で終戦を迎えましたからね。その「未完の行為」を完成したくて、一生懸命やっているという。

幼年学校を卒業して任官していたらフィニッシュしたかもしれないけれど、任官する前でしたからね。やはり陣頭に立ちたいと。いま、日本教育カウンセラー協会の会長として一生懸命陣頭に立っているようなものですね。

アメリカ留学は一応完成しましたけれど、私は筑波大学の博士課程の試験に落ちてアメリカに行きましたから、あのとき試験に受かった人間よりも秀でなくちゃというのがありますね。

諸富◆「未完の行為」や苦しい思いをされたことが、いまもエネルギーの根源なんですね。大変ありがとうございました。

第4章

教科教育・理科教育での人格形成

事実に学び謙虚さを育てる

自然の事実に学ぶことが、理科における人格形成の根幹なのです

日置光久
Hioki Mitsuhisa

センスオブワンダー。事実に学ぶことで、畏敬の念も生まれるのですね

諸富祥彦
Morotomi Yoshihiko

解説

日置光久氏は、教科教育学、とりわけ理科教育学の専門家である。冒頭から、重要な言葉が語られる。それは「教科教育」（カリキュラム・リサーチ・アンド・ディベロップメント）という概念である。

理科という教科は、物理学、化学、生物学、地学といったような学問の体系がまず確固としたものとしてあり、それが物理、化学、生物、地学の根幹となるという考え方がある。それに対して、教科教育学というのは、そのような上から下へ降ろすという発想ではなく、まず「子どもの生きる世界」ということから発想し、子どもの生きる環境の中から教えるべき価値を絞り込んで「教科」を構成するのである。まず、「教科」という人間形成のために用意された概念があり、それを教える「教科教育」が後から算数科教育、国語科教育などに分かれていくのであって、その大もとは一つである。教科教育学の伝統では、こうした考え方が取られてきた、というのである。

ここで私たちは、カリキュラムというものの本質について考えさせられる。高校の理科のように、物理学、化学、生物学、地学といった、いわゆる「親学問」があり、それが下に降ろされて教科となる場合もある。しかし、教科教育学の伝統では、まず子どもの生きる世界という発想から出発し「子どもが学ぶべき内容」(教育内容)を考える。国語、理科、算数、社会……といった教科は、後から分かれたものにすぎないのである。

まず、子どもの「生きる力」として、あるいは、コンピテンシーとして、何が必要かを確定する。カリキュラムは、そこから枝分かれしたもので、固定的なものではないのである。

日置氏は、理科教育、特に小学校の理科においてはこのような「教科教育」の発想が重要だと言う。恥ずかしながら、私は今回日置氏から教えられてはじめて知ったのであるが、昭和十六年当時の小学校低学年の理科には、教科書がなかったという。それは「自然」そのものが教科書という発想のもとにあえて作らなかったからである。

「子どもが自然から学ぶ」ということが、理科における人格教育の根幹にある。例えば小学校四年生の理科で「振り子を学ぶ。「振り子の周期が速くなったり遅くなったりするのは何に関係しているのか」という問いかけに多くの子は「おもりの重さ」と答えるが、実験してみると、事実はそうではなく、「糸の長さに関係する」ことがわかる。中にはなかなか納得せず半泣きになる子もいるが、何度も実験し確かめていくうちに納得せざるをえなくなる。

このように理科で子どもたちは「事実」に学ぶ。しかも実感(センスオブワンダー)を伴って。こうして事実を学ぶうちに、子どもの人格は謙虚になっていく。ここに理科で子どもが獲得するコンピテンシーがある。[諸富祥彦]

関心・意欲も学力である

「子どもの生きる」ということから発想する教科教育学

日置◆私は大学院で教科教育学を学びました。英語でいうと、カリキュラム・リサーチ・アンド・ディベロップメントです。教科教育学は、子どもの生きるということから発想します。人間教育といってもいいのかもしれません。周りのすべての環境、PISAでいうならオールリソースを教えるにあたって、全部は無理だから絞り込む、そこに教科が生まれます。

教科という概念は人間形成のために用意された概念です。教科教育学という考え方があって、それがあとから算数科教育、国語科教育などに分かれていく。根っこの部分は一つです。
教科教育学という考え方では、子どものニーズなり人格形成、あるいは教育の目標というものから上げていきます。一方、例えば高校の理科は、物理・化学・生物・地学の世界です。学問の体系は確固としてありますから、それが教科の基盤になります。上から、学問からくるわけですね。中学校では物理・化学をまとめて一分野、生物・地学をまとめて二分野として教えます。さらにそれをもっと整理して小学校にという、大きなベクトルがあります。
教科教育学は子どもの発想から、人間形成を考えていきます。子どもの側からベクトルを形作っていきます。

諸富◆教科教育学の発想では、人間形成というのが大きな柱なんですね。

日置◆平成十年の学習指導要領改訂のときに、私は当時の文部省のオファーを受けて広島からやって来ました。それまでは「知識」が一番にきていたのが「関心・意欲・態度」に変わったときです。子どもの「生きる力」、子どもの意欲を大事にしよう、となったときです。厳選の時代で、結果的に理科の時間数と内容が減ったのはよくなかったんですが、理科教育の伝統の中には教科教育学の考え方が一貫しています。特に小学校の理科は、教科教育学のたぶんいちばん本質的な部分を保っています。

人格自体も広い意味では学力

諸富◆学力形成と人格形成は理科教育の中でどのように連動しているんでしょうか。

日置◆このごろは学力という言葉の概念が広くなっています。「生きる力」も全部学力だし、豊かな人間性などもすべて含めて、広い意味での学力なんですね。OECDのキーコンピテンシーは国際的な学力と考えられますが、あれも大変広いです。人間形成とイコールではないにしても、重なってくる部分が多いという感じはしています。

諸富◆学力育成と人格形成が連動するモデルというよりも、学力観が変わってきたということでしょうか。

日置◆そうですね。時代の流れで、学力観が人格形成全体に広くなってきたということですね。人格自体、学力だという考え方もあります。

諸富◆ありますね。意欲とか生きる姿勢、興味関心なども広い意味での学力なら、例えば「道徳でこういう学力の育成をめざしましょう」というのも違和感がなくなりますね。

日置◆日本は関心、意欲を学力だととらえて明確な形で評価規準を出していますが、ほかの国ではあまりみられないことです。

理科の役割
問題解決的なプロセスを科学的手続きで追究する

子どもではなく先生方が理科嫌い

日置◆都会の真ん中の小学校だったりすると、校庭にはラバーが敷いてあって土がないし、植物もほとんどないわけです。しかし自然がないから理科好きの子どもが少ない、子どもが理科に意欲をもてない、だから理科の授業がうまくできないなどと言うのは間違いです。自然がない状況は初期条件として受け入れて、与えられた環境のなかで理科の関心・意欲を上げるのが教師の仕事です。関心・意欲は学力ですから。

逆に地方の山の中の小学校で、「うちは緑がいっぱいあるけれど、子どもたちは授業が終わったら一直線に家に帰ってテレビゲームです。実はここの子どもたちがいちばん自然にふれていないかもしれない」と校長先生が言うんですね。

諸富◆昔話ですが、私は「鉄腕アトム」の世代です。当時「未来はどうなりますか」という絵を描けと言われて、たいてい高層ビルを描いたり、高架道を描いたりしていました。ところが最近の子どもたちに同じテーマで描いてもらうと、緑豊かな世界を描く子どもが非常に多いようなんです。つまり、人間というのは欠乏しているものを求めるんじゃないでしょうか。

日置◆「日本の子どもの理科離れ」などと言われますが、あれは誤解です。教育課程実施状況でみると、国語、算数、社会を含めた四教科の中で子どもがいちばん好きなのは理科なんです。小学校の場合、先生方が理科離れなんです。

小学校の教員養成課程は文系のコースです。理系の人は小学校教員の養成課程に残念ながらあまり行かない。子どもは理科が好きなのに、それを理科嫌いの先生方が教えるから、だんだん理科嫌いになるのかもしれません。

諸富◆確かに小学校教員養成課程は文系で、理科が苦手な人が多いかもしれません。

理科と道徳はかなり似ている？

諸富◆理科は、人格形成に直結するようなテーマが結構多いと思います。道徳と理科はかなり似ているのではないでしょうか。僕はある道徳の副読本の編集委員をしているんですが、例えば命の問題というのは理科の問題でもあり、道徳の問題でもありますね。理科の問題は生命倫理、環境倫理、科学技術倫理といった言葉でいわれますが、いわゆる道徳・倫理の問題とかなり直結していないでしょうか。

日置◆小学校の理科の目標に「自然を愛する心情を育む」というのがあります。これは小学校の理科だけにずっと入っているもので、ほかの国々のサイエンスの教科には普通は入っていないのです。

このように、自然を愛する心情を目標にしているわが国の理科教育を「日本型理科教育」と私は呼んでいます。特に小学校理科では、自然を対象にして心情を育む指導、授業づくりをすごく大切にしているんです。

諸富◆道徳の学習指導要領でDの視点は自然、生命、人間を超えた大いなるもの、いわゆる畏怖の念です。そして「自然愛護」の視点があります。環境問題なんですね。

日置◆まさに同じですね。ただ、理科の場合は、それを観察とか実験あるいは植物の栽培とか動物の飼育、あるいはものづくりなど、具体的な体験活動を通して、継続的に実感を伴って学びます。そこで心情が豊かに育まれる。

実感を伴って理解する

諸富◆道徳の授業でも、例えば宇宙を体験するためにいろいろなビデオを見せたり、ちょっと瞑想体験をしてみたりといった実感を伴う授業が結構あります。いまのお話とかなりかぶる部分がありますね。

日置◆そうだと思いますよ。「実感を伴って」というのは、実は今回の理科の指導要領の目標に新しく入れた文言なんです。いままでは自然の事物現象の「理解」だったんですが、これを「実感を伴った理解」としたんです。今回の改訂で変えたのはここだけです。

そのためにはビデオを見たり瞑想を体験したりする部分と、もう一つは科学的な手続きが必要です。自分たちで予想や仮説をしっかり立てて、実験の計画を考えて、わくわくしながらやったら、やっぱりそうだったと。これはすごく感動するんですよね。もし違っていたら、なぜ違ったか、予想や仮説、実験の方法、実験の器具や器機、いくつかのポイントにフィードバックしてからもう一回やる。これはほんとうの問題解決になります。実感を伴う理解と一緒に、自然を愛する心情も育まれます。

諸富◆なるほど。それは理科教育ですね。科学的な手続きなしだと道徳になってしまうこともありますね。例えば道徳では、妊婦さんに来ていただいて、そのお腹に聴診器を当てて生命の鼓動を感じるといった授業をします。まさに実感ですね。あるいは赤ちゃんと同じ体重の人形をおんぶして、三日間授業を受ける。ものすごく重たいわけです。「実感」という部分にとてもつながるようになりました。しかし問題解決的なプロセスを、科学的な手続きで追っていくというのは道徳にはありません。やはり理科の固有の役割だと思いますね。

理科による人間形成・人格教育

事実を知れば価値判断が生まれる

諸富◆教育哲学者の宇佐美寛先生が、「価値判断というのは事実認識である」というテーゼを立てています。例えばけんかはよくない、嘘は正しくない、約束は守るべきである、いわゆる徳目ですね、これも全部図鑑のようなものだと。現実に話を聞いてよく調べていくと、これは嘘をつかなければ大変なことになるという場面もあります。

　それから、仲良くするのはいいことですが、ちゃんとけんかしなければいけない場面もあります。約束は守らなければいけないけれども、約束を破ることが人々の幸福につながることもあるわけです。

　極端な例ですが、フランクルが、第二次世界大戦のときのナチスの収容所の話を紹介しています。上官から指揮されたからと、ユダヤ人を誰よりも痛めつけているユダヤ人がいる一方で、ナチスの一員のなかにはこっそり医薬品を渡してくれて、ユダヤ人の命を救っていた人もいたと。結局は、個々人の問題なのだ、と。

　ルールを守ることが正しい場面と正しくない場面があります。図鑑と事実では事実のほうが大事で、事実をよく知ればおのずと価値判断が生まれてくるというのが、宇佐美寛氏の論です。理科の場合も同じ発想なんですね。

事実から真実を導き出し、現実に戻して人格形成する

日置◆いまの話に少し敷延しますと、私は「事実・真実・現実」という三つの言葉をよく使います。理科は事実です。実際に実験をしたりしてデータを出します。数値は誤差がありますが全部事実ですから、それを尊重することがまず大事です。

　実験を繰り返したり友達のデータと比較しているうちに、目には見えない背後の法則のようなもの、規則性とか法則性がわかってきます。みんなで話し合って、これが真実になるわけです。

　これまではそこで終わっていましたが、これからの理科は、それをもう一度現実に戻すことが必要です。真実と思ったけれど、現実に合わない場合には、もう一回調べ直すことが大事なのです。例えば小学校五年生で「振り子」を学びます。「振り子の周期が速くなったり遅くなったりするのは何に関係しているのか」という問いかけに、子どもの大半が、「重りの重さ」だと答えます。重ければ速く動き、軽ければ遅く動くと。ところが、実験してみる（事実）とそうではないんですね。

　そんなふうにして「糸の長さに関係する」こと（真実）がわかるんだけれども、納得しない子どももいます。実験が失敗したのではないか、絶対重さのはずだと、半泣きになって何度も確かめます。これが現実に戻すということです。最後に、そうか、やっぱり糸の長さなんだなと、自分の考えが自分の内側でぐーっと変わってくるんです。すごい人格形成だと思いますね。

諸富◆素晴らしいですね。何度も実験を繰り返し、何がほんとうなのかを探究することで、自分の思い込みに気づく

わけですね。学問探究の姿勢だけではなくて、人生全体、生きていくうえで非常に重要なことかもしれませんね。

自然から学ぶのが理科

日置◆理科の人間形成はそこにあると思います。どんなに嫌でも、太陽は必ず東から昇って西に沈みます。絶対におかしいと思っても、こちらが頭を垂れることになるんですね。理科教育をしっかりやると謙虚な人間になるんです。

諸富◆実際に起きていることの前には、頭を垂れざるを得ないという態度ですね。これ以上の人格形成はないような気もします。変に観念を教えるよりも、とにかく目の前で起きていることに忠実に、しっかり見据えて聞いて、大事にするという姿勢が重要だと思いますね。

日置◆理科のなかでの人格教育の根源、基本はそこだと思います。そもそも理科というのは、初めから理科じゃないんです。理科という言葉はなくなっていいんだけれど、「子どもが自然から学ぶ」というのは絶対になくならないんです。

諸富◆自然から学ぶのが理科なんですね。

日置◆自然から学ぶのが大前提で、それをさらに科学的に考えていきます。「自然から学び、科学的に考え、共に知をつくる理科学習」ですね。社会的構成で共に知をつくるんですね。

例えば社会科は人間界のルールなどを扱いますから、場合によってはみんなが「ルールを変えようか」と合意したら変えられます。そういう世界の学びもありますが、理科の場合はルールを変えようと思ってもできないですから、謙虚にならざるをえない。人間がつくったものは世論で変わりますが、人間より前にあるものは変わりません。

ノンメッセージからの読解

諸富◆授業をつくっていくうえで人格形成を盛り込もうとすると、どのようなことができるでしょうか。

日置◆国語とか算数は、文字や音声、それから数、図形などの記号系を使います。記号は人間がつくったもので、まったくのランダムというのはないですから、日本語や数式の中には何らかのメッセージがあるわけです。

しかし理科はそうではありません。自然というのは記号の世界ではありませんから、本来人為的なメッセージが入っていない。理科の読解というのはノンメッセージからの読解なのです。知を自分でつくるしかないんです。そのために諸感覚をフルに使います。事象や現象を目で読むだけではなく皮膚感覚、音感、質感などを含めて全部を使う。

ただ感覚の差はありますから、読み取ったデータが少しずれることもあれば、いろいろな読み取りが出てくることもあります。そこに一つの方向性をつくっていきます。実証性、再現性、客観性という科学の方法で整理するんです。

実証性とは「実験で確かめることができるか」、再現性は「同じ条件なら時間と空間を変えても同じ結果が出るか」、客観性は「ある集団において合意が得られるか」ということです。そのようないくつかの手順を踏むと、それに合わないものははじかれますから、一つの、その時点の科学的な知が構成されて共有できるわけです。

自然から学ぶのはとても大事ですが、科学という手続きが入ってこないと理科ではないのです。

諸富◆データというのは、そこから直接読み取れること（結果）と、考察されることがあります。考察の部分で「意味」が生まれてくると思うんですが、理科ではどうでしょうか。

日置◆同じです。考察の部分で、科学の方法でよく吟味しようということになりますね。結果のデータをなるべくわかりやすく整理して、持ち寄って考察、科学的な手続きでチェックしていきます。自然から読み取るだけではだめだし、科学の手続きのみでは心情も何も出てこない。両方がそろっていることが必要です。そして必ず自然が先で、科学は後になります。

理科と心の教育をつなぐもの

センス・オブ・ワンダー

諸富◆次に「理科」と「心の教育」をつなぐものについて伺います。日置先生のご著書『展望 日本型理科教育』のなかに、レイチェル・カーソンの『センス・オブ・ワンダー』が紹介されています。感性の育成は子ども一人ではうまくいかない、美しいと感じる感性をもっている先達、つまり親や教師の存在が必ず必要だとありますね。

このセンス・オブ・ワンダーというのは、畏怖の念にも通じる圧倒的な美の感覚ですね。理科と心の教育をつなぐものの一つではないかと思いますが、このあたりのことはいかがでしょうか。

日置◆「理科では、すべてをつくる」ということです。知も、美しさの感覚もつくります。自然の素晴らしさも、そこに自然を読解する、自然が美しいなと思う大人がいるから、子どもも自然が美しいという感受性をつくっていけるんです。そこに自然の畏怖の念も出てくるでしょう。

子どもと自然は三項関係をつくることが大切です。子どもが自然を見るときに、同時にその自然を見ている大人もいて、それで自然の見方を学ぶんです。子どもと自然の二項関係だけでは何も生まれません。センス・オブ・ワンダーの、共に自然を感じるモデルがいるんです。

日本のセンス・オブ・ワンダー

日置◆今日は、昭和十六年に当時の文部省が発行した、低学年理科の教師用指導書（復刻版）を持ってきました。教科書ではありません。「自然」そのものが教科書であるという思想のもとに、あえて教科書は作らなかったんです。私はこれを日本のセンス・オブ・ワンダーだと思っています。

諸富◆レイチェル・カーソンのものと比べてどうでしょうか。

日置◆自然の見方がよく似ています。日本の特性でもあると思うんですが、心情的に非常に自然に寄り添って見るんですね。昭和十六年発行ですからすぐに戦争になって、ほとんど使われず、終戦後すぐに焼却処分になりました。ほとんど日の目を見なかったんです。しかし七十年前のものとはいえ、いまの生活科や理科、あるいは道徳、総合などに非常に参考になるものだと思います。

戦後、小学校の理科は自分たちでつくってきたと思っていましたが、実はその前にこういう流れ、自然の中に問いを見つけるというのがあって、我々はその上に乗っかったという考え方もできるんだなと、いまになって思います。

「わかっていない」ことがわかる理科

日置◆学習指導要領に載っている内容で理科の授業をして、一つのことがある程度わかっても、わかったことによって、わからないことが増えるんです。要するに世界観が広がるんです。それは大事なことだと思います。

諸富◆この間、ジャーナリストの立花隆さんがおっしゃっていましたけど、がん研究も、がんのことがわかればわかるほど、がんというのはわからない、ということがわかってくると。人間が生きていることの中に内在するのががんなのだ、というようなことがわかってきたと。科学とはまさにそういう世界なんでしょうね。

日置◆要するに、「わかっていない」ということがわかるということですね。これは大事なことです。ソクラテスの「無知の知」ですね。総合も理科も、最終的に行き着くところは「わかっていない」。自然の世界、現実世界は途方もなく巨《おお》きくて広いんだということがわかるという、そういうことですよね。

諸富◆真剣な研究者は謙虚にならざるをえないのですね。

日置◆そう思いますね。自然を相手にすると、ほんとうに人間がコントロールできるものではないと感じます。

諸富◆理科教育でいちばん学べるのは謙虚さですね。何度もこちらの予測が裏切られるわけですから。

日置◆自分は偉いなんて思えないですね。

諸富◆理科教育、自然科学というのは、とにかく相手に従うしかないから、謙虚にならざるをえないところはあるでしょう。けれども、自分を捨てればいいというものでもないんですね。最初、「これを探求しよう」というときには、思いや願いがあるということですね。

日置◆必ずあります。それがないと嘘だと思いますね。

諸富◆自然科学を真摯にやるということは、最初は自己確立、自分で見通しをもち願いをもつことが必要で、そのうち対象にひれ伏して自分がなくなるということかもしれませんね。自己忘却(忘我)ですね。

日置◆そうですね。小学校の生活科・中学年の理科あたりでは、主客未分化な部分があり、アサガオの観察でも心情を移入します。ちょっと伸びが悪いけれど、昨日水をあげすぎたのかなとか、アサガオさん、かわいそうだなとか。その植物や動物、無生物なものに自分が入り込みますし、向こうも入ってくる感じです。心情を移入するのが日本型の観察で、私はそれはそれで大事だと思うんですね。高学年あたりになってくると、おのずと主客が分化してきます。

理科教育における我と我々

小学校理科における二つの内容――A区分とB区分

諸富◆理科教育に限定して考えてみると、生物なら生物、環境問題なら環境問題、いろいろなことに自分で問いを立ててリサーチしていくわけですね。それは、自分の考えがあって、でも何かとのかかわりで探求していくわけですから、やっぱり「かかわりを学ぶ」ではないでしょうか。

日置◆「かかわりを学ぶ」ですね。子ども同士のかかわり、あるいは自分と自然の事物、現象とのかかわり。

小学校の理科では、対象へのかかわり方で内容をA区分とB区分の二つに分けています。A区分は、実験をして、こちらでいろいろ時間とか空間とかを基本的にコントロールして確かめていくことができる内容の集まりです。B区分は、基本的にコントロールができないものの集まりです。だから自分がそこに入っていって寄り添って観察しながら学ぶかかわり方なんですね。

諸富◆見つめるしかないという世界ですね。

日置◆そうですね、相手に合わせて。

諸富◆A区分とB区分の例を教えてください。

日置◆例えば、地層とか流水なんかはB区分です。地学的な内容、それから生物系も基本的にそうですね。青虫の成長を速くすることはできません。時間をかけて、青虫に合わせて、ひたすら観察して、記録を取るわけです。これは一つの大事なかかわり方です。

諸富◆受動と能動ですね。

日置◆簡単にいえばそうですね。物理的なものは実験室で何度でも再現できますが、こちらは一回きりです。かかわり方が違えば指導の仕方も授業の仕方も違ってこなければなりません。そこを意識して、今回の改訂では学習内容を二つに分けて整理しています。

「我々」のA区分、「我」のB区分

諸富◆「我々」の横軸がA区分、「我」の縦軸がB区分という気がします。B区分は受け取るしかないということですね。

日置◆そうですね。もっと言ったら、黙って受け取るんじゃなくて、自分から入っていかなければいけない、状況に入る学びです。実験のように状況をつくる学びとは全然違うんです。

諸富◆なるほど。何か人生の大きな二つのかかわり方という感じがしますね。

日置◆はい。B区分の入り方もいろいろあります。地層の場合、実際に地層のある場所に行って見ることがありますが、子どもの入り方が面白いんです。バスの中で「これから地層を見に行きます」と話すと、バスを降りたとたんにハンマーを持って走っていく子どもたちがいます。彼らは地層に張り付いて、ハンマーでたたきながら、地層の構成物を見ようとします。

一方では、地層のそばには行かずに十メートルくらい離れたところから、地層全体がどんなふうに積み重なっているのかを俯瞰する子どもたちがいます。入り方が全然違うんですね。クローズアップで見るのと離れて全体を見るのとでは、認知スタイルが違いますが、両方とも大事なんです。指導法としては、認知スタイルの違う二人をペアで組ませるというのはすごく大事なんです。

諸富◆理科教育における人格形成ではどうなんでしょうか。知的発達以外の残余みたいなものや、予感、先行するものなどの「我の世界」は大事にされないのでしょうか？

日置◆中学年に植物を観察させると、植物に自分を投影することがあります。植物が元気ならうれしいし、枯れてしまったら悲しみます。ただし、理科の場合はそこで「なぜ枯れたのだろう。水やりが足りなかったからだろうか、日陰に置いておいたからだろうか」などと、根拠を求めたり考えたりすることを大事にします。だけどそれとは別に、やはり植物の観察がうれしくなったりするわけですね。

諸富◆なるほど。結果としてそういうのはあるということですね。それを目的としてはやらないが、結果として出てくることはあると。

日置◆あります。もしそれをもっと色濃くやりたいんだったら、たぶん生活科でしょうね。

諸富◆生活科か、あるいは道徳になるかもしれませんね。

自然から学ぶ

「語りえないものについては沈黙しなければいけない」

諸富◆ウィトゲンシュタインという言語哲学者が「語りえないものについては沈黙しなければいけない」と述べています。これも科学者の立場なんでしょうね。

日置◆そうなんですね。決して否定しているわけではないんだけれど、否定も肯定もできないから、ノーコメントしかないんですね。でも、「たぶんこうかな」と実験的にいろいろ試しながら少しずつ広げていくことは可能だし、そうしたいとは思いますね。

諸富◆ウィトゲンシュタインが「語りえないものについては沈黙しなければいけない」と言ったときに、この言葉にいちばん大きな反応を見せたのは、宗教哲学者たちだったんです。宗教のこと、神について真剣に考える人たちは、「語りえないもの」について言葉を尽くして語ってきた。「語りえないもの」(神)については沈黙するのが本物の宗教学なんだと考えたのです。本物の科学者と本物の哲学者と本物の心理学者は、結構同じ立場に立っているところがありますね。逆にえせ科学者とえせ宗教家は結構似ているんじゃないでしょうか。

日置◆私は大学にいるとき、「ネイチャーゲームの会」という、いまでいうＮＰＯの先駆けのような自然体験型の環境教育団体を立ち上げ、活動していたことがあります。自然の中で感覚を覚醒させ、自然を感じるんです。

自然の中で深呼吸をするととっても気持ちがいい。呼吸は自分で意識できるのに、普段は無意識に行っています。呼吸はまさに無意識と意識をつなぐ一つの結節点なんでしょうね。それをコントロールするのは学びにとってても大きな意味があると思います。

ネイチャーセラピーあるいはネイチャーカウンセリングと呼んで、自然の中で心を解き放つ活動を行っていたのです。

マイナスの原理で感覚を引き上げる

諸富◆自然と深くつき合うと、第六感につながってくるところもあるんですね。

日置◆初めにびっくりしたのは、主要な感覚をスポイルすることでした。それで逆に立ち上がってくる感覚があるんです。マイナスの原理です。

日本の枯山水は、水を流さないでそこに水を感じるという世界ですが、感覚を減らすことによって形作られる学びも日本にはあると思います。

諸富◆トランスパーソナル心理学の初期の実験で、アイソレーション・タンクというのがあります。五感全部を感じられないタンクに一時間半ぐらい入るんですが、無意識が鮮明に感じられます。普段、全然思いつかない夢を急に思い出したりといった体験ができるんです。

日置◆自然やそれを感受する人間の感覚・感性には、まだまだ未知の深さがあります。このような巨《おお》きなものを対象にしてはじめて理科は成立するのです。そして、謙虚さという人間形成の大切な価値を養っていくのです。

第**5**章

「総合的な学習の時間」での人格形成

つながり、かかわり、引き受ける

子どもは「答えなき問い」を
自分自身にとってののっぴきならない問いとして、引き受けるのです

奈須正裕
Nasu Masahiro

教師自身も「問い」に自分を開き続け、
逃げずにかかわり続けることが大切ですね

諸富祥彦
Morotomi Yoshihiko

解説

奈須正裕氏は、「総合的な学習の時間」のパイオニアである。私たちは日々、無数の「答えなき問い」に直面し、その問いに問われながら生きている。その「答えなき問い」は、個人レベルのものからグローバルなものまで、多岐にわたる。「自分はどんなふうに生きれば、自分らしく生きることができるのか」という問いから、「原発にはどんな問題があって、これから私たちは原発問題にどうかかわっていけばいいのか」という問い、「地球温暖化が指摘される中で、私たちは、持続可能な社会をどうすれば作っていくことができるのか」という問いまで。これらの問いを私たちは、明示的な(explicit)言語によってではなく、身体的な次元で感受される「暗黙の(implicit)問い」として、問われているのである。

しかも、これらの問いは、いずれも一定の明快な「解答」のない問いである。私たちは、日々の生活の中で、こうした「答えなき問い」を、「自分自身にとって避けることのできない、のっぴきならない問い」として問われている。それを引き受けることを求められている。

こうした「答えなき問い」の探究に子どもたちを最も強力に誘ってきたのが、「総合的な学習の時間」である。平成十年度の学習指導要領改訂で新設されて以降、教科の枠にとらわれず総合的にものごとを考える力を身につけさせてきた。

「総合的な学習の時間」には、奈須氏が指摘するように、三つの課題がある。一つは国際、情報、環境、福祉・健康などのグローバルな課題、世界規模の課題。人類はどうやって生き残っていくのか、持続可能な社会はどうやってつくられていくのか、といった課題。二つめは、地域の伝統、文化、行事、生活習慣、経済、産業など、地域や学校の特色に応じたローカルな課題。三つめは、キャリアなどの個人的な問題でindividualな課題。

これら三つの課題に共通するのは、大人も含め誰も答えを見出していない課題であり、しかし無視も先送りも許されない課題、現代社会に生きるすべての人が自分のこととして受け止め、自分のこととして考えぬいていかなくてはならない課題であるということである。

こうした課題について考えていくためには、「関連資料を探し出す力」「資料をもとに課題を発見する力」「他者と協力する力」「意見の異なる人の話に耳を傾ける力」「粘り強く考え続ける力」など、さまざまな力が求められる。しかし、その根底に求められるのは、世界から、地域から、人生から発せられている問いに「自分を開いていく力」、それらの問いに自分の身を開き、「自分自身にとっての切実な問い」として引き受け、そこから逃げずにかかわり続ける力であり、そうした姿勢だろう。そう、本章で紹介するメダカの授業で、「次の時間もこの話し合いを続けたいですか?」と教師に問われ、「続けたいとは思わないけど、続くと思う」と答えた子どものように。［諸富祥彦］

わかりやすくなった「総合的な学習の時間」

「総合的な学習の時間」は変わっていない

奈須◆新しい学習指導要領で、「総合的な学習の時間」の方針や中身が変わったということはありません。ただ、平成十年のときにあまり細かく出さずに現場に委ねた部分を、今回は明示しました。

平成十年のときに「ここは現場に任せて自由闊達にやってもらおう」「それこそが趣旨だ」ということで出さなかったら、できなかったんです。いったいこの時間、何をどんなふうにすればいいのか、方針の立てようがなかったというか、取っかかりが見つからなかったんですね。

もっとできると思っていたんです。というのは、日本の先生方は昔から文部省の政策にとても批判的でしょう。世界的に見ても、日本の教育課程は国が細かく決めて、制限している、枠づけている、だからいい教育ができないと。もっと自由にさせてくれれば、やりたいこともあるし、というのはよく言われてきたじゃないですか。そういうことならやってもらおうみたいな話があったんですよ。

当時の初等中等教育局長の辻村哲夫先生が講演などでよくお話しになっていましたね。総合をつくるときに、現場の先生の話を聞くと、もっと自分たちはやりたい教育がある、自由にさせてくれという声がいっぱいあったと。だったら、そういう時間をつくって、やりたい教育をやってもらおうというのが、総合をつくった理由の一つなんですよ。

「総合的な学習の時間」はどこから発想されたか

諸富◆もともと、どこから総合という発想が生まれたんですか。

奈須◆一つは、文部省が全部握るんじゃなくて、もっと緩めようというのはありました。日教組との関係が緩んできたという政治的なこともありますが。もっと緩めようという動きは理念的にも大事でした。日本ってとても締めているじゃないですか。文教行政全体も管理行政から開発支援行政へと移ってきましたよね。スクール・ベイスド・カリキュラム・デベロップメントなんていう発想も出てきたじゃないですか。まずは、そういうのが一つ。

もう一つは、どの教科にも伝統的な領域にも入らないけれども、学校でやらなきゃいけない課題や事柄がいろいろ出てきたんですね。英語もやらなきゃ、コンピューターもやらなきゃみたいなのがあったでしょう。国際理解、環境の問題、福祉の問題とか。いま総合で取り上げている現代社会の課題みたいなものも要因として出てきますよね。

国際的にも、広い意味での市民教育、ＥＵで言うシチズンシップ教育みたいなものをやらなきゃいけないというのが社会的に出てきた。そういうものを教育課程のどこかで入れなきゃいけないと。教科書を作って教えるという性格のものではないから、フリーハンドな領域でというのがもう一方であったと思うんですよ。地域によって何が課題かも変わってきますしね。従来の教科や道徳、特活という領域に収まらない教育上必要な課題が世界的に出てきて、それを学校で本気で扱うというふうになってきたんですね。

もう一つは、生活科が低学年だけでなく、三年生以降にもあったほうがいいという動きですね。

生活教育・暮らしの勉強の必然性

改革的な動き、生活科を三年生以降も

諸富◆生活科というのは、ほかの教科のような文化遺産ベースではないもの、生活ベースのものをつくろうとなってできたんですよね。

奈須◆子どもたちの地域生活現実、と僕は言いますけど、地域生活現実が対象になって、内容になって、方法にもなるような。生活それ自体が学びの対象になり、学びの内容になり、学びの方法にもなるというような言い方を指導要領はしています。それも抽象的な生活ではなくて、地域の生活。教科だと、イギリスだろうが日本だろうがアフリカだろうが、ボールを落としたら同じ速度で落ちるという方向をめざすでしょう。教科は普遍とか抽象とかをめざしますけど、生活科は、特殊とか個別とか具体をめざすんです。

大正自由教育とか昭和の新教育とか、いわゆる生活教育と言われた系譜がありますね。それはもう、ルソー、ペスタロッチ、デューイときた流れと当然結びついていると僕らは思っています。文部科学省はそうは言いませんけどね。

諸富◆直結はしていないと。

奈須◆でも、理念的には結びついているんでしょうね、いわゆる生活教育なので。文化遺産の教育じゃなくて、生活の教育なので、生活を対象とし内容とするというのは、ペスタロッチなんかの発想ですよね。

諸富◆ルソー、ペスタロッチ、デューイと考えると教育の本道ですね。

奈須◆そうです、そうです。ただ、国民国家レベルのカリキュラムからすれば本道じゃないですよね。デューイだって、アメリカではどちらかといえば左翼で、体制からすれば煙たいでしょう。日本でも大正自由教育や昭和の新教育は、ある意味では改革的な動きですよね。

諸富◆改革的な動きですね。

奈須◆そういう動きは、「文化遺産を継承していまの社会を保つために学校はあるんだ」という保守的な動きに、常につぶされてきています。生活科は、いろいろ問題はありましたが、まったく違うものをもち込んで成功したんです。

それを三年生以上にも伸ばしたいというのが各方面から出てきて、じゃあ高校まで一気にいこうと、それが総合です。三年生以上の子どもたちに暮らしの勉強はいらないのかという話ですね。ちょうどそのころ、市民としてのグローバルな課題、いまで言うと持続可能な社会、環境とか国際とか福祉とか情報みたいな問題を教育課題としてやる必然性が出てきたんです、世界的に。ではそれを担う領域をつくろうとなったんですね。

東西冷戦の崩壊で、イデオロギー教育はなくなった

奈須◆過去に戻ると、昭和五十年代に日教組の教育課程の自主編成運動というのがありました。そのときに日教組の委員会が作った自主編成のカリキュラムの中に総合ってあるんですよ。梅根悟先生が委員長で、海老原治善先生もかかわっていましたね。

そこでは、例えば性の問題とか公害の問題を扱うんです。いまで言えば、ジェンダーと環境ですよ。そういう動きが昭和の時代にあったので、現場に任せればそういうものをやるんじゃないかと考えたんですね。当時は、例えば公害教育で公害のことを探究していけば、当然、公害裁判に行き着くと。公害裁判に行き着けば、子どもたちは自然に、保守政治と大企業がこの国をダメにしているという結論に嫌でも行き着くという論理なんですよ。

でも、いまは社会がずいぶん変わってきたので、環境教育をやっても誰かのせいとか、犯人探しじゃなくて、自分のこととして考えよう、みんなで力を出して問題解決をしようというふうになってきています。一企業とか一政党の問題じゃないですから、もはや。そういった、とてもデリケートで先鋭性の高い問題を扱っても、あまり政治的にならない時代になっちゃったんですよ。

諸富◆なるほど。

奈須◆かつての総合学習は、とても左翼的な発想で、保守の人から見れば国家転覆のやからですから。

諸富◆それが左翼にならなくなったというのは、どういうことですかね。

奈須◆結局、東西冷戦の崩壊が大きいんです。昭和の時代までは、東西冷戦構造で世界を考えたじゃないですか。でも、それがなくなって、もう二十年以上たつでしょう。昔は公害の問題を考えても、アメリカの資本主義と結びついている大企業と保守政治が、みたいな対立図式を考えた。民主的な動きの背後には、ソビエト的なものとか、中国的なものとかあったりしたわけです。だから国としても、怖くて教育課程で扱えなかったんですよ。それが、ここ二十年で扱えるようになった。公教育で扱っても怖くなくなったんです。

諸富◆扱っても大丈夫という感触を文部科学省でも感じたんでしょうね。

奈須◆そうじゃないかと思いますね。世界中そうですから。EUで言うシチズンシップ教育とかを国の教育課程の中に位置づけても、政治的な対立論争とか特定のイデオロギー教育になりようがなくなった。

諸富◆イデオロギーそのものが消えてしまったんですね。

奈須◆そうです、そうです。二律背反図式、二項対立図式が崩れたので、むしろちゃんと扱えるようになったと思いますね。誰かが悪いじゃなくて、私たち一人一人がみんな

で引き受けて、共同で力を合わせて解決していかざるをえない、そういう気運が高まってきた。

諸富◆人類が生きていくためにはね。

イデオロギーの対立がなくなって、生活現実ベースの教育へ

奈須◆国内的には、生活科がすでに先行していたし、もっと現場に任せてもという気運も高まってきました。東西冷戦の崩壊で、イデオロギー対立でものを考えなくなった影響ですね。国内でも、文部省は日教組と対立していて、常に緊張感があったのが、それがなくなったんです。

諸富◆そういったイデオロギーを気にせずに、ほんとうにいま必要なことをやれるようになってきたんですね。

奈須◆やれるようになった。とてもいい状況になったんです。その中で、思想というか思考の秩序をどういうふうに新しくつくるかということは、大事な教育の問題です。

諸富◆そこで、生活現実をベースにした教育、ある意味では教育の原点ですね。そこに立ち返ってやっていこうといった動きになってきた。

奈須◆そうです。だから、ルソー、ペスタロッチ、デューイのああいう生活教育的な主張というのが、いまの時代に、いまの形で新たに息を吹き返し、動いていると思えるんですね。日本だけじゃなくてEU全体でも、オセアニアでも、イギリスでもやっています。

諸富◆イデオロギー対立の崩壊にともなって、世界中でそういううねりが起きているんですね。

奈須◆逆に言うと、イデオロギー対立がなくなって、あるいは経済がグローバル化して、国民国家という枠組みも弱くなったので、何か新しい生き方の秩序をつくらなきゃいけないんですね。だから、シチズンシップ教育、市民性とか市民のあり方みたいなものを、新たにどこかで構築しなきゃいけない。何か答えがあるものをイデオロギーとして教え込むのではなくて、子どもたちが現実の問題とぶつかったときに、大人も一緒になって問題の解決の仕方を考えていくという学びのあり方しかない、それって総合みたいだという話になるんです。

「持続可能な社会」をつくる総合学習

学ぶことは生きること

奈須◆それはデューイやペスタロッチがやろうとしたことなんです。答えを教えるんじゃなくて、生活と子どもが格闘しながら、大人も一緒になって考えていく。これは、話としては社会改造的なんですね。ソーシャル・リコンストラクションという発想に近いですよね。社会を自分たちで再構成していく。学ぶということが、自分たちのいまや将来の生き方をつくりだしていく。学ぶことと生きることが

同じことになってくるということですよね。

諸富◆「生きる力」、これは「生き延びる力」のことと理解しましょうと僕は言ってきました。これまでの日本は成長路線できましたが、平成に入ったあたりから成熟社会に入ってきて、それまでのように頑張れば必ず報われるという時代ではなくなってきました。それから、いろいろな環境問題も取り上げられるようになり、持続可能な社会ということもずいぶん言われるようになってきました。

昭和の時代のように、「一生懸命頑張っていれば何とかなりますから」「国民としてこれこれのことを身につけましょう」と国が旗を振るのは、ある意味、楽なことですよね。

奈須◆楽ですよね。任せちゃうんですからね、国家に。

諸富◆これを国が与えて、「そのとおりの人間になれば皆さんは幸せになれますよ」と言っていたのが、「もうそういった成長路線を取れなくなりました、あとは、ご自分で責任を取ってください」と。

奈須◆それはありますよね。

諸富◆「ご自分で生き延びてくださいね。そのために生き延びる力を身につけましょう」と。ある意味ではそういう世の中に、成熟社会になってきたんでしょうね。しかも、全世界でそういうことが起きてきていると思うんです。

課題を解決するための総合学習

奈須◆そのときに、いわゆる新自由主義的な、個々人が全部責任をもつ、つまりは他人を全部敵にして、みたいな……。

諸富◆自己責任論ですね。

奈須◆それはやっぱりまずいですよね。そこで、先生のおっしゃる、「生き延びる」というイメージがどんなものなのかということですよね。

諸富◆負け組、勝ち組という言い方で、勝ち組になろうというのではなく、ほんとうの意味で生き延びるためには、持続可能な社会をつくらなきゃいけないと。自分だけじゃなくて、この地球が、あるいは人類がほんとうに豊かに生存を維持できるためには、いろいろな課題が山積みされている。課題を前にして、誰かが教えてくれたことを守っていればいいということではなくて、何とか自分たちでやらなきゃいけない。そういう時代に直面したときに、やっぱり総合学習ということがいちばんメインになってきたんだと思うんですね。

ただ実際にそうなったいまの時代、奈須先生、先ほど「平成十年の時点では、もっとやれるかと思っていた」とおっしゃいましたね。十年たちました。平成十年に「総合的な学習の時間」ができて、いちばんがっかりした場面というか、意外とできないなと思った具体的な場面ってどういうところですか。

活動と内容の区別をつける

「総合的な学習の時間」に望むものは

奈須◆どの学校も内容編成をしていないんですよ。つまり、学習指導要領に相当するものをつくっていないんです。文部省がはっきり出さなかったのもいけないんだけど、「各学校で目標や内容をつくる」と書いてあるんですね。その内容をつくるということの意味がわかっていないんです。

各学校は単元や活動はつくったんですけど、それらを通して子どもたちが学び取ったり、気づいたりする価値内容、もっと言うと指導事項みたいなものを考えていないんですよ。

諸富◆「これを学んでほしい」という内容ですね。

奈須◆内容です。もっとも、この活動と内容の区別は教科でもあやしくて、例えば「モンシロチョウを飼う」とか「ごみ調べをする」のが理科や社会科だと思っている人も少なくない。「モンシロチョウを飼うことを通して昆虫というのはどういうものかということを知る」とか、「ごみ調べを通して僕たちの安全で健康な生活というのは、こういう公共的な仕組みに支えられているということに気づく」ということを、忘れがちなんですよね。教科書に出ている活動をやることが、イコール「内容」と誤解しているわけです。

諸富◆ほかの教科は国が示してくれているわけでしょう。それを各学校で示せとなると、実際何をやるか、ちゃんと内容を考えるというのはかなりのプレッシャーかもしれないですね。

平成十年の時点での混乱の原因は

奈須◆いまから思えばむちゃな話で、できっこないんですよ。だって昭和三十三年から一度もそういうことをしていないんですから。もしも現場の先生が自分で勝手につくってやったら、違反行為です。それをやらせろというのが教育課程の自主編成運動でした。

やっていないんだから、指導主事も、校長も指導できない。県教委だって十分には指導できなかった。

内容を編成しないんですから、当然、「活動あって学びなし」になるし、評価をどうしていいかわからないんですよ。評価っていうのは「この内容、この資質・能力」を育てることを前提に、「ある活動」を組織して、活動のでき具合を通して「内容、資質・能力」を評価するんです。資質・能力や内容が決まっていないんだから、評価なんかできないですよ。

そういう意味で、いちばんがっかりした具体例は、「総合の評価をどうしていいかわからない」と聞きに来る先生がいっぱいいたことです。「先生、この単元で何を教えようとしたの？」「この単元はカレーをみんなで作って、外国人と仲良くなるんです」「それでどんな内容なの？」「カレーは上手にできました」みたいな。

諸富◆内容と言われると、そこを連想しちゃうんですね。

奈須◆活動と内容の区別がついていないんです。教育内容ってやっぱり抽象度が高いので、むずかしい。でも、僕個人の強い要望で言うと、内容はやっぱりちゃんとつくってほしいですよね。

「総合」の内容をつくる三つの課題

内容編成の「仕方」を提示する

諸富◆内容は、学校がつくるんですね、自分で。

奈須◆もちろんです。ただ、学校がつくる「つくり方」を示す必要があるので、今回ちょっと具体的な話を提示しています。

諸富先生のおっしゃる人格形成の話にかかわってきますが、内容をつくる構造として、前から出ている三つの課題があります。小学校で考えればいいんですけど、

1◆国際、情報、環境、福祉・健康などの横断的・総合的な課題
2◆児童の興味・関心に基づく課題
3◆地域の伝統、文化、行事、生活習慣、経済、産業など、地域や学校の特色に応じた課題

です。

まず**1**の横断的・総合的な課題というのは、持続可能な社会の実現にかかわるものであり、現代社会に生きる人が自分事として受け止めて考えなければいけない、しかもグローバルな課題です。当然、誰も答えを見いだしていないし、従来の教科では扱えない。

諸富◆環境問題がまさにそうですよね。

奈須◆ここ数十年の間に出てきた課題ですよね。そして**2**を飛ばして**3**は、各地域や各学校に固有な生活課題ですね。僕はこれをローカルな課題と言っているんです。その地域社会のよさがあると同時に、問題もあるんじゃないかと。いずれも、よりよい郷土の創造にかかわる課題です。

この地域や学校の特色に応じた課題というのは、ノスタルジックな「ふるさと学習」のように言われるんですけど、そうではありません。例えば九州出身の子どもが東京に出てきたら、東京を地域と思い、そのよさや問題を引き受ける子どもにしたいんです。住んでいるこの東京が私のいまの地域なんですね。

問題点を自分のこととして受け止め、誰も答えを見出していない課題に取り組む

諸富◆「総合らしいな」と思うのは、この「問題点を自分のこととして受け止める」という点ですね。

奈須◆これは大事です。人ごとじゃないですね。自分のこととして、生活や自己の生き方とのかかわりで考える。それと同時に、もう一つ、「答えがない」ということ。すべての課題が、大人も含めて誰も答えを見いだしていないものなんです。

諸富◆誰も答えを見いだしていない課題に取り組むと。

奈須◆「自己の生き方を考える」とは、昔の徳目道徳みたいによい生き方を教え込むことではないんです。このごろの道徳が応用倫理学ベースになってきたように、総合も答えのない課題を具体の問題と対決して問題解決する中で解き明かしていく。

もう一つ課題があって、それが前述した**2**◆児童の興味・関心に基づく課題です。これは一人一人の子どもがいま面白がっている課題という意味ではないんです。誤解されがちなんですけど、児童が発達段階において興味・関心を抱く課題、ある種の発達課題のことなんですよね。

例えば中学校で進路学習とかしますけど、中学二年生という人生の季節が、進路ということを切実な問いとして子どもの内側につくりだしますよね。あるいは小学校の五年生ぐらいになると第二次性徴が起こってくるので、命とか性の問題って切実なものになるでしょう。そういうことなんです。

だから、**2**の課題は、社会課題じゃなくて個人課題です。個人的で内面的な課題。僕の言い方では、グローバル、ローカル、それからインディビジュアルという言い方をしています。

諸富◆個ですね。

二つの社会課題と一つの個人課題

奈須◆課題として、このように二つの社会課題と一つの個人課題があります。例えば私の個人としての生き方を考えたときに、具体的には命の問題、性の問題、職業的なアイデンティティー、キャリアの問題などがあります。そういうのは私が個人として自分の人生設計をどのようにしていくかにかかわる学びかなと。つまり、人の生き方という側面には、グローバルな市民とローカルな市民と、それからある種の一個人という生き方があるんじゃないかと。

高等学校の学習指導要領では、生き方とあり方という表現をしているんですけど、生き方というのは、例えばどんな職業に就くとか、環境問題とどう向かい合っていくかという、具体的で実際的な暮らしにかかわる問題だと。一方、あり方というのはもっと哲学的な思索なんだと。人間としてどうあるべきか。

諸富◆Beingですね。

奈須◆そういうのが高校になると出てくるから、生き方とあり方としているわけです。これは発達的に考える必要があって、例えば生活科の内容の項目に、「自分の成長への気づき」というのがありますけど、そんなのが出発点なんです。それが小学校の高学年ぐらいになるとキャリアとかジェンダーに分化していく。具体的な生活者としての個人の生き方の問題ですね。さらに高校になると、より哲学的で抽象的なあり方に進んでいく。

そういう三つの側面で人間の生き方を育てることを考えています。どれにも共通しているのは、答えがないということですね。諸富先生がおっしゃったように、自分のこととして、日々の生活の中で自己の生き方とのかかわりで考えなきゃいけない。一生涯考え続けなきゃいけない。その「考え続ける契機」と「質の高い問題解決経験」を小学校、中学校で与えることで、その子が一生涯、自分の生き方、あり方を、三つの側面で問い続けていける子どもにしようという発想です。

諸富◆奈須先生が一押しの具体例はありますか。

「総合」の具体例1

第四小学校の実践「メダカかコイか」

奈須◆高知に第四小学校という学校があるんですが、校区に坂本龍馬の生家があるんです。その町には小さい掘割がありまして、そこに地域の旅館組合がニシキゴイを放そうと企画したんです。「坂本龍馬にニシキゴイは似合わないんじゃないかな」と子どもが町探検に行ったら、掘割にメダカがいたんですよ。こんな町中にメダカのはずはないと思ったけれど、調べてもらったら、純正日本メダカで、それが約八百匹、掘割に生きていたんです。奇跡的なことでした。この掘割にニシキゴイなんか放したら、コイがメダカを全部食べちゃうかもしれない。それどころか、掘割を三面張り(河岸を護岸で覆うこと)にする予定だったんですよ。そうしたら、メダカは草や藻のところに卵を産むので、全部流れちゃって死滅します。これは大変だと、市の環境課とかメダカトラストの人もやってきて、何とかしなきゃいけないとなったんです。

当時の市長が面白い人で、「子どもが見つけたことなんだから、子どもを真ん中に置いてみんなで話し合いをしよう」と言ったんです。粋な方ですよね。四年生の授業で、メダカがいいのか、コイを放すべきかというのを延々と議論したんですよ。面白いですよ、いろいろな人が来て。旅館組合の人も、「おじさんたちも別にメダカが憎いわけじゃない」とか「この辺の旅館にお客さんが来ないと、僕たちの家も大変だろう」とか。旅館で働いている人はいっぱいいますからね。メダカトラストの人は、「この人たちにだまされるな」とか、「君たちの未来がどうのこうの」となるんですよ（笑）。

「続けたいとは思わないけど、続くと思う」

奈須◆ある六月のむし暑い日に、今日はまとまった話をしましょうということになって、朝から四時間、「メダカかコイか」って延々と議論したんです。いっぱい調べてきて話し合って、もうふらふらになってね。担任の女性の先生は、「とりあえず給食にしましょう」と。四時間話し合ったけど、今日も決着がつかなかった。決着なんかつくはずがないんですよ、実を言うと。「また次の時間もこの話し合いを続けたいですか」と担任がたずねたら、一人の男の子が「先生、続けたいとは思わないけど、続くと思う」と言ったんです。

諸富◆なるほど、なるほど。

奈須◆深い。続くんだよね。つまり、私の意志で続けたいとか、そんな話じゃないんですよ。続けざるをえない、続けていくことしかない。深いですよ。十歳にして人生悟ったね。つまり、僕らは自分たちがしたいとかそんなことで生きているんじゃなくて。

諸富◆自分はどうしたいではなく、続けざるをえないと。

奈須◆だから、やっぱり逃げないということですよ。僕は、この子逃げないんだと思ったね。この子は、自分の身の回りで起こっているすべてのことは私に関係があることとして引き受け、逃げないで、しかも仲間と一緒に共同してとにかく生きていこうということですよ。たった一言で、「続けたいとは思わないけど、続くと思う」と、それだけ言ったんですよ。

　やっぱり生き方は変わったと思いますよね。自分から進んで運命を引き受けて、自分も納得するし、周りも納得するよりよい方向に切り開いていこうというような覚悟を決めたんじゃないですかね。

諸富◆自分はこうしたい、ああしたいという、ただ個の問題ではなくて、引き受けざるをえない。

奈須◆引き受けざるをえない、それはとても大きなことです。たまたま自分がメダカなんか見つけちゃった。でも、見つけた以上そこから逃げない、逃げちゃいけないという。そういう生き方を彼らは進んで選択しているんです。

「総合」を通した人格形成

開いて、引き受けて、支え合う

諸富◆それは人生のいろいろな問題につながります。企業に就職したら、汚職が行われていた。そこから逃げずに自分と関連のある問題として引き受ける。あるいは子どもが生まれたら、発達障害をもっていた。この発達障害は自分の子どもの問題だけではなく、大きな課題である。それを自分自身の問題、社会の問題として引き受ける。

奈須◆子どもたち一人一人が、覚悟を決めてそういう生き方をしていく。それが短期的に見て損だとか、得だとか、そんな話を超えたところでみんながやって、さらにお互いに支え合う。自分がたまたま直面したものをちゃんと引き受けて生きていくと同時に、引き受けて生きている人同士が、お互いが背負っているものを見て、支え合ったり、慰め合ったり、助け合ったりするような、そういう共同社会になっていくととてもいいと思うんですよ。

諸富◆やはりレスポンシビリティーということですね。単なる責任という意味より、応答性というか呼応性というか、世界で起きていることを自分と無関係なものとしてシャットアウトしない。これと真逆な生き方が、ゲームオタクとかネットオタクとかですね。

奈須◆閉じていく。

諸富◆閉じていくんですね。そうではなくて、起きていることに開いて、引き受けていくということですね。開いている間に、お互いに支え合っていく。

奈須◆そうです。開かないと支えられないですもんね。アイソレーションした状態で支え合うのはありえません。やっぱり関係をつくっていく中で支え合う。関係をつくるということは、もたれ合うことではないですからね。

縦軸と横軸の入り交じったところを扱う総合

諸富◆人格形成というのを大きく縦軸と横軸に分けて考えると、縦軸は、自分自身と向き合う、自分を見つめる、自分を掘り下げていくという方向です。横軸のほうは、他者とかかわる、社会とかかわる方向ですね。いまのお話を聞くと、この二つの軸をダイナミックに行き来していますね。というか、この二つを分けられないようなところに先生はかかわっておられる。

奈須◆そうだと思いますね。理念的には分けて考えるほうがモデルとしてはいいと思うんですけど、実践の現実はもっとダイナミックに動いています。おそらく道徳やほかの領域でもそうだと思います。

諸富◆あえて縦軸と横軸の二つに分けて考えるとしたら、総合で学ぶものというのはどうなりますか。

奈須◆課題で言うと、「**2**◆児童の興味・関心に基づく課題」は、自分と向き合う、縦軸ですね。「**1**◆横断的・総合的な課題」と「**3**◆地域や学校の特色に応じた課題」、グローバルとローカルは、どちらかというと外に向かっている横軸ですね。

でも、外に向かえば向かうほど自分の生き方をとらえし、自分の内面に入れば入るほど、そういう私を受け入れてくれる社会ということに、目が向くはずですよね。

諸富◆自分と向き合うと横にも広がっていくし、横に広がれば広がるほど、自分のこととして引き受け、自分と向き合うというふうにもなっていく。両者がほんとうに入り交じっているところを扱うのが、生の生活、現実と向き合うということなのかなと思いました。

「総合」の具体例2

打瀬小学校の実践「命を食べる」

諸富◆千葉の打瀬小学校のお話を伺いたいんですが。

奈須◆打瀬小学校の五年生が「命を食べるということはどういうことか」という授業をしました。もともとは給食の残滓が多い、どうすれば残滓が減るだろうかという話だったんですが、捨てているのは命だということから、命を食べるってどういうことだろうかという話になって。

面白かったのが、ベジタリアンにもいろいろな主義があって、インドあたりでは卵はいいというベジタリアンがいるんですね。

諸富◆卵はいい、なるほど。

奈須◆卵は命じゃないとするベジタリアンもいるそうですし、なかには魚まではいいというのもいる。子どもたちは、「卵は命だろう」「卵はまだ命じゃないんじゃないか」と、これ、めちゃくちゃむずかしいですよ。個体発生をどこからと見るかですから。

これは五年生だから、理科の生命の発生とか、さらには人工妊娠中絶の問題とかも絡むわけですよね。そういうことを子どもが真剣に考えざるをえなくなるのね。

諸富◆テーマは「命」ですか。命を食べる。

「食べてあげなきゃかわいそう」

奈須◆そのうち命を食べることは仕方がないにしても、私たちは命に対して配慮に欠けているんじゃないかと言いだす子がいて。例えばブロイラーの食肉工場の写真を持ってくるんですけど、ブロイラーがカギにつるされてどんどん動いている場面。これは、その仕事をしている人が残酷だとかそういう意味ではなくて、私たちは一般的に命に対して配慮が足りないんじゃないかということを言うんですよね。

その授業が四時間目で、その後給食に鶏肉が出たんです。

周りの女の子が、「あなたがあんな話をするから今日は鶏肉が食べられない」と言うわけですよ。けれど、当の子どもは、「じゃあ、もーらい」って、友達の分をもらって食べちゃうんですよ(笑)。そうしたら周りの子が、「あなたはかわいそうだと言ったのに、なぜ食べられるんだ。やっていることと言っていることが違う」と言うんですよ。するとその子は「殺されているんだから、食べてあげなきゃもっとかわいそうだ。だから私は食べる」と言って友達の分まで食べたんです。

総合を上手に組織すると、こういうことが起こるんですよ。総合では、答えのない問題を自分のこととしてどこまでも追究します。それを通して自分の生き方とかあり方とか、いま生きていることが問われるんです。同時に、そのことをほんとうに自分が納得するまで考え抜こうとすると、事実に基づき、科学的に探究し、民主的・共同的に議論せざるをえなくなる。

子どもの意欲をどう引き出すか

内発でも外発でもないところから生まれる意欲

諸富◆よく内発的動機づけ、外発的動機づけと分けるじゃないですか。確かに自分から学びたい子どもはそんなにいないですよね。でも、外発だけでも意欲にはつながらない。外発でもない、内発でもないということと、奈須先生のおっしゃった子どもの意欲と、何か関連しているように思うんですけれど。ほんとうに学びを設定するということになると、その間しかないと思います。

奈須◆関係的に立ち上がってくる。私たちは人や物や事とのかかわりでいま生きているわけで、いま生きているという状況がすでにかかわりなんです。そこに学ぶことを要請されると、必然性が生じるので、私の好みを超えるんですね。

諸富先生がおっしゃった、「引き受けて生きることにした以上、自分から飛び込む」みたいなのは意欲としてありますよ。そこにもっていきたいんですよ。

諸富◆その内発でもない、外発でもない舞台設定をするのが、いま、教師の役割なんでしょうね。

奈須◆そうです、そういうところに子どもを追い込んじゃうんです。さっきの「続けたいとは思わないけど、続くと思う」というところに追い込む。子どもに生きる覚悟を決めさせる学習といったところでしょうか。でもそれは、君が生きている周りにはこんなにいろいろな人や物や事があるんだよ、それらの素晴らしさや、あるいはとても困っていることとのかかわりで、君は生きているんだよ。君ががんばって生き続けることで、これが少しでもよくなったり、幸せになったりすることがあるんだよ、と。

世界中のすべてのことは私とかかわっているという自覚をもって生きることですね。やはりそこなんですよね。

最初から切れているから、世界とかかわりたい若者たち

諸富◆なるほど、世界のことは自分とかかわっている。かかわり、つながり、引き受けるということがすごく印象的ですね。

奈須◆地球の裏側で困っている人がいることは、私とかかわるんです。いまの大学生を見ていると、若い人でそう考える人はとても増えてきましたね。世界中で起こっていることと、積極的にかかわりを求めていこうという人は増えました。それはたぶん、社会がどんどんぶち切れていって、アイソレーションを起こしているから、「それは違うんじゃないか」という抵抗感が大きいためだと思うんですよ。僕らが子どものころはまだ地域社会のしがらみとかがあったから、それを切りたかったですよね。切って一人になりたかったじゃないですか。でも、彼らは逆に……

諸富◆最初から切れている。

奈須◆切れているから、ほっとくと一人だから、かかわりたいんですよ。

諸富◆一人でいると、やっぱりむなしい。

奈須◆むなしいんですよ。

諸富◆かかわりたいし、僕がよく聞くのは、人の役に立ちたいと。

奈須◆そうです。よく言います。

諸富◆人に喜ばれたい。役に立ちたいとか、必要とされていたいということを言いますね。貢献していたいとかね。

奈須◆逆に言うと、そうでもしないと自分がここに確かにいるという実在感がもてないということなんですかね。

諸富◆生きる意味の実感みたいなものがね。

奈須◆だから、彼らは寂しいんでしょうけどね。実際、寂しくて、孤立したままで沈んでいく子もいるわけでしょう。引きこもったり、オタクになったりとか。でもそこを乗り越えて自分の世界を広げて、人とつながっていこうとする人はいますよね。

諸富◆世界に開けた心をつくるということですね。世界に開かれて、世界からの呼びかけに応えるということですね。

奈須◆応えることです。

まずかかわってみることが大事

諸富◆開かれている、そして呼びかけに応える、こういうつながりとかかかわりみたいな力を育んでいく。そこからまたいろいろなものが見えてくるような感じがしますね。

例えば、自分がどう生きたいか、十年後どうなりたいかとか、三十五歳になってどうしたいか等、自分の価値観をどんどん見つめさせるキャリア教育がありますね。でも、多くの人は何も書けない。考えれば考えるほど、自分のな

りたいものがないこと、自分がからっぽであることに気づいてむなしくなる。でも、取りあえずちょっとでも関心があったらインターンシップに行ってみようと。これは、例えば校外学習にも関係しますよね。取りあえず何かとかかわっているうちに、最初は関心がなくても、一生懸命かかわっているうちに、何かこれは引き受けざるを得ないような気持ちが出てくるということがありますね。

奈須◆あります、あります。

諸富◆だから、まずかかわってみると。考えすぎるのがいちばんよくない。僕がこれをやることには意味があるのだろうか、僕に適性があるのだろうかとかね。

奈須◆考えちゃいますよね。

諸富◆適性があまりないと思っても、取りあえずちょっと気になるからやってみているうちに、これが天職だったんだと目覚めることが結構ありますよね。

奈須◆だいたいの人は、自分がやるはずじゃなかった仕事についていますよね。やってみないとわからないですね。

これからの教師のあり方

「総合」を含めた学校教育の正しい理解を

奈須◆問いとして引き受けて考え抜く。このような理解が、残念なことに、まだまだ総合に対してなされていないです。これは総合だけではなくて、学習一般とか教師の役割とか、学校の機能にもかかわってきます。

最初にお話ししてくださったような学校のイメージ、国民としてこういう生き方が望ましくて、これを身につけなきゃいけないというリストがあって、それを一つ一つつぶしていって、それが学校だみたいに思っている人が多いわけです。勉強というのは全部正解があるもので、総合でもさんざん探究した後に、「結局環境ではこの三つが大事です」と言ったりする人はいるんです。そんなの授業じゃないんです。

諸富◆結局、先生が答えを出しているんですね。

奈須◆だめな教師って、子どもがすごいことを言っているのに、自分が引き受けていないんですね。

自分を開いている教師はアドリブができる

諸富◆いまの話を聞いて思うのが、子ども自身が世界に開かれて、世界からの問いかけに心を開いて、呼びかけに応えていくという、レスポンシビリティー、相互作用、呼応ですね。そういった人間としてのあり方を身につけていくことは、すごく微妙な動きが出てくるでしょう。すると、先生自身が開かれていないといけないですね。

奈須◆もちろんです。教師がまず開かれていないといけない。もっとも、子どもに開かれちゃう場合もあります、子どものほうがすごいから。最初に先生が舞台を作って追究する問題を提示して、少し探究の後押しをしますね。その後は、子どもがぐんぐんやっていって、教師が追いつけなくなったり、子どもがもち込んだもので、教師がはっとさせられることはあります。

諸富◆開かれちゃうんですね。教師の中には自分を閉ざしていて、「この授業の決めはこう」って決めている先生がいますよね。よくあるのは、自分の授業をこっちにもっていこうとしている方向とちょっと離れた発言のことは無視して、「ほかにある人?」と、シカトしている先生が結構多いですね。

奈須◆います、います。それはだめですね。

諸富◆そうじゃなくて、あらかじめ「この辺がゴールかな」と思っていたとしても、子どもからすごいのが来たら、そのボールを受ける。そこでちょっと方向転換する。

奈須◆もちろん、もちろん。

諸富◆そういう子どもとのアドリブ能力というか、非決定性というか、そういう流れに開かれた力がすごく求められますね、総合では。

教師自身も変わる覚悟をもつ

奈須◆教科と違って、ここまでいかなきゃいけないとか、これをやらなきゃいけないとかないんだから。だから、総合はいちばんやりやすいはずなんですよ。もともと答えがないんだから。もちろん教科だって、子どもが教師を乗り越えることはいくらでもあるんですが。

諸富◆レスポンシビリティー、応答性ですね。

奈須◆この瞬間、いま目の前にいるこの子の存在に教師が開かれていくんです。そして子どもがそうやって自分をぐんぐん開示してくるためには、教師のほうも「何でも受け止めるよ」というのがないといけません。

諸富◆自分自身も変わる覚悟というか、子どもによって自分が変えられてしまう覚悟がいりますね。

奈須◆そうです。「教師は変わらないんだ」では、子どもも怖くて自分を出せない。教師も変わるんだ、あるいは、変われることを喜びとか楽しみと考えて、わくわくしながら教室に来るということですね。今日も子どもが私を乗り越えてくれるんじゃないか、乗り越えてくれたらとても幸せだと思いながら教室に行くぐらいの気概がないと。

「暗黙のもの」に答えはあるのか

デューイのsuggestion、ジェンドリンのthe implicit

諸富◆デューイの*How We Think*という著書の中で、suggestionというのが出てきます。フォーカシングのジェンドリンという人がそこにすごく注目したんですね。ジェンドリンは哲学者です。

ジェンドリンの哲学に、the implicit（暗黙なるもの）という概念があるんですね。アインシュタインの相対性理論にしろ、イサドラ・ダンカンがモダンバレエを考えたときにしろ、それに先立って何かがあったはずです。アインシュタインも二十年ぐらい、「何かがここにある」と感じていて、導かれていったんです。イサドラ・ダンカンも何かに導かれていく形で、これまでのバレエとはまったく違う現代バレエをつくりだしていったんですね。

ジェンドリンはその「何か」をthe implicitと言い、デューイはsuggestionと言っているんです。そういった、「まだ言葉にはならない暗黙のもの」に正しい答えがあるはずだと。ただ、それは何かよくわからないけれど、というふうには考えることができる。

科学的な新たな理論形成においても同じことが起きている。暗黙の、まだ言葉にならない「何か」にふれ、その「何か」と相互作用をしていくうちに、ふっと解きほどかれていくというプロセスが、社会的問題解決においても科学的な問題理論形成にも起きていると思うんですね。

総合学習でも、さきほど紹介した「メダカかコイか」の授業で子どもが言った「続けたいとは思わないけど、続くと思う」という言葉も、たぶんそういうプロセスなんじゃないかと。

奈須◆そうでしょう。

諸富◆「続くと思う」と、ふっと出てきた。そこで何かが開かれている。

奈須◆そう言った瞬間に、その子は何かに気づいているんですよ、絶対。とても身体的なものですよね。

諸富◆身体的な知ですね。ジェンドリンのthe implicitといい、デューイのsuggestionといい、そういったものにふれながら、知的なもの、論理の次元と身体的な次元は相互作用するんだということですね。深い思考においてはそういうことが起きているんじゃないかと思いますね。

奈須◆そういう知のあり方について、さすがにまだ、国の教育課程では、全然話が出ないです。でも、学習指導要領の解説書に、「答えのない問いを学ぶ」とか「自分のこととして受け止め、日々の生活の中で自己の生き方とのかかわりで考え続け」とか、こんな表現や意味合いが文部科学省の解説書に出たのはたぶん初めてですよ。

「答えがない問い」には答えがない

諸富◆すごいことですね、「答えがない問い」ね。ジェンドリンの言葉で言うと、インプリシットな（暗黙の）問いですよね。

奈須◆そういうことです。答えがないというのは、外側に規範的答えがあるとか、そんな話じゃないわけですから。何かもやもやしているんだけれども、そのはっきりしないものについて考え抜こうとしているわけですから。そのために、外側にあるものを明晰に見ようとしている。科学や事実的な知識が役に立ちます。

でも、それらを知ることが目的ではないんです。それらを一つずつ突き崩して、薄皮をはいでいくなかで、私がどう生きたいか、私がどうかかわりたいかということが初めて言明できるようになっていくんじゃないかと思うんです。それを期待してやっているんです。

諸富◆答えはほんとうにないんですね。

奈須◆ないですね、あるわけがない。

「納得のいく私」をつくり続けよう

奈須◆「命を食べる」の授業直後の給食で鶏肉を食べた子どもで言えば、鶏肉を食べたことをその子は納得しているかというと、納得していないと思うんですね。まだ疑問をもっていると思うんですよ。今日は取りあえず食べたけれど、その子が一生、同じ場面が来たら食べるかといったら、わからないですよ。今日にしたって、きっとその子は、家に帰ってから「あれでよかったんだろうか」と考えたと思うんです。でも今日の判断や行為は実践だから、待ったなしなんですよ。

目の前で、「これをどうするか」の意思決定をしなければならない。今日は食べたんですよ。食べようと思って食べたというよりも、体が食べたんです。食べた私を見ながら、私は食べたんだということですよ、むしろ。そのぐらい、たぶんインプリシットですよね。でも、食べた私をもう一度内省しながら、なぜ私はそうしたんだろう、それでよかったんだろうか、今日はそれでよかったけど、明日もそれでいいんだろうかときっと考えます。

そのときにまた考えるんですよ。もう一度知識的にとか、具体的に考えるんですよ。考えて、考えて、考え抜いて、新しい情報や知識や人の意見を集めてきて。

いまこの瞬間よりも、より納得のいく私になろうとする。「より納得のいく私」をいまよりも先の時間にちょっとでもつくろうとする動きがあると思うんです。それが学ぶということ、生きるということだと思います。

諸富◆「自分で納得のいく私を少しでも先の時間につくろう」とする。いい言葉ですね。

奈須◆それをするためには、問わなきゃいけないし、逃げちゃいけないし、自己の内面の深いところまでアクセスして、それを外側に引きずり出してこなきゃいけない。そのことを、仲間とともにやり抜かなきゃいけない。批判されてもいいから、それによって「私はこう生きよう」と私の答えが決まるんです。それでまた、そう答えている私の行為を見ながら悩むんです。そういう生き方を一生やる子どもたちになってほしいと僕は思いますね。

第6章

特別活動と人格形成

「個」と「集団」の両輪で

特活の話合いでは、学級の生活現実で生じた問題をとことん話し合うのです

Sugita Hiroshi
杉田 洋

エンカウンターなどの構成的な手法を用いることと特活の違いはどこにあるんでしょうか?

Morotomi Yoshihiko
諸富祥彦

解説

杉田洋氏は特別活動の分野における、日本のリーダー的存在である。対談をお読みいただければわかるが、率直で歯に衣を着せない話合いができる方である。自由な雰囲気の中でこれからの日本の学校教育のあり方を模索する楽しい時間をもつことができた。道徳教育もキャリア教育も福祉教育も環境教育も人権教育も、いずれもが「すべての教育活動を通して行う」とされている現実には無理があると言い、教育課程を根本から見直し「人間性や社会性を育てることに特化したカリキュラム」を設けるべきだという私の提案にも一定の理解を示してくれた。

それはさておき、特別活動の時間に育てることのできる資質や能力(コンピテンシー)は何だろうか。それは、一つには社会性、人間関係の力であろう。教育現場にかかわる多くの方が実感しているように、子どもの人間関係の力が確実に落ちている。このことを顧みてか、特別活動の学習指導要領でも、以前は特別活動の手段であり方法であった「よりよい人間関係を築くこと」が「特別活動の目標」に掲げられるようになった。解説書には、「意図的にあるグループ作業を行わせ、ここで感じたことなどを率直に話し合うことにより人間関係を形成するために大切なことを理解させる手法」や「人間関係を形成するための基本的な知識や方法などについて、ロールプレイングやグループで練習をするような手法」として、構成的グループエンカウンターやソーシャルスキルトレーニングを指すように受け取られる記述も見られる。

しかし、対談で杉田氏は、特別活動に古くからかかわっている多くの人は、エンカウンターやソーシャルスキルトレーニングといった構成的な手法にあまり賛成ではないという。それは、特別活動における学級の話し合いの時間は、基本的に非構成的な性質のものであるからだ。特別活動における話し合いは、本来、学級における日常生活の中で生じてきた生々しい、のっぴきならない課題を、自分自身の生活現実の問題として、とことん話し合う時間である。総合的な学習の時間で行われている、世界や地域の問題を自分自身にとっての切実な問題として引き受け話し合うことを、特別活動では、学級というきわめて身近な生活圏内の問題として古くから行ってきた。こうした話し合いを通して、特別活動の時間では、「学級という身近な集団で生じた問題から目を逸らさず、自分たち自身のこととして引き受け、話し合いによって解決策を探る力」(コンピテンシー)が育成されることになる。これは、たしかに、エンカウンターなどによる構成的なプログラムでは、育てることのできない力である。

一方、非構成的に、自然のプロセスに任せていれば人間関係が育つ時代ではなくなったのも事実である。杉田氏はこのことも認め、そこにエンカウンターやソーシャルスキルなどの構成的手法の意味があると言う。しかしまた、現行のカリキュラムのまま、特活の時間内でプログラムを実施することには無理があるとも指摘するのである。[諸富祥彦]

特別活動が「人間関係」を重視したいきさつ

社会性の重要な一部としての人間関係を強調した

杉田◆そもそも特別活動は社会性を育てる領域であるとずっといわれてきたわけです。

諸富◆「社会性」という文言は、学習指導要領にずっと入っていたんですか。

杉田◆かつては「特別教育活動」の時代には、「社会性育成を図る」と目標に書いてありました。いまは文言そのままは書いていませんが、その基本的な考え方は変わっていません。「社会性の育成を図るという特別活動の特質を踏まえ……」という書き方で今回の改善の基本方針に示されました。

これまでと比べて変わったわけではない。ただし基本となる社会性の中で最も重要なものとして、「人間関係」をあえて書きました。そもそも「人間関係」は社会性の多くの部分を含んでいましたが、文言そのものが入っていなかったために、社会性の大事な核として強調しました。

道徳と足並みをそろえた――心と行動と双方向で

杉田◆もう一方で、道徳教育の問題が取り上げられました。特に求められたのは、規範意識の問題ですね。道徳で心を育てるとともに、実生活の中で実際に表現し行動できる態度化とか実践化などが特別活動に求められました。そこで「自己の生き方について考え」といった道徳と同じ文言が、特別活動の目標に入ったわけです。

道徳で心を育てることは重要ですが、特別活動で即実践ができるようにすること、行動に表せることなどもきわめて重要で、思いやりの行為に実際にふれて思いやりを学ぶことができるようにして、道徳心を育てることもあるわけです。道徳と特別活動の関係を緊密なものにしていこうという改訂の趣旨だったと思います。

諸富◆つまり行動が変われば感情が変わると。

杉田◆お年寄りに席を譲ってみたら心地よかった、という実際の経験から、心を見つめたり、価値を学んだりすることはありうるんじゃないかということです。双方向ではないかと私は考えています。今回道徳では「感化」という言葉を使いました。教員の後ろ姿から道徳性を学ぶ子どもが出てくる。それから子ども同士の感化というのがある。意地悪な子どもが学級の中で高い地位をもっていればマイナスの感化になりますし、思いやりにあふれた子どもたちの中で育てば、当然その影響を受ける。人間と人間の実際の関係の中で、心というのはある意味伝達されたり、空気として染み込むものです。特活はそういうことを大事にしているし、「よりよい生活や人間関係を築こうとする」とはそれが求められたと思っています。

「人間関係」は特別活動の方法原理に含まれていた

諸富◆特別活動をやっている人にとって「人間関係」という言葉が入ることに抵抗はなかったんでしょうか？

杉田◆もともと抵抗はないです。特別活動の目標の冒頭、「望ましい集団活動を通して」は、方法原理として入っていたわけです。各活動の目標に「望ましい人間関係を形成し」と示されましたが、望ましい人間関係というのは、ある意味手段や方法だったわけです。しかし今回この「人間関係」が入ったことによって、方法原理だけでなく目的でもあるということがはっきりしたわけです。

「自己の生き方」も道徳と共通

諸富◆「自己の生き方」という文言も、道徳に合わせたんでしょうか。

杉田◆小学校と中学校の連携、関連というものが強く求められています。それを考えたときに、以前から中学校の目標には「人間としての生き方についての自覚を深め、自己を生かす能力を養う」という言葉が入っていたんです。小学校の目標には入っていませんでしたので、中学校のように道徳教育やキャリア教育の視点をあまり意識してこなかったという歴史があります。中学校の場合は生徒指導や生き方教育の課題があって、もともと「人間としての生き方」という、道徳と同じ文言が特活に入っていたんです。

諸富◆小学校は入っていなかった。

杉田◆入っていませんでした。それが小中連携ということや、道徳教育の重視が言われるなかで、特別活動における道徳的実践の指導の充実が求められ、小学校段階にもその言葉が入ることになったんです。最終的に道徳と特活が調整をして「自己の生き方についての考えを深め」という同じ言葉が入れられました。

カリキュラム全体を考えてみる

ゼロベースで考える、「こころ科」構想

諸富◆僕は「こころ科」あるいは「人間科」という授業をつくってはどうかといつも申し上げているのですが、道徳と特活や総合の一部が混在したようなファジーな授業の枠を作る方向性が望ましいんでしょうか、それともこれまでと同様に、道徳と特活が密接に結びついたまま取りあえず別というのがいいのでしょうか。

杉田◆私は、教育課程の構造全体を見直す覚悟があれば、つまりゼロベースで考えるのであれば、そういう検討はありうると思います。もし、そのような教科が確立することが可能であれば、そのような時間枠を作ったほうが学校現場はわかりやすいかもしれません。

諸富◆わかりやすいですよね。

杉田◆ここでは知識、知見を学ぶものですと。こちらは人間そのものの心や、人間性を育てるものです。ここは体力を育てるものです。そうなったらきっとわかりやすいんでしょうね。ただそのためには、教育課程をゼロから考え直さなきゃだめですね。道徳はある意味、社会科から生まれたわけですし、そうすると社会科はどちらに当たるのかという問題になってきます。市民性を教えながら、じゃあ、特活との関係はどうかとか。

現行の教育課程を維持しつつ、そこだけを新たにつくるということは非常にむずかしいです。

カリキュラムとは違う横断的な領域・機能が多すぎる

杉田◆道徳や特活や総合というのはカリキュラムです。それに対して例えばキャリア教育とか、福祉教育とか、環境教育とか、人権教育というのは教育課題です。それから生徒指導というのは機能です。それぞれ別々の視点から教育を考えています。機能ですから当然特活で生徒指導ができるわけです。当然教育課題としてのキャリア教育も特別活動でできるのです。問題なのは、「すべての教育活動を通して行う」と言う教育課題が多すぎるということです。

諸富◆そうなんですよ。

杉田◆キャリア教育も食育も安全教育も健康教育も人権教育も、すべての教育活動を通してやる。道徳教育もそうですけど。すべてをやるものがあまりにも多すぎるので、結局学校はどれも中途半端になりやすいという懸念がありま す。しかしその改善策はなかなかむずかしく、いまはそうなっていないのです。

結局、各学校がやるべきことは、目標と内容と授業時数が規定されているカリキュラム以外にないわけです。生徒指導の時間もキャリア教育の時間もないわけですし、人権教育の時間もないんです。あくまでも、いまあるカリキュラムの中でどうやるかを考えるしかないのです。

特別活動に親学問はない

杉田◆特別活動はよって立つ学問があるのか、特別活動論というのがあるのかといったらありません。そういう成り立ちではないカリキュラムなのです。国語学っていうものがあるから国語なんですよ。

諸富◆「親学問」があって教科が成り立っているのですね。

杉田◆特活は大きく分けると社会学や心理学とか哲学などが背景にあると思います。かつては、どちらかというと社会学系の方が中心でしたが、少し心理学の方々も入ってきているように思います。いずれにしても、特別活動は、学校現場の先生方が実践に取り組みながら、創り上げてきたカリキュラムと言っていいでしょう。

カリキュラムを新しくするか、過渡期として現状で工夫をするか？

杉田◆いまの既存のカリキュラムをどうするかという考え方はすごくむずかしく、ゼロからつくり直そうという新日本型のカリキュラムを研究している方はいらっしゃらないのではないでしょうか。

もしかすると、いずれ先に行って教科再編をするとしたら、その前の手続きとして必要になるかもしれませんね。

いったんそういう時期を経て、たぶん次の段階に入るようなことも考えられます。つまり少し垣根を低くしてお互いが連携し合ったときに、それが全体としてもっと大くくりにまとまるのか、あるいはさらに分化するのか、また全体の育てたい資質能力の重なりをどうとらえるのかなど、カリキュラムづくりの論がさまざまに展開されると思います。過渡期には一時的にそういうさまざまな考え方が出てくるだろうと思います。

エンカウンターを特活にどう生かすか

カリキュラム優先のなかで「使うのであれば」とした

諸富◆解説書では、さまざまなグループアプローチにふれられています。今回この学級活動(2)に関して「望ましい人間関係の形成」の指導があって、社会的スキルを身につけるための指導を効果的に取り入れることが入ってきました。これを学級、特別活動の文脈でやっていこうという学校が増えてきているわけですね。

杉田◆その言葉がそのまま書かれたわけじゃなくて、例えば「意図的にグループで作業を行わせ、ここで感じたことを率直に話し合うことにより、人間関係を形成するために大切なことは何かを理解させる手法」という表現になっています。これはほぼ、構成的グループエンカウンターをさしているわけですが、特定の手法や考え方を解説書に書くことはできませんので、そういう言い方になったと思います。

それから「人間関係を形成するための基本的な知識や方法などについて、ロールプレーイングやグループで練習するような手法」。これはソーシャルスキルとか、コミュニケーションスキルなどが意識された表現です。そのほか「世話をしたり、世話をされたりするような異年齢による交流活動」なんていうことも実は入っていて……

諸富◆ピアサポートですね。

杉田◆新たに求められているような手法をもし取り入れたいのであれば、という書き方になっているわけです。これまではオール・オア・ナッシングで、すべてを認めるか認めないかという話でした。それを「もし活用するのであれば」と言っておいて、特別活動の特質を十分理解したうえで行ってほしいという言い方になっているわけです。

カリキュラムは先にあるわけです。方法とか教育課題とか機能というのは後からついてくる話で、先にカリキュラムありきなんです。学校の先生方は、「いつ」「どんな時間に」「どれくらい」「何をやるのか」というカリキュラムに沿ってやるしかないわけです。

ところで、学級活動の(2)はかつて学級指導と呼ばれていたんです。これは生徒指導を行う時間で、学級で行う生徒指導という意味なんです。

諸富◆学級で行う生徒指導が学級指導。

学級指導では「自己決定」が必須

杉田◆「学級指導」はもともと中学校のために作ったと言われています。小学校と違って中学校は教科担任制なので、生徒指導をする時間がないわけです。だから「学級指導」では、生徒指導のプロセスを外してしまうとだめなんですね。自己指導能力を育てるのが生徒指導の役割で、そのためには自己決定をしなきゃいけないんです。自分で解決する方法を、自分で決めて努力するという方法です。

そうすると、例えば構成的グループエンカウンターはエクササイズをやった後、シェアリングで終わりますよね。シェアリングというのは、エクササイズをやったなかで感じたことを整理していくことで、その後の行動に結びつけていく方法を決めていません。ですから構成的グループエンカウンターを、そのまま学級指導にもってきても、学級指導の特質を踏まえたことにはなりません。

したがって解説書には、構成的グループエンカウンターを取り入れる場合は、その後に、自分が努力したり改善したりするための具体的な方法を自己決定して、実際に取り組むところまでやれるようにする必要があるということが書かれたわけです。すべてを否定するのではなく、取り入れる場合の最低条件が示されているのです。

諸富◆つまりエンカウンターをやった後に、それを……

杉田◆授業の展開のある部分に取り入れたとしても、自己指導能力を育てるものにしていくということですね。特活は「なすことによって学ぶ」という特質がありますから、授業で終わりではなく、決めたことを後でやらないといけない。

構成的グループエンカウンターで「人間は信頼し合うことが大事だ」「支え合うことが大事だ」ということがわかったとします。わかって、それで終わりじゃないんです。特活は、そういうことはわかった、そこで実際の学級の生活の問題を見てみたら、僕はA君との関係でできていなかったと。僕はこれから二週間の間、A君の趣味などを知りながら、「遊びの誘いをしてみる」と決めて、トライするんです。そこではじめて特活にも生徒指導にもなるんです。

特別活動では「気づき」を行動に移す

諸富◆エンカウンターのシェアリングの方法は、相対性の原理で「ああ、君はこう感じるんだね」「僕はこう感じるんだよ」というところがありますね。道徳の授業などもそれで終わっていいところもありますね。

杉田◆道徳と最も大きな違いで、特活は行動しなければいけません。

諸富◆その後に「私はこうする」「チャレンジしたい」「こういう行動をめざしたい」とつなぐと特活になる。

杉田◆「めざしたい」だけじゃなくて必ず行動するのです。やらないのに決めるのは、お題目にすぎません。特別活動で決めるものは、集団決定にしても自己決定にしても必ずやるものです。

諸富◆自分で行動目標を決めて、自分で実践させる。

杉田◆そうです。そのようなねらいが達成できるのであれば、授業の中間部分にエクササイズやスキルを入れることは構わないんじゃないかということです。

諸富◆自己決定と実践と。この二つが入れば、特活としてエンカウンターを行うのもオーケーなんですね。

特別活動はそもそも非構成的

諸富◆特活の方で、エンカウンターやソーシャルスキルを取り入れることに反対している方はいないんですか。

杉田◆当然いると思いますよ。ある意味社会学的な発想の人が多いわけですから。心理学的なものは、臨床的に処方せんを書いてやるだけという感覚はあります。

諸富◆なるほど、臨床的な処方せんを書いてという感覚で批判をしている。

杉田◆特活の場合、実際に子どもとまみれたり、正面からぶつかり合いながら指導法を体得するというやり方ですから、エンカウンターなどの構成的な手法で真の人間関係が学べるのかという考えが強いです。

諸富◆つまりのっぴきならない現実と向き合うことで、人間というのは形成されるものなのに、例えば社会性を育てる年間プログラムを作って……みたいな、そういうことでいいのか、と。

杉田◆そうです。計算の公式みたいな指導法を非常に嫌います。

諸富◆よく行われているのは、社会性あるいは人間関係を育てる年に二十回のプログラムを組むことです。

杉田◆プログラムという言い方をするとやっぱり抵抗感がありますね。

諸富◆どういう抵抗感でしょうか？

杉田◆まさに構成的だからです。特活はもともと日常生活を教育の対象にしていますので非構成的なのです。どういう事件が起こるかわからない。でもその中で名人芸というか、力のある教員はそれを子どもたちの人格形成に結びつけるようなリアリティーのある活動へとつないでいったわけです。ピンチはチャンスなのです。特活は毎日の生活が教科書ですから、いろいろ起きる問題を取り上げて、子どもたちを育ててきたわけです。

年間プログラムを入れる時間の余裕はない

諸富◆教育カウンセリングでは、例えばエンカウンターを年間プログラムを通して構成的にやるのと同時に、各学級で起きる生活現実も重要視しています。プログラムで構成的に育てる部分と、非構成的に育つ部分と、両方あると私たちは考えているんです。

杉田◆それはわかるんですけど、結局のところ授業時数が少ないんですね。学級活動は三十五時間しかなくて、しかもそこに生徒指導の機能を大事にした学級活動(2)があって、中学校はさらに(3)の進路指導も入っているわけです。そうするとそもそも使える時間が十時間くらいしかない。そんな中に、もしプログラムが八時間入ったら、残り二時間しか実践できないわけですよ。

諸富◆すると、学級生活の問題の話し合いの時間がなくなる。生活現実を取り上げる時間が二時間しかなくなってしまう。

杉田◆そうなんです。だからプログラムを全否定しているわけじゃなくて、「生活の問題」を優先したいんです。いちばんしなければならないことをしないで、プログラムを入れるのはどうかと。いまの倍の七十時間あったら、十分入れられます。

諸富◆じゃあ、プログラムという発想自体に反対なわけではなくて……

杉田◆限られた時間数をどう使うかを考えたときに、優先順位からすると残念ながら低くなるということです。いまは「ウ望ましい人間関係」に充てる授業時数は多くても年間に二時間から三時間ぐらいしか取れないんです。小学校は「ア」から「キ」まで全部指導しなければなりません。人間関係で二時間とか三時間しか入れられないのに、そこを全部プログラムを実践する時間にしてしまえば、健康や安全、食育や働くこと、基本的な生活習慣など、ほかの共通事項は指導できないということになります。

「ゼロの教育課程」とエンカウンターは相性がいい

諸富◆学級を育てるために、一日五分のエンカウンターを毎日している先生もいます。

杉田◆ショートエクササイズはより可能性があります。

諸富◆そうすると特別活動と折り合いがいいのは、むしろショートエクササイズであるということになりますか。

杉田◆ショートであれば授業の一部に取り入れやすいし、日常の生活の中でもできますね。教育課程としての授業時数としてはカウントしない、ゼロの教育課程という時間があるんですよ。朝の会とか帰りの会などです。学級活動は三十五時間しかないんです。そこに潜り込もうとするとほかのものができなくなっちゃうんです。学級活動の三十五時間のうち、二十時間も二十五時間もエンカウンターを入れてしまうのは、手法が先にあって、カリキュラムは単に利用されているということになっちゃうわけですよ。

諸富◆学習指導要領と一致しなくなりますね。

エンカウンターをやるならカリキュラムを変える

杉田◆特活はそもそも昨日今日生まれたものじゃないですから。そういう意味では特活が果たす役割とか、手法とか、創り出してきたものがあります。それらをまったく受け入れない形でプログラムを入れてしまえば、当然それは学習指導要領の趣旨に沿っているとは言えなくなるんです。

昔のように人間関係を遊びなどを通して自然に学べる時代ではなくなったことはわかっています。だからある意味、構成的にそういった場面を作って考えさせることがあってもいいし、そのための時間の確保は必要だと思っています。特活の時間を増やすのか、そういった時間を専門につくるのかということが議論になることを期待したいものです。

諸富◆「心の時間」なり、「社会性の時間」なり、「人間の時間」なりですね。

杉田◆いまのカリキュラムの中では、積極的に、複数時間を充てて、というのはむずかしいですね。入れられるとすれば、ゼロの教育課程といわれている時間に短くして入れる。

諸富◆現行のカリキュラムでやるならばショートエクササイズが一つの現実的な方向性なのですね。

杉田◆それが中心になると思います。

クラス会議も構成的な性格なので特活専門家からは賛否両論

諸富◆学級会の話合いに似た教育カウンセリングの方法に、アドラー心理学のクラス会議があります。毎朝、朝の会の十五分に **1**◆机を片づけて、クラスで一重の輪で座る、**2**◆ありがとう回し(となりの子に、「〜してくれてありがとう」と伝えていく)、**3**◆議題のアイデアを一つずつ言う、**4**◆解決策を選ぶ、の四つを行います。つまり学級会をある程度、構成化された仕方でやっていくんです。

杉田◆これについて、特活界では、賛否両論があります。それで否定的な意見が多いと思いますね。

諸富◆どの辺が嫌いなんでしょうね。

杉田◆つまり話し合いのウォーミングアップ的な活動と、非構成的なものを一遍にやろうとしていますね。

諸富◆構成的と非構成的の折衷みたいな感じがするんでしょうか。

杉田◆そこがすごく中途半端という批判です。我々が集団で何かやろうとしたら、満場一致というのはまずないわけで、みんなで話し合って総意を何とか見いだすしかないわけです。国の関係もそうだし、どんな社会もそう、会社もそうなわけです。そうなったときに、特活の人は、たっぷり話し合わせたいという感覚が非常に強いんです。とことん話し合わせたい。

諸富◆とことんが好きなんですね。

杉田◆そうすると余計なものが入っていることを嫌がるんですね。そもそも「いいところさがし」などは「ゼロの教育課程」で普段やっておけばいい、何も話し合いの時間にもってこなくてもいいだろうという感覚が強い。ああいうものは話し合いのたびにやるものでもない。ウオーミングアップやイントロダクションのような感じではなく、むしろ日常に溶け込ませて空気づくりのなかでやっていくべきだという感じが非常に強いんです。学級経営とか学級づくりという分野ですね。そこはすごく重要視しています。アセスメントのものなどは、河村茂雄先生のQ-Uなどもあるわけですけど、その結果を踏まえてエクササイズをどう生かすかというよりも、生活や特別活動の取り組みにどう生かすかと考えたいのです。

諸富◆エクササイズのようなものはショートでばらばらにしてちょこまか入れていって、あとはのっぴきならない現実について時間をとってとことん話し合わせたいと。その二つを明確に分けたい。

杉田◆そういう感覚があって、話し合いの中に意図的に入れるようなことをすごく嫌がります。

諸富◆その考えというのは、古くから特活をやっている先生に強い？

杉田◆とくに強いです。

子どもも教師も「構成的」で力量をつける時代に

杉田◆安易にプログラムに頼るような風潮が広がっているように思います。満点は無理ですが平均点は取れますから。平均点が取りたい人、つまり悩んでいる人ほどそこへ寄っていく。しかし、エンカウンターだけに頼る人も出てきてしまうことはいかがなものかと思います。

全国的には、取り組んでいる人が増えているようで、ニーズがあるのですね。みんなこれをやればいいみたいに、パターン化しますので、取り組みやすいんでしょう。

諸富◆やりやすいですよね。だから力のない教師でもできる。

杉田◆そういう意味で、このような方法をすべて否定するのはどうかというような考え方が広がっているのです。そのことが一部特別活動でも取り入れられたのです。

「構成的」にあるむずかしさ

諸富◆エクササイズというのは、単にプログラムがあるわけではなくて、「こんなクラスで、こんなとき、このエクササイズ」というふうに入れていくのが本来なんですね。そこを外してしまうと、エクササイズの本道を離れると私は思っているんです。つまり学級の風土のアセスメントができたうえで、「この風土だからこのエクササイズ」というのは、実は誰にでもできるものではなく、かなりの力量が必要とされるんです。だから構成化されているから簡単だというわけではないんです。

杉田◆私自身は比較的リベラルな考え方をもっているつもりです。昔のものを、ただ引きずっているタイプではありません。時代が変わったのに昔のままの形を追求していては、結果的に変化には対応できません。そういう意味で、さまざまな新たな手法を全否定するべきではないと思っています。しかし、学級の状況をしっかりと見取って、最もふさわしいエクササイズを活用するといっても、やはりプログラムだという認識がありますから、そこが特活に熱心な実践者にとってはなかなかむずかしいところだと思います。

とことん話し合うこととエンカウンターの質的違い

諸富◆総合や特活でとことん話し合いをしていくと、どうしても非構成的になっていかざるをえないでしょう。子どもの話し合いはどこにいくかわからないのに、構成的なプログラムで、あらかじめ決められたものを入れると、それに抵触します。構成的VS非構成的という話になりましたね。

杉田◆そういう意味で言うと、教科に近い感じはします。市民科に近いんじゃないですか、プログラムというのは。

諸富◆プログラムという発想がね。

杉田◆教科書を作って、テキストを作ってやっていくという発想が非常に……

諸富◆そうすると教育カウンセリングという考え方は、カリキュラムのなかに位置づけられますね。

杉田◆位置づけなければやりようがないと思います。それをいまのカリキュラムの中に押し込むのはむずかしいので、新たに作るべきじゃないかという発想になるのです。

諸富◆そうじゃなかったらショート・エクササイズ止まりですね。

杉田◆いまのままでいけばそうだと思います。ただし全否定はしない方向にいっているので、それを融合するような方法が各学校で行われてもノーとは言えない現状にありますね。そういう可能性は高まったと思います。

特別活動の役割と課題

集団の中で、生活の不自由さに出会って学ぶ

諸富◆特別活動は、学校における人格形成に重要な役割を担っていると思いますが、生徒指導、道徳、教科指導と比べて、どのような固有の原理、方法で人格形成に迫ろうとしていますか。

杉田◆特活では、学校を「社会としての学校」「家庭とし

ての学級」という言い方をします。つまり小社会なんですね。小社会を学校の中につくり出し、やがて出ていく社会の中で生きていく力を、リアリティーな生活の中で学び、体得させていくことが大事です。社会学者の多くは「集団の遍歴を通して人格が完成される」と言っていますね。生まれ落ちた家族集団がどういう集団だったのか。その後幼稚園、遊び集団、どういう集団に巡り会ったかが人格をつくっていく、という考え方です。

諸富◆集団ということを重んじるわけですね。

杉田◆そうです。つまり巡り会った集団は偶然ですけれども、それによって生き方や考え方が変わってしまうんですね。子どもにとって逃げられないのが学級、あるいは学校です。ある意味規制された中に入れられる学級ですが、これが嫌だと言う人間がたくさん出てきたわけで、「学級を変えろ」「担任を変えろ」とすぐに文句を言うわけです。でもやがて出ていく社会の中で、自分の気に入った人間とだけかかわって生きていくことはできません。ある意味、その訓練の場としての学級、学校の中に入れて、生活経験を通して生き方を学んでいくというのが、特活のいちばん重要なところです。「世の中はほとんど思いどおりにならない」ということも実感させるのが、特活の役割です。

しかし、近年、特活の力は非常に弱まっています。いじめ問題への過剰な反応によって、子ども同士の本音でのぶつかり合い、張り合いといったことをさせなくなりました。ちょっといじめのようなことが起こったら、大人がすぐに解決してしまう。もちろん、いじめは絶対に許されないし、その結果命や人権が軽んじられるようなことがあってはならない。しかし、その一方で、人間関係を学ぶのにふさわしい、人間と人間が本音でぶつかり合うような集団活動を追放してしまわないようにしたいものです。現実は、大人が寄ってたかって思いどおりにしてしまう傾向が強まっています。気に入らなければ担任を替える。気に入らなければ転校する。みんな自分の思いどおりにします。世の中には人間関係も含めた、「思いどおりにならないことがある」ということを実感しないまま実生活に出ていきますから、挫折する人も出てくるのではないかと思います。

諸富◆学級集団、学校集団の中で、いろいろな苦しい問題に直面しながら、それを自分たちで何とか解決していくことを通して、個々の人間は育っていくということですね。

学級の風土をつくるのが特別活動の役割

諸富◆私たち教育カウンセリングをやっている人間も、不登校にしろ、いじめにしろ、発達障害の問題にしろ、個の問題としてだけ扱ってはだめだと考えています。すべては学級の中で起きた問題として見ていく。発達障害の問題も、学級がすごくいい学級だったら落ち着いていきます。

杉田◆そういうことですね。目立たなくなります。

諸富◆不登校だった子が始業式に来て、学級がいい雰囲気だと、その雰囲気を味わえられれば登校し始めるんです。いじめにしても、学級の雰囲気に影響されていじめは起きるわけです。だからまず学級ありきと思っているんです。

杉田◆それを子どもたちがよりよいものにしていくのが、特活の役割です。

諸富◆ああ、じゃあ、基本的には教育カウンセリングの考え方とそこは同じですね。

杉田◆同じです。よりよい風土をつくるということですね。

諸富◆学級の風土ですね。

杉田◆私は空気と言っていますけど、空気そのものが教育力をもっていると思っています。

特別活動でのQ-U学級アセスメントの活用

諸富◆その点は私もおおいに賛成ですね。そう考えると、河村茂雄先生の作ったQ-Uというアセスメントツールがありますが……。

杉田◆学級の集団をつくるという点で参考になると思います。特活では、ある意味そういったデータの活用はこれまであまりしてこなかったと思います。

しかし、特別活動では集団の評価もしなさいと言いつつも、その方法を示してこなかったという意味では一つの指針になるんじゃないかと思っています。教師の主観であったり、何となく雰囲気でつかんでいるところが多かったと思いますね。

構成と非構成をバランスよく

諸富◆私が今日学んだのは、構成と非構成という考えです。両方をバランスよくやっていくことが大切ですね。

杉田◆学校で自由にやっていることや地域で遊んでいることのなかで人間関係を学ぶという場合、そこに境がなかったわけです。そういうなかで、特活は子どもたちの「遊び」のようなものを教材化し、「学び」にしていくような面もあります。つまり非構成です。そのうえで、より授業というスタイルを取ろうとしたとき、構成的な部分を組み合わせるというような発想になるのかもしれません。

諸富◆構成と非構成のバランスが重要なのだと思います。

あともう一つ、生活現実と直面するなかで課題を与えられる。それでのっぴきならない問題と向き合うなかで呼びかけられて、問いかけられて、それを引き受ける。どうしようもない問題を引き受ける。その問題と取り組むなかから育っていく。特別活動もそういう問題に取り組んできたんじゃないかと思います。

第7章

道徳と人格形成

道徳的価値を中核とする人格形成

道徳の時間は道徳的価値とかかわって、「自分を見つめる」時間。学校における人格形成の要である道徳の時間の役割はここにある

Oshitani Yoshio
押谷由夫

道徳の時間の「基本型」は大事。しかしあまりに基本型にこだわりすぎると、柔軟性がなくなるのも問題だ

Nagata Shigeo
永田繁雄

道徳のA、B、C、Dの「四つの視点」は、学校教育でめざす人格形成とは何かの基本となる骨格を示しているのではないでしょうか

Morotomi Yoshihiko
諸富祥彦

解説

押谷由夫氏は、道徳の元教科調査官で、永田繁雄氏はその後の教科調査官。日本の道徳教育をリードしてきた二人の元教科調査官から話をうかがった。

道徳教育は、いま、間違いなく最もホットな分野である。道徳が「特別の教科・道徳」になることが決まったからである。しかし、当然のことながら、道徳教育を推進する動きは、突然降ってわいたものではない。現行の学習指導要領においても、各教科等の具体的な内容の「指導計画の作成と内容の取扱い」のところに道徳教育を行うことが明記され、学校全体で一体として道徳教育に取り組むことが明記されている。それは当然、各教科の教科書にも反映され、伝統文化とのかかわりなど、道徳教育を意識した内容が教科の教科書に盛り込まれている。また、学校組織として道徳教育に取り組むリーダーとして「道徳教育推進教師」を設けるべきことが記されている。

では、道徳教育で育成される力、コンピテンシーとは何であろうか。まず、学校の全教育活動で行われる道徳教育で重要なのは、道徳の「四つの視点」であろう。対談のなかでも指摘されているように、新しい教育基本法の「第二条　教育の目標」のところに、道徳教育の四つの視点、すなわち「自分自身」「人との関わり」「生命や自然、崇高なものとの関わり」「集団や社会との関わり」とほぼ重なる内容が示されている。これが、学校における人格形成の営みとしての道徳教育が育てている「こころの力」の内容を示していると考えられる。すなわち、道徳教育では、「自分自身と関わるこころの力」「人と関わるこころの力」「生命や自然、崇高なものと関わるこころの力」「集団や社会と関わるこころの力」が育てられるのである。

では、道徳の時間ではどのような力が育てられるのであろうか。押谷氏が繰り返し指摘するように、道徳の時間の中心は「自分を見つめる」ことである。とりわけ道徳的価値にかかわって自分のいろいろな姿を見つめ、内面を耕すことである。この「価値とかかわって自分の内面を見つめる力」こそ、道徳の時間で育てているコンピテンシーではないだろうか。

対談のなかでは、道徳の「教科化」についての話も展開されている。特別の教科「道徳」は、各教科と横並びの関係ではないとして、人格形成の「要」として「特別の教科」という位置づけがなされている。中学校や高校では「この学年ではこの先生を中心に道徳をやっていく」というように、ある程度道徳を専門とする教師の存在が必要ではないか、といった議論もなされている。評価については、道徳が教科となっている韓国では、どうしても道徳的判断力中心の評価になってしまいがちであるようだという問題点も指摘されている。

さて、どうなるのか。いまがまさに正念場である。〔諸富祥彦〕

道徳を中核とした人格形成とは

人格の基盤は道徳性

諸富◆今回は、道徳の教科調査官を歴任されたお二人の先生にうかがいます。自分づくりすなわち人格形成の中核にある道徳はどのようにあるべきでしょうか。

押谷◆人格の基盤はなにかといえば、それは道徳性です。道徳性をいろいろな形で育んでいくことで人格は形成されます。そのためには、自分をしっかり見つめるのが基本です。道徳的価値意識にかかわって、さまざまな側面から自分を見つめるのです。

それは体験を通して体験そのものを、あるいは日々の生活そのものを、あるいはこれからの自分そのものを見つめるわけですから、体験をしっかりやっていないと自分を見つめられないし、人格形成というのは無理でしょう。

自らを見つめることを通した道徳教育と、体験を通して育む道徳教育が響き合って、人格形成をめざす道徳教育が結実します。その要の役割を果たすのが、自分を見つめる特別の教科道徳(道徳の時間)です。

永田◆改正教育基本法では「教育の目標」が、道徳の『四つの視点』と並行的に描かれています。これはＰＩＳＡの学力観である「実社会・実生活に生きて働く力」の育成の方向にも重なっています。道徳の内容は人格形成の軸になる、というイメージが前面に打ち出されたのだと言えます。

押谷◆たしかに教育基本法で人格形成は強調されています。第一条「教育の目的」、第三条「生涯学習の理念」、第十一条「幼児期の教育」に人格が使われています。幼児期から人格形成の基礎づくりを積み重ね、一生人格を磨き、豊かな人生が築けるような教育や社会をつくっていきましょうという提案です。人格を育てる教育については第二条の「教育の目標」に書かれています。その一号は知、徳、体の育成が述べられています。二から五号では態度を養うと書いてあり、これはつまり生きる姿勢です。それにかかわって基本的な価値意識があげられています。よく見ると、道徳の内容項目の『四つの視点』が押さえられています。

つまり教育基本法には、人格の基盤が道徳性であること、そして人間のあり方、生き方をしっかりと押さえながら、知、徳、体の調和的発達を図る教育を行うことが、人格形成の基本的な方法ですよということが明確に示されているのです。

各教科では幅の広い道徳教育を

押谷◆私は、各教科における道徳指導は、各教科の特質に応じて行うわけですから、厳密でなくてもいいと考えています。各教科で、子どもたちが互いに心を通わせて生き生きと活動し、自分たちの生活や将来に生きて働く力を身につけてくれたなら、道徳教育がしっかり行われていることになります。そういう視点でもう一度、本来の各教科の学習を見直してみることが大切です。

永田◆教科指導で知識だけ詰め込んで、その知識を支える心を育てなければそれは犯罪などに悪用されかねません。また、体力を鍛えても心が育たなければ、それは暴力につながる不安があります。

押谷◆日常生活をしっかりと送り、長期的展望で考え、思いやる心や協力する心が育つことで、学力も育つのです。それは学力学習状況調査からわかります。

諸富◆ほんとうの意味でいい授業をし、学力をつけているときには、人格も形成されるし生き方の変容も起こりますね。

人格形成を統合する二軸と道徳教育

いろいろな○○教育を価値意識で束ねる

諸富◆学校における人格形成は、キャリア教育、生徒指導、特別活動、教育カウンセリングなどさまざまな分野がそれぞれに行っているのが現状です。そしてどの分野でも「自分を見つめる」「他者とかかわる」などとほぼ共通したことをしていますが、現場の先生方は違うことをやっているという意識が強いようです。この本の連続対談で私は、学校における人格形成を統合的に見直す視点が必要ではないかと提案しています。

永田◆例えばキャリア教育や環境教育、食育、情報教育などは、いま解決しなくてはいけない教育課題です。一方、道徳教育は根幹にかかわる不易の部分。教育目標であり、教育課題にも重なります。不易と流行の両面で子どもは育つので、それらの関連を見なければいけないわけです。

　また、道徳性は植物でいえば根の部分。その根っこに直接働きかけて耕したりゆさぶったりするのが道徳授業の役割です。各教育活動の役割をイメージしながら、常に植物全体を見るようにしなくてはいけません。

押谷◆道徳教育は多くの○○教育と並列ではないと思います。人格の基盤が道徳性なら道徳教育は人格形成と表裏の関係です。例えば環境教育では、環境とのかかわりの中で自分はどう生きていけばいいか考えるわけですから、どんな価値意識をもつかということになります。そういう視点から、○○教育を考えると、それぞれ価値意識とのかかわりが見えてきます。このように道徳教育という大きな枠の中で統合していけば、効果的な指導ができるのではないかと考えています。そのようにとらえると、○○教育においても特別の教科道徳が要としての役割を果たすことになります。

成長をトータルに見るための四つの視点

押谷◆具体的に言えば、道徳の授業で子どもたちが例えば「思いやり」の視点で自分をしっかりと見つめられるようにしていくことは大切なことです。同時に、職場体験などキャリア教育的なことをいろいろやってきた中で自分を見つめたときに、思いやりの視点だけでなく、トータルな視点から自分を見つめられるということが必要になってきます。特別の教科道徳で一つ一つの内容項目にある価値意識をしっかり育んでいくこととともに、トータルに自分をしっかり見つめられるようにすることが大切です。

諸富◆各教科や領域で道徳と関連づけるとき、個々の内容項目よりむしろ、「四つの視点」が有効な切り口になると思います。

私は「四つの視点」を踏まえて、縦軸と横軸の二軸で人間形成をとらえる視点を提案したいのです。ざっくり言うと、道徳のAの視点(自分自身)とDの視点(生命や自然、崇高なものとの関わり)が縦軸。Bの視点(人との関わり)とCの視点(集団や社会との関わり)は横軸。こうして大きく二つの軸で考えると道徳とほかの領域がつながりやすいように思います。

永田◆平成二十年の道徳の解説書でも道徳性の発達の説明に「ア よりよく生きる力を引き出すこと」「イ かかわりを豊かにすること」「ウ 道徳的価値の自覚を深めること」と整理されています。私も「よりよく生きる」とはがんばる力、時間軸のようなものだと思います。諸富先生の縦軸のように、向上心や志をもつことです。もう一つ「共に生きる」とは、かかわりを豊かにする共感軸というか空間軸、つまり横軸ですね。自己実現は一人ではできません。「よりよく生きる」と「共に生きる」が合わさり「共によりよく生きる」、つまり社会参画の方向へ広がっていく自己像、開発的に生きていく自己像が生まれるのだと言えるでしょう。

縦軸・横軸による整理は有効か

押谷◆縦軸と横軸は分離しているのではなく、かかわりの中で広がっていったり、深まっていったりします。ただしその中の収束する部分、つまり価値意識があやふやだと、関連が見えなくなるように思います。

諸富◆道徳の内容項目をほかの教科でもやってくれというのは細かすぎて厳しい。そこで「四つの視点」「縦軸・横軸」による人格形成論を前面に打ち出せば、生徒指導をやっている人とも、キャリア教育をやっている人とも、つながりやすいと思います。

押谷◆まったくそうだと思います。先に各教科で身につけたい資質能力についてのところで述べましたが、キャリア教育においても、内容は違うものがあるとしてもかかわりを深める対象として「四つの視点」は共通します。つまり、今日課題となっている教育問題はほとんどが自分自身、他の人、自然や崇高なもの、集団や社会とのかかわりを豊かにしていくことによって解決していくととらえられます。

永田◆価値を注ぎ込むのではなく、一人一人の価値観を育てるのが道徳教育です。子どもが自発的に価値観を育てる窓口が、価値項目なのです。そうして自分の中で積み上げられた価値が道徳性となるのです。道徳ではそれを応援するために、さまざまな価値のろうそくに火をともします。そのときの心の育ちをこの大きな二つの軸で見ていくのは、全体を見通すよい方法になると私も思います。

押谷◆超越的なものも含め自分を深く見つめるノウハウや、かかわりを深め広げることと自分をしっかり見つめることを結びつける方法が必要です。この縦軸・横軸で整理するとき、生徒指導や環境教育の分野で開発されている方法論が、自己の見つめ方・深め方・広げ方、とくに深め方にかかわって提案されていくといいように思います。心理学では、そのノウハウにかかわる成果がたくさんあるのではないでしょうか。

永田◆いまの道徳授業が「特別の教科」となっても、心情理解の繰り返しのような各駅停車的な授業ばかりをしていたら、行き詰まりを見せるだろうと思います。もっといろいろな方法を生かしていかなくてはいけません。そうでないと扉が開いていかないのではないでしょうか。最初から、「これ以上はみ出したら道徳授業ではない」というような

人格形成の二軸と
道徳の「四つの視点」

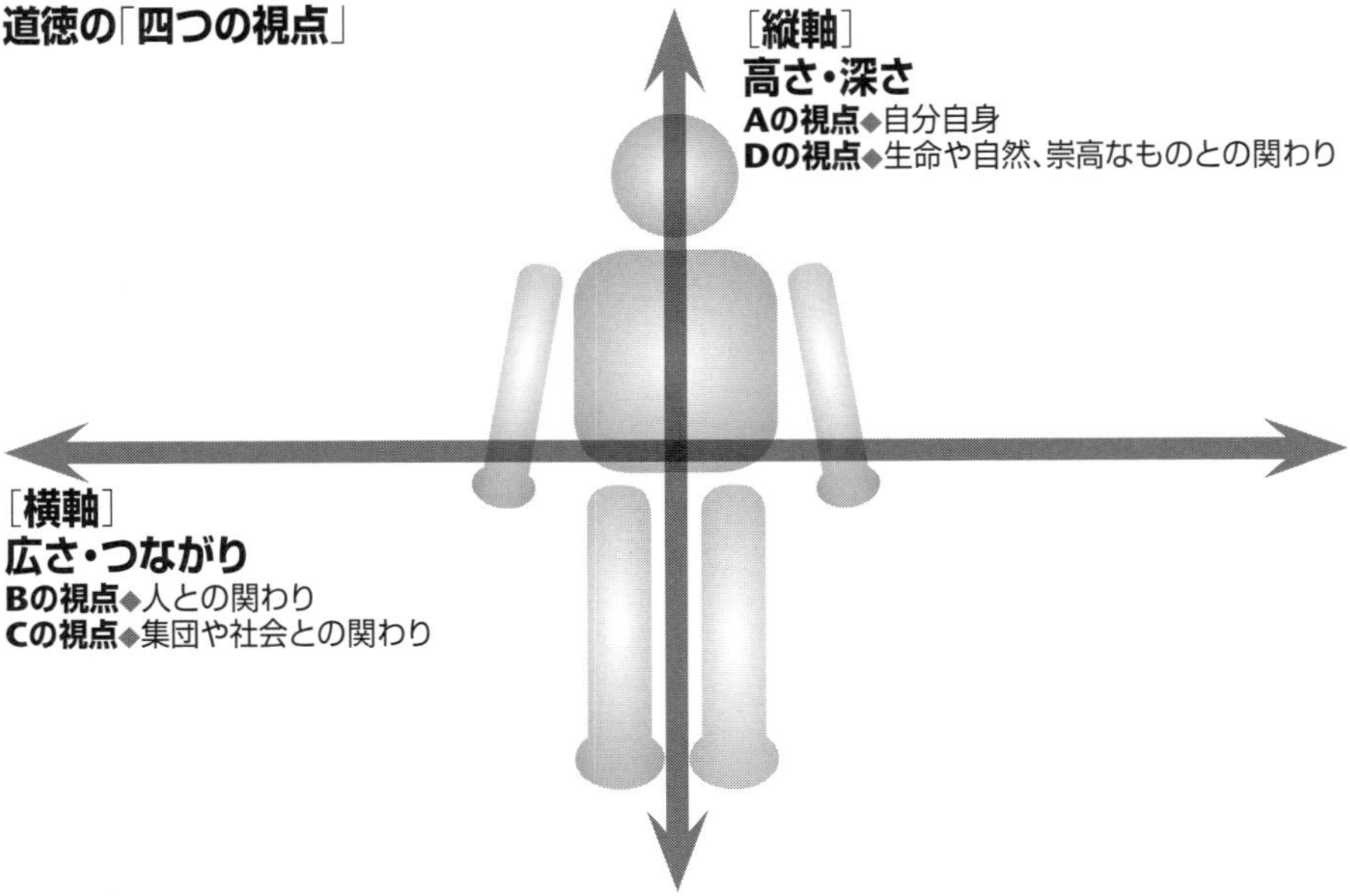

防衛線を引っ張ると思考停止状態になってしまいますね。例えば役割演技や小集団活動なども生かしながら活動的で能動的な授業を常に意識していけば、扉を開くことになると思います。

いま求められる道徳教育・道徳授業

多様な方法をどう生かすか

押谷◆特別の教科としての道徳は人格形成の中核的な役割を担います。一時間一項目という考えではなく、二時間か三時間あれば、かなり多様な組み方ができるのではないかと思います。

諸富◆道徳授業の一つの方法として、エンカウンターはどうですか。

永田◆道徳のねらいと題材をしっかりと押さえたうえで使うのならもちろん十分に考えられます。実際に多様な表現活動やグループワークなどは昔から行われています。道徳授業のねらいを常に意識して実施していけば、多様な指導方法を生かしていくことは新たな扉を開いていくことにつながります。

諸富◆三十年前は道徳の時間というと読み物資料を使って主人公の気持ちを追っていく、それ以外は認めませんという風潮があったと思います。けれども押谷先生が教科調査官になられたころから、道徳の時間のねらいをきちんと押さえたうえで多様な方法を使っていこうという動きが出てきたと思うのです。

押谷◆二十年ほど前から、総合単元的な道徳学習を提案し、いろいろなところで多様に道徳教育に取り組まれるようになりました。しかし、道徳の授業が体験活動の事前学習のようになっているところもあるとうかがいます。ここであらためて、読み物資料を使った道徳の授業の意味を考え直してみましょうと言いたいです。読み物資料は、ファイルしておけばいつでもどこでも見返すことができますし、資料をもとにいつでも自らを振り返ることができます。中核がぐらぐらしてしまうと、道徳教育が混乱してしまいますし、総合単元的な道徳学習もいい加減なものになってしまいます。

永田◆読み物資料には「近い」ものと「遠い」ものがあります。「遠い」ものほど心にいつまでも残ります。遠い資料はあこがれとなり夢となる部分もあるのです。先人の伝記とか、伝統や文化、自然、スポーツのヒーローなど、あこがれや夢があって心を動かすような資料を使うといいのではないかと思います。

子どもたちの心に残ること

押谷◆導入・展開・終末のうち、展開から始まってもいいし、教室だけではなく、例えば自然教室で星を見ながら授業をしてもいいし、福祉施設へ行って皆さんとお話しての授業もいいんです。それらをうまく授業として組み立てていく。そして資料あるいは写真などはしっかり残す。一時間一時間が印象深く心に残って、それを振り返ることができる工夫さえしていけば、多様なものを考えていいのです。

それと同時に、環境の問題とか生命倫理の問題、例えば出生前検診などの論争的な問題は、一時間だけで扱うのは無理ですから、二時間とか三時間の枠を取って、生き方を揺さぶられるような資料を使っていけば、単に知的なことにとどまらない授業ができると思うのです。どういう形で生き方を揺さぶっていく資料を提示していくかが大切なのです。

特別の教科道徳は自分をしっかりと見つめる時間です。道徳の授業で一つ一つの内容をしっかり取り上げるとともに、トータルとしての自分をしっかり見つめられるようにしていくことが大切です。

高い「志」を育てることこそ道徳教育

諸富◆いま日本で危機的なのは、短期的短絡的に自分の人生を無難に生きることだけを考えている若者が非常に多いことです。環境問題も含めて人類全体が大変な状況にあるのです。道徳教育では、「私が世界を担っていくんだ」「人類の未来は僕たちがなんとかしていくんだ」という「高い志」をもった子どもたちを育てることが大切だと思います。

そのためには「本物にふれる授業」が必要だと思います。何かわからないけど、「私もちゃんとやっていこう」と気持ちが残るような授業です。

押谷◆価値的なものを押さえ「このときはこうすべきだ」と考えることも必要ですが、そこからその人の生き方を感じ取れる授業をしなければいけません。道徳教育は知、情、意すべてにかかわりますが、最も重視すべきは、どう生きるかにかかわる「意」なのです。

永田◆現行の学習指導要領改訂のもととなった中教審答申でも「心の活力が弱くなってきている」と課題が整理されています。道徳教育で根を深く張るようにすることで、志の芽を伸ばし、活力を育むというイメージが大切なのだと思います。

諸富◆「自分が世界をなんとかしたい」という「高い志」をもった子どもを育てたい。道徳教育は、問題に追われるのではなく、「高みをめざした教育」であるべきです。

永田◆志の教育をするためには、自分自身と他者とのかかわりの中で、自分がどう生きるかという原点が大切です。そのためにかかわりを広げるのです。

押谷◆高くても裾野がせまければ体験を通して広げていく。高さと広がりという二つに関連をもたせて自己形成をする。

永田◆それは「自己」の志の高さとほかの人との豊かな「かかわり」の広さで裾野を広げた、まさに富士山のような姿だと言えそうですね。

第8章

生徒指導と人格形成

社会で生きる力を社会を通して育む生徒指導

Morita Youji
森田洋司

生徒指導は、社会を成り立たせる基礎にかかわっている。その根本で求められるのが、社会的リテラシー。だから、社会学者である僕がかかわっているの

Isogai Keisuke
磯谷桂介

社会性を育てるプログラムについて、いろいろな分野の人と話し合う必要がありますね

Morotomi Yoshihiko
諸富祥彦

教育のさまざまなフロー（活動）ばかりでなく、ストック（教育の大きな目標）に目を向けなくてはいけないですね

解説

森田洋司氏は、「いじめ」研究で知られる社会学者で、日本生徒指導学会の会長。一方、磯谷桂介氏は、元文部科学省児童生徒課の課長である。

『生徒指導提要』が、『生徒指導の手引き』の改訂版として世に出たのは、記憶に新しい。

『生徒指導の手引き』では、周知のように「自己指導力」の育成という概念が提示された。これは、当時の生徒指導に衝撃的なインパクトを与えた。それまでの、いわば力づくの生徒指導を、「あなた自身はどうしたいの？」と問いかける

ことで自己選択、自己決定を促していく指導へと、百八十度転換することをめざしたのである。

しかし、それから三十年以上が経ち、社会は「個」を尊重するあまり、個人主義へ、ミーイズムへ、自己中心主義へと行きすぎた。その「行きすぎた振り子をもとに戻したい」という思いが森田氏にはあるようである。

そこで提示された概念が「社会的リテラシー」という概念である。これは「人々が社会の中で生活し、個々の幸福の実現と社会を発展させていくための包括的、総合的な社会的なリテラシー」である。ここで「社会的リテラシー」という言葉が使われていることからわかるように、森田氏の考えは、コンピテンシーベーストである。

森田氏は、また、教育のストックとフローを区別することが重要だと指摘する。新しい教育基本法の第一条に示された「人格の完成」「社会的形成者としての資質」「心身の豊かな発達」――こうした、すべての教育活動（フロー）が向かっていく大きな目標、これが「ストック」であり、その「ジェネリックな力（包括的なコンピタンス）」をいかにして形成していくかということに教育のあらゆる分野、あらゆる活動は向かっていかなくてはならない。しかし私たちは、しばしばさまざまな教育の分野や領域、活動（フロー）に目を奪われてしまうので、すべての教育活動がそれをめざすべきストック、「ジェネリックなコンピタンス」を見失うことのないように、注意しなくてはならない。そう強調された。

こうした考えから森田氏は、生徒指導でめざす「社会的リテラシー」育成のための時間（カリキュラム）が必要だという考えはとらない。社会的リテラシーは「ジェネリックなコンピテンス」「包括的な力」だからこそ、その育成は、さまざまな教科の学習や特別活動、道徳の時間など、すべての教育活動を通して行われるべきである。教科学習などの中で生徒指導のプログラムを展開するなどして、めざすべきものと考えるのである。

「生徒指導というのは、トータルな包括的な教育の営みのコアな部分へ迫っていく活動で、それは社会を成り立たせるための基本。これは社会学として取り組むべき課題だと思ったからこそ、僕は生徒指導をやるわけ」――この言葉から、森田氏の思いが伝わってきた。［諸富祥彦］

『生徒指導提要』の意図すること

内容は大幅に変わっていない

諸富◆今日は生徒指導について、明るく楽しい展望を開けるような話ができるかなと思っています。

私も委員に加えさせていただいたんですが、『生徒指導提要』が出ましたので、まず学校現場が最も理解するべきことは何かということについて、それから生徒指導提要で示された今後の生徒指導がめざすべき具体的な姿はどんなものかについて、お話しいただければと思います。

森田◆『生徒指導提要』というのは、従来の『生徒指導の手引き』を二十九年ぶりに改訂して、名前も変わったんです。名前は変わっても、内容が大幅に変わったわけではありません。前の『生徒指導の手引き』も非常によくできておりまして、基本的な線は、すでにそのころからつくり上げられてきた領域です。

ただ、時代や社会、あるいは子どもたちの状況の変化によって、光の当て方が変わってくるのはやむをえないことです。本来の生徒指導のあり方、本来の学校教育の機能としての生徒指導というものをあらためて強調し、見直しました。

教師全員で、全校ぐるみで生徒指導にかかわること

森田◆学校教育における生徒指導も、生徒指導の先生にお任せするのではなく、全員がかかわっていくことが非常に大事な視点です。

包括的な取り組み、全校的な取り組みが、これまで十分ではありませんでした。本来の位置づけからして包括的な取り組み、全校ぐるみの取り組みに位置づけながら、いろいろなプログラムを開発していくことが必要になってきます。

すべての先生がかかわることと、それからすべての先生がもっている教科や活動を、学校教育の中で生徒指導という観点から全面的にいろいろな形で展開していただくことが非常に望ましい、これがまず第一点です。

生徒指導を小学校課程に広げて連続させる

森田◆もう一つは、従来の生徒指導は、ややともすると中学・高校で重点的に行われてきました。それを小学校まで広げたい。問題に早い段階で対応するというだけではなく、生徒指導の基本的なところを、しっかりと連続して、発達段階に応じてやっていくことが非常に大事です。小学校課程へ生徒指導を広げていくことが強調されながら、つくられていったと思います。行政的にはいかがですか。

生徒指導は学校教育活動、学校経営の基礎

磯谷◆『生徒指導提要』が何故いま出されたか、そして学校現場がいま最も理解すべきことは何か。生徒指導は、教育の目標である人格の完成と、社会の形成者としての資質の育成のために、子どもたちに行うものです。学力の問題、進路の問題、キャリア教育の問題を展開するにしても、やはりまずは生徒指導をきちっとしなければいけません。学校教育活動全体、あるいは学校経営も含めて生徒指導という考え方を浸透させ、教職員が協力して、子どもたちを指導する。これができているのとできていないのとでは、大違いです。

学校現場としては、生徒指導というのは学校教育活動、学校経営の基礎的なものであるということを、ぜひ認識していただきたいというのが、『生徒指導提要』の大きな流れだと思います。

三十年前、五十年前と、現在を比べると地域社会や家族、あるいは人口構成、経済発展の様子はまったく違います。その中で、学校教育の基礎に立ち返って、子どもたちに生きる力というのをどういうふうに与えていったらいいのか、あるいはみんなで考えていったらいいのか。生徒指導をもう一度原点から見直す試みをさせていただいたと理解しています。

生徒指導は横ぐしを通すような活動

磯谷◆従来から「発展的・開発的な生徒指導」ということもいわれていましたが、どうしても問題行動に視点が集約されていました。本来の生徒指導は、職業指導や学習指導をつないだり、学校経営も含めた基盤にかかわったり、あるいは横ぐしを通すような活動であることを再認識していただきたい。教職員の一人一人の方が、そうした意識をもって活動していただきたいと思います。

森田◆そのとおりだと思います。子どもたち一人一人の人格は、分解できません。だからさまざまな取り組み、キャリアだったらキャリア、学習指導だったら学習指導、あるいは生徒指導という側面に光を当てながら、人格の形成にアプローチしていく。しかし生徒指導というのは、いま磯谷先生がおっしゃったように、ある意味では横ぐしを刺して全体を見ながら、子どもの成長をトータルに見ながら発達を支援していく活動ではないかと思います。

『生徒指導の手引き』での転換点は継続される

諸富◆前の『生徒指導の手引き』はすごくインパクトがありました。自己決定とか自己解決、自己指導力という考えを出したからです。それまでは「お前、何で掃除をしないんだ」とこんこんと説教をして、力ずくの生徒指導をして

いました。それが「どうしていま、掃除をしようという気持ちにならないのかな」「どんな気持ちなんだ」「どうしたらいいと思っているんだ」と生徒の気持ちを聞き始めた。

生徒指導にあたって、教師が何かをさせるのではなく、生徒に自分で考えさせようとした。自分で決めて自分で解決する力を身につけさせようとしたのです。今度の『提要』でもそこは変わらないと考えていいんですね。

森田◆そのとおりだと思います。前回の改訂は非常にインパクトがありました。それまで力ずくという形できていたものを、自己指導力という一つの概念を立てました。それによって、子どもたちを理解しながら個々の子どもの力を引き出しながら指導していく方向へ、大きく転換しました。

『手引き』と『提要』の相違点

いきすぎた振り子をこちらへ戻す

森田◆今回の転換点は見えにくいんだけれども、僕の解釈では、一九八〇年あたりから、個人でいろいろなものを完結していく方向に、社会がシフトしてきました。加えて、前回の『生徒指導の手引き』で、子どもを中心にするという部分が強調されて、子ども中心主義というか、リベラリズムといわれるものが非常に勢いづいたわけです。社会というのは振り子で動いていまして、こちらへいきすぎたものを、やはり修正していかなきゃいけない。子ども中心主義の反対側には、社会の形成者としての資質、能力といわれる側面があるんです。

子ども中心主義に振り子がいきすぎて、「社会に開かれた自我」が形成されない。梶田先生(第2章)のお話で「我々の世界」というのがありましたが、ああいうものが欠けてきたわけです。しかし、私どもの考える生徒指導では、人格が形成されるためには、社会的なものに向かう志向性が必要です。集団の中の自己、社会の中の自己、地域の中の、あるいは組織の中の自己というものを準拠点にして人格は形成されると、僕は思います。

個人の幸福、心の豊かさ、幸せ、これも非常に大事なことですが、そればかりでは「閉ざされた自己」でしかない。社会や集団に「開かれた自己」をどう形成していくかがこれから非常に大事だし、喫緊の課題になっています。「子どもの社会性がない」とか、「コミュニケーション能力がどうだ」という話ですね。

人格の完成の個人的側面と社会的側面の両者をうまく育てていくのが生徒指導です。『生徒指導提要』のいちばん最後のところに、社会的なリテラシーという、あれはコンピテンシーにも当たるんですけれども、そういうものを埋め込んであるというのはそのためなんです。

諸富◆時代には、振り子がいる。一九八一年に『生徒指導の手引き』ができた当時は、何でも集団主義でしたね。

森田◆そうそう、集団主義でした。

諸富◆個の尊重なんてわがままだといわれていた時代に、『生徒指導の手引き』は自己決定の重要さを指摘した。けれど、いまあまりにも個が中心になりすぎているので、個は生かしながらも、同時につながりも大事じゃないかという方向に、振り子が動いているという話ですね。

普遍的な原理「一般化された他者」に照らして

森田◆「赤信号、みんなで渡れば怖くない」というのがありましたが、あれは、周りの人たちや特定の集団の価値、考え方、規範に準拠するという考え方で、「つながり」です。だけどその「つながり」を超えたところに、普遍的な原理があります。

諸富◆普遍性ですね。

森田◆普遍性なんですよ。今回の新しい教育基本法の中でも、例えば正義だとか公正だとか、普遍的な原理があります。これは我々の社会で練り上げられてきた原理で、哲学者や教育学者が言った概念ではありません。我々の社会を社会たらしめるためには、あるいは人々がよりよき人生を送り、心も安定しながら自分の自己実現を図っていくためには必要な、最低限社会として確保されるべき原理が普遍原理なんです。哲学的に抽象的に組み上げた原理じゃないんです。その普遍原理が、「一般化された他者」といわれるものなんですよ。

そういう「一般化された他者」に照らしながら、「いや、まあ、みんなはこう言うんだけど、僕はここは譲れないよ、これは普遍的な原理に照らして、こういう考え方をやっぱり貫いていくべきだと思う」と、しっかりと見定めて行動していくのが自律性なんです。

だから、仲良しグループをつないだり、ほんわかした友達の雰囲気をつくるといった「つながり」も必要ではありますが、それだけでは社会は社会たらしめられない。

「社会的リテラシー」というのは、そこまで見通したものでなければいけないというのが私の考え方です。それが今回の『生徒指導提要』のもう一つの強調点です。

日本的な社会への自我のあり方、自己を立て直す

諸富◆もう一回社会的なきずなを見直す。

森田◆教育哲学というのは本来はそれをやらなきゃいけない。現実の社会に照らしながら、我々の社会そのものを見据えながら。

あらためて、日本的な社会への自我のあり方、自己というものを立て直すというのが、今回の『生徒指導提要』の背後にある僕の背後仮説であり、哲学みたいなものなんです。

諸富◆なるほど。そうすると、前の『手引き』の自己決定、自己解決能力もとても大事だけれど、少し欧米的な考え方を導入しすぎたのではないかということですか。

森田◆そう、しすぎました。

諸富◆ただ、当時は足りなかったんですね。

森田◆そう。だから振り子の原則なんです。それまでの生徒指導の集団主義を転換したことはドラスティックだったけれど、少しいきすぎたんですね。

それから学会もみんないきすぎました。失礼だけれども、心理主義化というのが、一九九〇年代に進みすぎて、みんな心の不安をもってしまったわけです。それがないと不幸だ。あなたの人生は、心は豊かじゃないと。

磯谷◆いわば「自分探し」ですね。

森田◆ええ、「自分探し」ですよ。すべてのものを自己へ帰一させ、帰属させるわけです。もちろんそういうものも大事だけれども、そこへシフトしすぎたから、少し社会の方へ広げましょうと。そしてこちらの私利私欲、あるいはミーイズム、自己中心主義といわれるものを公共性を基軸とした方向へ転換させなくてはならない。

生徒指導の場合でも、指導と支援という両面が出てくるんじゃないかと思います。いままでの自己指導といわれるものも大事な概念ですが、日本社会で紡いできた日本独自の価値を見直していく。いきすぎた振り子をこちらへ戻していく……

それが子どもたちの人格の発達、完成にとってはいちばん重要なことじゃないかと思います。そして日本の社会そのものを、これからどのように活気づかせるか、活性化していくかにもかかわってくると思います。

進めたいのは成長促進的生徒指導

課題解決的な生徒指導中心の現状

諸富◆先生方からよく聞くのは、「どうしても課題解決的な生徒指導が中心になってしまう」「成長促進的な生徒指導や予防的な生徒指導がどうしても手薄になってしまう」ということです。生徒指導の本来の目的が、人格形成、生きる力の育成であるにもかかわらず、どうしても後手後手に回ってしまいがちな現実があると思うんです。これを打破するためには何がいちばん必要だと思われますか。

磯谷◆ありとあらゆる学習活動、進路指導、職業指導で、また学校教育活動や学校経営活動の中で、「成長促進的な生徒指導、予防的な生徒指導は大事だ」と積み重ねていくしかないですね。いまは、さまざまな学習指導や進路指導、キャリア教育などでも、成長を促したり予防的な側面、観点がありますからね。全体として盛り上げていく必要があります。

世の中の動きに敏感になって、世の中からの風を受け止められるような、そういう開かれた学校システムを構築していけば、おのずと課題解決的な生徒指導だけではなくなると思うんです。行政はそういう環境を整えていく必要があります。管理職も含めた先生方一人一人が、ああ、やっぱりこうなんだと、ほんとうに自覚してくれるような環境整備を行政はすべきだと思っています。

成長促進的生徒指導こそが大事

森田◆「予防的生徒指導」は、何かが起こることを前提に、それを予防するわけです。つまり起こってほしくない「何か」から外れる方向で指導していくということですね。そういった指導にとどまるかぎり、僕は課題解決的な思考に陥らざるをえないと思います。そこをあらためて、本道を認識していただいて、成長促進的生徒指導をしていくのが、非常に大事なことだろうと思います。

諸富◆機能と領域については、当然両方大事ということでしょうか。

森田◆両方大事ですね。

諸富◆つまり機能として、授業場面でも、生徒指導の力を発揮できて人格形成するのは当たり前だし、同時に生徒指導独自のプログラムとかカリキュラムもありうる。この両者は両立しうるということなんですね。

生徒指導をどんな形で入れ込むか

世界における二通りのやり方

森田◆そう、両立しうるということなんです。ある意味では横ぐしに、いまの学校教育のさまざまな領域がこれを貫いていきながら、そこに生徒指導のプログラムあるいはカリキュラムはあるわけです。それを教科なり学習指導なりいろいろな活動と連携しながらやっていくと。だから僕自身は、例えば「こころ科」として試みることや、研究開発するのもいいと思います。すでにおやりになっているところもありますね。

　世界を見てみても、二通りのやり方があるんですね。特定の時間を設けて、そこでカリキュラムや内容を詰めてするやり方と、もう一つは包括的に、多面的にさまざまな教科へ架け橋を架けながら、全体で進めていくやり方の二通りです。

諸富◆例えばイギリスにはＰＳＨＥ、パーソナル・ソーシャル・ヘルス・エデュケーションがありますね。

森田◆あれは市民性教育なんですね。イギリスなんかは前者のタイプ。時間を取る。ところがフランスは、市民性教育のために時間を取ることはなく、さまざまなところにそれを入れ込んでいく後者のタイプです。ドイツもそうですね。

生徒指導は「教科」にしないほうがいい

諸富◆そうすると、生徒指導をいわゆる「教科」にしてしまうという考え方についてはいかがですか。

森田◆それをすると、そこに委ねてしまうと思います。教育全体で子どもの成長、発達を促しながら、自己実現を図らせる力、あるいは社会を形成していく力をつけていかないと……

諸富◆道徳では「道徳の時間」もありますが、学校教育全体で道徳性を促進していくことをめざしています。同じように生徒指導でも、生徒指導の時間を確保しながら学校全体でもという考え方はありうると思うんですが。

森田◆現実的ではないですね。例えば数学だって、数式を解くだけじゃないわけで、そこへも生徒指導を入れることができます。基盤の学力みたいなものがあるわけですが、それは単に特定の科目を支える基盤ではなくて、あらゆる社会生活を通じて我々に必要な能力なんです。

先生方にわかりやすい例をあげると、「チーム学習をどう進めるか」とか、「学び合いをどういう具合に形成するか」とか、そこに生徒指導の観点からこういうことを入れてみたらどうですか、というカリキュラムは開発できるわけです。それをやっていかなければいけない。

教科化するなら時間をかけて

諸富◆成長促進的な生徒指導をするために、千葉県や横浜市では人間関係プログラムを実施しました。「人間科」とか「こころ科」という形です。わかりやすい教科にしないとダメなんじゃないかというあせりがあると思うんです。これについて、先生はどんなふうにお考えですか。

磯谷◆もし、特定のカリキュラムを位置づけることになった場合、キャリア教育との関係の問題が出てくると思うんです。「こころ科」「人間科」「世の中科」となると、キャリア教育とかなりかぶってくる部分がありますね。そのあたりを議論しながら、「カリキュラムとして落とし込むとしたら、どのような形で入れるか」というのを議論していく段階じゃないでしょうか、いまは。

また、教科にするんだったら、その教員をどうするかとか、免許をどうするかという話が全部絡んできます。

諸富◆私も一気に進むのはむずかしいだろうと考えています。

各領域のたこつぼ状態

各領域や分野をガラガラポンできないものか

諸富◆例えば、道徳でこういう力を育てたい、生徒指導で、特別活動で、総合的な学習の時間で、あるいは教育カウンセリングで、キャリア教育でこういう力を育てたいと、どれもほとんど同じことを言っているんですね。

つまり自分づくりということと、他者とのつながり、社会とのつながり。梶田先生（第2章）の言い方だと「我の力」と「我々の力」を育てていくということです。いろいろな分野でほとんど同じことを言っているにもかかわらず、それぞれの人はほかの分野を見ずに、たこつぼ的にやっているんです。これは決して生産的な状態ではありません。もう一回、いまあるいろいろな領域や分野をガラガラポンして、子どもたちに学校教育全体でつけたい力は何かということを、あらためて共通認識し、議論する必要があるんじゃないでしょうか。こうした問題意識がこの本の企画になったのです。

磯谷◆そうですね。いろいろな分野の人と議論し対話しなきゃいけないですね。

諸富◆今回対談に登場していただいた先生方が全員、『朝まで生テレビ』みたいな形で集まって、中教審のような堅い形ではなく、とことん話し合うような、本気の議論をやっていかないと間に合わないんじゃないかという話が出たんです。

社会学で考える、教育のストックとフロー

森田◆それは先を急ぎすぎたらだめですよ。いま、さまざまな領域が似通っているとおっしゃいましたが、社会学から見れば、教育にはストックとフローがあるんです。

ストック部分は、例えば「生きる力」で表現されるようなところ、成長しながら豊かな心を成熟させていく、これが教育のストックなんです。そこにつながるために、道徳、教育カウンセリング、さまざまなアプローチがあります。これがフローですが、どれも道は間違っていないんです。それで、どれも同じように聞こえるのは、そのストックをみんな見つめながら、それぞれが必要なストックをつまみ出して、うちは特別活動だ、うちは生徒指導だ、進路指導だという具合に表現しているだけなんですよ。

個々の子どもにストックをトータルに育成し成熟させていくことが、人格を分断しない、ばらばらに切り刻まない、トータルな包括的な教育の営みが必要だと思います。

諸富◆そうするとトータルな教育の営みがあって、こちらから見たら生徒指導、あちらから見たら道徳であると。切り口の違い、視点の違いだと見ていくんでしょうか。

森田◆そう。僕が社会学者としてかかわりたいと思ったのは、生徒指導というのが、そのかなりコアの部分に迫っていく活動だと思ったからなんです。そして社会を成り立たせるための基本だと僕は思う。社会学として取り組むべき課題だと思ったからこそ、僕は生徒指導をやっています。

そのコアのストック部分を切り離して、フローだけで議論している。あるいはフローに意を注ぐあまりに、ストックをなおざりにしているという傾向が、ないではないと思います。

たこつぼを打破して連携するためには

諸富◆生徒指導的な考えでプログラムを作り、成長促進的なことをいろいろな自治体や学校でやっていることについては、先生方は賛成でしょうか？

森田◆ああ、僕は賛成です。それはいいです。包括的試みですね。それは教科を立てるということとは違います。

僕が今回の『生徒指導提要』にかかわらせていただいたのは、「生徒指導の基本に立ち返りましょう」という考えに共感したからです。ストックの部分は、それぞれの領域の基本ではなくて、生徒指導という機能の基本です。機能というのは、社会や集団や組織がもっているシステムのことですね。そういうシステムがもっている基本のところを、あらためて見直そうじゃないか、ここへ立ち返っていくという視点を、今度の提要の中に示したのです。

磯谷◆一つのやり方として提案します。例えば児童理解を進めながら成長を促すようなプログラム作成のために、キャリア教育や道徳やいろいろな教科の人たち、それから体験活動、生徒指導の人たちにも入ってもらって議論するのはどうでしょうか。どのように社会性を身につけてもらうか、通常の教科以外の中でどのようなカリキュラム、プログラムがいいかを議論してさまざまなパターンを出し、それを教育委員会の人たちも交えて検討しながら浸透させていく、そういう試みがあってもいいと思うんですよ。

「連携しましょう」と言って、抽象的に議論しても連携にはなりません。場を設定して、いろいろな知恵を結集していかないと、なかなか連携できないと思いますね。

要は、どうやったらたこつぼを打破できるかということです。学会レベルで議論することももちろん必要ですが、例えば志のある人たち、キャリア教育学会やいろいろなカウンセラーの人たちがそれぞれ出てきて、地方自治体の教育委員会と相談しながら、カリキュラムを提案して進めていく。そのときに誰が旗を振るかは、そのとき決めればいいと思うんですよ。みんなの力を合わせたものを実際に作っていくべきです。

諸富◆どの学会も「皆さん、いらっしゃい」とは言っているんですよ。しかし結局「いらっしゃい」と言うにとどまっていて、ばらばらにやっている現状があるように見受けられます。

森田◆生徒指導というものの本質と、教育のストックの部分、ここのところをしっかり見つめていないから、フローだけで考えるからそうなるんじゃないでしょうか。それからいろいろな利害もあって、誰が親分だとか、縄張りだとか、そういうものも出てくるんでしょうかね。

プログラムを作成できる人材をどう育成するか

大学で「生徒指導」の基礎を

諸富◆プログラムを作っていくには、かなり専門的な能力が求められますね。生徒指導の人格形成のプログラムを作成したり、実施したりする人物を、どうやって育成していくかという指導者の人材育成の問題があると思います。

例えば、生徒指導の特定の免許、生徒指導専門教諭とか、ガイダンスカウンセラーの資格をもった人とか、人材を育成するための免許とか資格というのがあったほうがいいのかなとも考えられますが、このあたりはいかがでしょうか。

森田◆専門的な能力をかなり求められるというのは確かだと思います。しかし教員養成の大学で、現在「生徒指導」がどんな講義をしているかというと、四単位ありますが、全部カウンセラーがこなしていたりして、実際には生徒指導の基本がないんじゃないかと思います。今回の『提要』も、そこを埋めるために使っていただこうと、我々は考えたわけです。

先生方の年代や出身によって、ばらつきがある現状

諸富◆私は全国各地で教員対象の研修をやっていますがそこで実感するのは、初任者のほうが、大学でエンカウンターやソーシャルスキル、プログラムのことをある程度学んでいるということです。いまの四十代ぐらいの先生方は、あまりご存じない方が多いですね。

磯谷◆そうなんです。「教員の二極分化」などと言う方もいます。若い人たちは知識をもっています。ベテランの方は、かつての校内暴力とかいじめの問題のノウハウをもっています。四十代ぐらいの方が、その辺の経験もあまりなく、知識も最先端ではない。上の世代と下の世代をうまくつなぐ資質が十分ではないという議論もあるし、人数的にも少ないんです。こういう空洞化の問題がありますね。

諸富◆年代の問題もありますが、指導主事さんの現状も心配です。

ある県の教育センターで、模擬授業の指導をしています。これは各地域の教育事務所で生徒指導の中心になっている先生に、人間関係のプログラムを作ってもらって、それで模擬授業をしてもらい、それを僕が指導するんです。いちばん不安なのは、高校上がりの指導主事さんですね。まったくできないです。各地域の中心になる指導主事さんが、

自分でプログラムを作ったり、実施したりすることができない。自分でしたこともない。これが現状なんです。

講義だけですませるのではなくて、実際その方にやってもらって、具体的な実技指導をぜひやっていただきたいですね。そこまでしないと力がつかないんじゃないかと思います。

磯谷◆実践力ですね。それから、いま森田先生の研究会でも議論していますけど、やはりカリキュラムの中に生徒指導の考え方をちゃんと取り入れていくことは必要ですね。研修の工夫の仕方はいろいろあると思うので、ぜひ紹介していただきたいです。

生徒指導の最終目的は

『生徒指導提要』の最後の部分に特色がある

諸富◆私は今回の『生徒指導提要』の最も大事な部分はいちばん最後にあるんじゃないかと思います。とくに第八章第四節二の中にある「自己と社会を学ぶことです」。これは道徳教育をかなり意識されたんでしょうか。

森田◆それも意識していますね。

諸富◆「自己理解」は、道徳の学習指導要領でいうと、Aの視点ですね。それで「他者とのかかわり」、これはBの視点です。「集団とのかかわり」「社会とのかかわり」はCの視点ですね。

森田◆あとは「自然や崇高」がDの視点ですね。

諸富◆その後に「生徒指導が、その特徴に立ちつつも教育課程と一体となって学校教育を担う重要な機能として位置付けられ」とあり、先ほどのお話に出ました「機能と領域は同時に可能なんだ」ということが書かれています。

最終的に第四節三に、「人々が社会のなかで生活し、個々の幸福の実現と社会を発展させていくための包括的・総合的な『社会的なリテラシー』」の力と言えるんだと。これは「生徒指導の最終目的は社会的なリテラシーの育成にある」とも読めますね。

いちばん最後に述べてある、これが答えということなんでしょうか。

磯谷◆これは『生徒指導提要』の特色ですね。自己解決能力とか自己決定に対して、社会的リテラシーということで、森田先生が指摘されたように、振り子が少し振れすぎていたのを、こうして元に戻しています。

諸富◆いちばん最初に自己指導力をもう一度確認し、いちばん最後に社会的なリテラシー、両方合わせて今後の方向性が示されている。

森田◆そこにキャリアの視点も入っています。

諸富◆ジェネリックな力ですね。

森田◆ジェネリックな力と個性の伸張、ここを育成していくことが重要な機能なんだという位置づけです。

それぞれのフローがめざすのは、同じ「教育のストック」

森田◆新しい教育基本法の第一条の目的に書かれている三つの言葉は「人格の完成」「社会の形成者としての資質」「心身の豊かな発達」です。これは生きる力にもかかわってきます。そして確かな学力を学んでいく。大きな教育の目標に向かうのは、皆さん同じなんです。そこが僕の言う「教育のストック」なんです。そこをしっかり見つめて、それぞれのフロー（活動）、カリキュラムだとか領域だとかがあるんです。

諸富◆あくまでもそれはフローなんですね。先生がいますトックと言われたところが真ん中の部分で。

森田◆そうです。そこはしっかりと、日本の社会の現実とこれからの将来を見据えて、定めておかなければいけません。揺らいではいけないんです。

諸富◆揺らいだらいけない。ジェネリックな力をきちっと見定めていくということですね。

森田◆そしてジェネリックなそういうコンピタンスというか、それらをいかに形成していくかという方向に、みんなが向かわないといけないわけです。

諸富◆どの分野も同じ方向をめざす。これはとても心強いことですね。

超分野の超学会の発足を望む――三十年後を見据えて

諸富◆これを読む人に、「この指止まれ」と呼びかけるために、あえて申し上げます。

学会活動を一生懸命やっていると、どうしても「たこつぼ」になってしまうんです。どの学会も人手不足で忙しいでしょう。学会をやればやるほど、その学会で精いっぱいになってしまう。

そこで考えたのは、キャリア教育、特別活動、道徳教育、生徒指導、教育課程、それぞれこれからの三十年後を見据えて、いまの各分野で共通して育てるべきジェネリックなところを、年に三～四回でもいいから集まって議論することはできないだろうか、ということです。超党派のそういった……

磯谷◆超学会。

諸富◆超学会ですね。超分野の。

磯谷◆それは面白い試みですね。

諸富◆縄張り意識があるからなかなかむずかしいと思うんです。でもそれを四十代半ばから五十代前半ぐらいの人たちでやるべきだと思います。二十年後、三十年後を見据えて。

磯谷◆民でそういう声をかけ合って懇談会を作って、年に何回か勉強会をする。そこに例えば我々も入っていって、同じ土俵でフリーな立場で話をしていくような機会はありうると思うんですよ。大いにやるべきですね。

森田◆やるべきでしょう。

諸富◆ぜひ。いまぱっと思ったのは、それぞれの出版社が少しずつお金を出し合って、年に二回でいいから何かしていくようなことを考えていただいてもいいかもしれませんね。

磯谷◆いいと思いますよ。

諸富◆さきほどの話でいうと、『生徒指導提要』全体でいうと、前半で自己解決という「我の世界」が重んじられ、バランスを取るために後半で社会的リテラシーという「我々の世界」を強調している。両者合わせて全体であると、そういうふうに『生徒指導提要』を読んでよろしいですか。

森田◆そうそう。

諸富◆生徒指導が教えている根本のジェネリックの力とは何かを知るために、まず全体像を理解する。そのためには『生徒指導提要』のいちばん前といちばん後ろを最初に読みましょうと。

森田◆まあ、そういうことなんです。

第9章

成長を促す教育相談

子どもを「決して切らない見捨てない」姿勢で

嶋﨑政男
Shimazaki Masao

「相談教諭」のようなコーディネーターが学校に一人は必要ですね

諸富祥彦
Morotomi Yoshihiko

そういう専任の教員が一人いると、だいぶ違ってきますね！

解説

嶋﨑政男氏は、学校教育相談の分野を代表する一人である。

冒頭、問うてみた。学校教育相談と、教育カウンセリング、ガイダンスカウンセリングとの間に違いはあるのか、と。違いはない、むしろイコールである、というのが嶋﨑氏の答えであった。すなわち、教育カウンセラー協会で構成的グループエンカウンターを、学校教育相談学会ではピアサポート等を重要視する、というアプローチ（方法論）の面での違いはあるけれども、そのめざすところにおいては、両者はいずれも「治療」を目標とせず「問題解決、予防、成長支援」の三本柱からなる点では同じだというのである。

また、生徒指導と教育相談の違いについても、例えば生徒指導においては校則指導や警察との連携を重んじるといった手法の面での違いはあるが、「問題解決、予防、成長支援」をめざす点では、両者は基本的には同じであるという。

嶋﨑氏の指摘でなるほど、とうなずけたのは、学校には人格形成を主眼としたさまざまな活動の中心となる常勤のコーディネーター役が一人は必要である、ということであった。

現在、学校には、(名称は地域や学校によってさまざまに異なるにせよ)多様な分野でコーディネーター役を務めている人がいる。生徒指導のコーディネーター、特別支援のコーディネーター、教育相談のコーディネーター……。道徳教育推進教師というのは、名称はともかく、実質的には道徳教育のコーディネーターであろうし、次章の藤田氏との対談でも指摘されたように、これからキャリア教育が重要視されてくるにつれて、キャリア教育のコーディネーターも必要となってくるであろう。しかし、コーディネート役を果たすには、教師間の人望も必要であるし、その分野における知識も、学校外部の人材との連携を果たす力も求められる。それでは、こうしたニーズに応じることができるほど、一つの学校に多様な人材が揃っているかと言えば、いないのである。そして、それぞれの分野は、視点や手法の違いはあっても、同様に子どもの人格形成をめざす、という点で、かなり重なるのである。

学校教育相談の分野からすると「相談教諭」ということになるのであろうが、名称はともかく、子どもの人格形成にかかわる専任のコーディネーター役の教師が一人は必要である。この指摘には、まったくの同感である。また、それぞれの地域に、その地域の同じ子どもたちを相談的な視点から長期にわたって見続ける専任(常勤)のカウンセリングスタッフを一人配置する必要がある、という主張は、私もかねてより唱えていたことである。学校配置の心理士では、子どもが進学するたびに情報が途切れてしまうことになる。「幼稚園・保育所、小学校、中学校、高校」と十年以上にわたって、同じ子どもを見続ける常勤の質の高いカウンセリングスタッフこそが必要である。[諸富祥彦]

めざすところはみんな同じ

問題解決・予防・成長支援の三本柱

諸富◆日本学校教育相談学会が考えている教育相談学の考えと、日本教育カウンセラー協会が考えている教育カウンセリング学、あるいはガイダンスカウンセリング、両者の考えはあまり変わりはないんでしょうか。

嶋﨑◆私なんかは、ぴったり重なると思っているんですけどね。僕は「治療」という言葉が嫌いで、学校教育相談の中には「治療」は抜かしてくれと言っているんです。やはり問題解決から入りましょうと。

諸富◆解決、予防、成長または開発、という三本柱で先生も学校教育相談学会の中心メンバーも考えておられると。

嶋﨑◆そうですね。

諸富◆学校教育相談学会で予防や成長促進をする場合に、ピアサポートにとても力を入れているんじゃないかと思います。

嶋﨑◆はい、そのとおりです。そして学校教育相談学会側から見ると、日本教育カウンセラー協会のほうは、エンカウンターが突出していると思います。

教育相談と生徒指導はほとんど重なる

諸富◆「教育相談」には「相談」という言葉が入っているので、問題解決が中心で予防とか成長側面は弱いのかなと思ったら、そうでもないんですね。

嶋﨑◆教育相談と生徒指導の両輪説などもありましたね。

諸富◆私は集合でいいと思います。生徒指導も教育相談もほぼ等しい。

嶋﨑◆例えば問題解決一つ取ってみても、「バカもん、何やっているんだ」と言うのが生徒指導で、「お前、どうしたんだ、今日何かあったのか」と言うのが教育相談だというふうに、従来は「指導」と「相談」を分けて考えていました。けれども、いい教師というのは必ず両方やっているんです。

　私には尊敬する先生が二人います。そのうち一人のほうは、子どもが悪いことをしたら、とにかく怒鳴っていましたね。「バカもん、何やっているんだ」と。けれども、「お前、そんなことやるのは、今日何かあったのか」ということもしているんですよ。

　もう一人の先生は女性の方ですけど、大きな声なんか絶対に出したことはないんです。手か何か握りながらね、「あなた、どうしたの」なんて、まさに教育相談です。ところが、例えば子どもがガラスを割った場面だと、「このガラスね、あなた、一万五千円もするんだから。それを返済する計画を一緒に立てましょう」と言う。「あなたのお小遣いはいくら。取りあえず先生が立て替えておくから、あとは一か月に五百円ずつ、一年間返しなさい」なんて言っている。指導は厳しいんですよ。きちっと責任を取らせている。

諸富◆優しさ、厳しさといった観点での住み分けはできないし、受容と指導みたいな分け方もできないということですね。

嶋﨑◆できないと思います。

『生徒指導の手引き』による影響

指導観転換の原点は『生徒指導の手引き』

諸富◆いまの話で思うのは、『生徒指導の手引き』を作った坂本昇一先生の貢献は、やはりとても大きかったということです。『生徒指導の手引き』が出たのが、一九八一年です。その中で、生徒指導は生徒の自己決定を重んじ、自己指導能力をつけさせるものだという考えが打ち出されました。生徒が自分で自分のことを考え、自分で解決の道筋を考えて、自分で自分を指導するのが自己指導能力です。嶋﨑先生は坂本先生の影響は受けられたのですか？

嶋﨑◆ええ、受けていましたね。

諸富◆直撃世代はもう少し上の世代です。北海道の保坂武道先生は、坂本先生と國分康孝先生と友田不二男先生の三人の指導を直接に受けた、稀有な方です。三人の影響をいちばんダイレクトに受けて、自分のなかで統合された方です。坂本昇一先生の講演を聞いて衝撃を受け、北海道で荒れた学校荒れた学校を立て直した人です。それまではガラスを割ったら、「何やっているんだ、こらっ」と言っていたのが、「おい、お前、どういう気持ちでやったんだ」とね。まずは子どもが自分の気持ちに問いかけるように促すということをやったんですね。これは生徒指導にとってものすごい大きな力だったと思うんです。

坂本先生の博士論文にはカウンセリング・アンド・ガイダンスという言葉があります。アメリカ心理学会にカウンセリング・アンド・ガイダンスという部門があって、坂本先生が研究されたのが一九六〇年代です。当時は、自分の人生を自分で決めるという実存主義の影響がすごく大きいころでした。ロロ・メイとかマズローとか、ロジャースなど実存主義の哲学をベースにしたガイダンスの研究を坂本先生はされたんです。そして『生徒指導の手引き』を書かれたのです。

現場は別にして、文部科学省レベルでいうと、生徒指導の考え方は教育相談の考えとほぼ近い。三十年前にすでにそうなっているわけです。それまで、力で締めつけようとして通用しなかった荒れた学校の先生が、いちばん感動したのです。

子どもに自己指導能力を身につけさせる

諸富◆力ずくではない生徒指導、子どもに自分で考えさせる生徒指導が、坂本先生を中心に大きな運動になっていきました。その中では、生徒指導も教育相談も一つである。子どもに自分で考えさせ、自己決定させ自己解決させる力、自己指導能力を身につけさせようとなりました。理念の部分、文部科学省のレベルでは、昭和四十年代からすでにこのような考えがあったんです。

嶋﨑◆僕は、國分先生が書かれた『学校カウンセリングの基本問題』(誠信書房)を読んで、かなり影響を受けました。要するに検事と弁護士は両方できるんだと。実際に僕なんかも子どもにしてみれば非常に怖い先生だったと思いますが、一方では甘い先生でしたね。

検事の部分というのは怒鳴ったり、司法的な部分だったり、警察の力を借りること、あるいは校則なんです。

諸富◆学校教育相談学会の考える学校教育相談がそういうものであるとすると、教育カウンセリングとほぼ近いし、本来の生徒指導ともかなり近いですね。

教育相談の体制づくり

学校に必要なコーディネーター

嶋﨑◆学校に配置されているスクールカウンセラー（以下SC）は非常勤で生活が不安定なんじゃないかと思いますが、あれでは後が続かないと僕は思います。それからいま、相談機関がむやみやたらと細分化されていますね。保健所、少年センター、児童相談所、最近よく聞く子ども家庭支援センター。私は地域のセンターに、SCを配置して、コーディネーターの役割をしてほしいですね。

それから学校の中に専任を置いてほしいです。教育相談でも生徒指導でもどちらでもいいので、そういうものをきちっと学んだ方を、例えば相談教諭といった形で置いてほしい。相談教諭を一人置いて、その人が学校のことはコーディネートする。そして地域のコーディネートをSCにお願いする。SCの生活も安定させないといけません。SCはいま非常に中途半端な立場ではないかと思うんです。

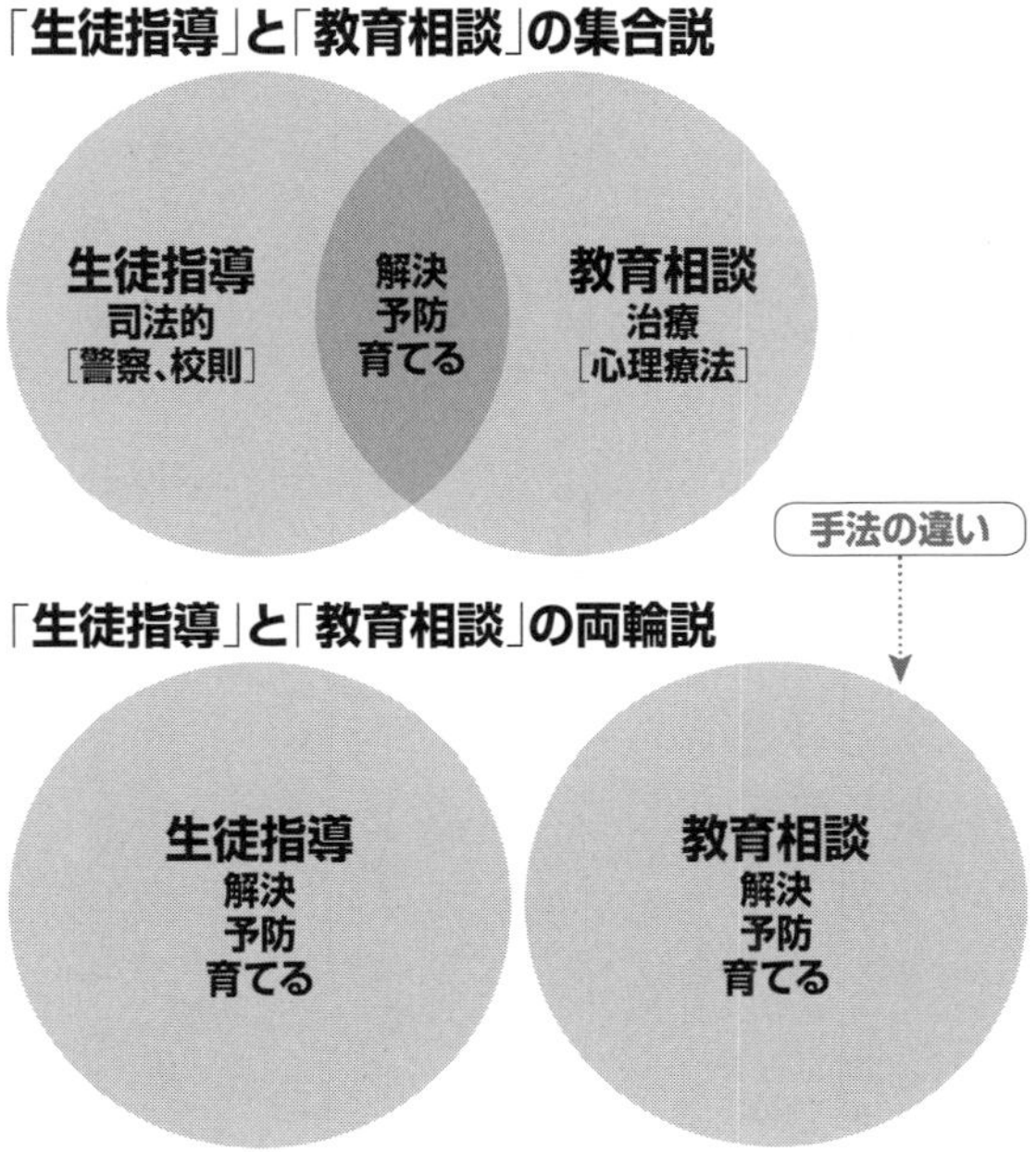

一人の子どもを同じ相談員が見続けられないか

嶋﨑◆イギリスではパーソナルアドバイザー（PA）というシステムがあります。すべての子どもが十三歳から十九歳までの間、同じ相談員がその子の相談にのるというシステムです。そこまではできないにしても、例えばある子が高校を退学したら、その子の面倒を見続けてきた相談員に連絡が行くようなシステムは作れないものでしょうか。その方はいままでの流れを知っていますから、その方との面接を義務づけるなど、とにかく一人の相談員が責任をもってその子の成長を見守る。

諸富◆とてもいいですね。やはり一人が通しで見ていないといけませんね。幼小中高連携も、形だけの連携にしないためには、個別のカルテみたいなものが必要だと思うんです。『生徒指導提要』に幼稚園、保育所も入れて、幼保小中高連携としたいですね。一つの個人データをずっと継続していけるようにするのです。

小学校の先生が中学校の先生に引き継ぎをするときに、「かわいそうだ」とか、「偏見をもたれたら困る」というので、子どもが発達障害をもっていることを伝えられないといったケースもあります。

嶋﨑◆そういう話は聞きますね。

諸富◆でもそうやって情報を隠されてしまうと、対応すべきことに対応ができない。

嶋﨑◆ほんとうにそうなんです。

SCの生活の安定を図りたい

嶋﨑◆教育相談等に関する調査研究協力者会議では、スクールカウンセラーの時給の話が出ました。大学院を出たばかりの若いSCと、精神科の大ベテランの先生が同じ時給でいいのかと。これに対しては、「人に対して」ではなく「仕事に対して」支払われるので問題にすることではないとなりましたが、かなりの人数の人が「高すぎるのではないか」と反論していましたね。

諸富◆時給で考えれば高く見えるけど、年収で考えたら教員のほうがはるかに高いんですよ。昇給もないし。

嶋﨑◆そうなんです。僕はそれを言いたいんです。だから非常勤ではなくて常勤にして、司書教諭、栄養教諭、養護教諭に並ぶものとして相談教諭を置くのがいいのではないかと思います。

関西なんかでは、SCよりもスクールソーシャルワーカー(SSW)の数のほうが増えています。行政の中に、こういうイメージがあるんです。SCは部屋の中にぽつんといて、誰か来るのを待っている。SSWは、不登校の子がいればその子の家に行って、お母さんと話をする。虐待されているんじゃないかという子がいれば、その家に行って……という、そういうイメージが強いんです。だからSSWのほうがいいかな、という考えが結構強いですね。

違う窓口から同じことをしているのではないか

諸富◆教育相談、生徒指導、キャリア教育、特別活動、それから教育カウンセリング、どこも同じことを言っています。「自分を見つめて自己決定をしていきましょう」「人間関係が大事です」。これを横軸と縦軸と考えると、結局どの分野も同じことを言っているんじゃないかと思うんです。

でも現場では、先生方が一体になっていないですね。特別支援のコーディネーター、キャリア教育のコーディネーター、教育相談の人、生徒指導の人、道徳の人……ほんとうはみな同じことをやっていて、子どもたちにとってはどれも「同じ先生がすること」です。けれど学校の校務分掌の側から見ると、一つ一つ役割が違っている。同じことを何度も繰り返している感じですね。

「学会」レベルでも、生徒指導学会、道徳教育学会、教育カウンセリング学会、かなり似通ったことをしているんじゃないでしょうか。しかしただの一度もまとまって「せーの」でしたことがない。特別活動の杉田洋調査官(第6章)に言わせれば、「ちゃんとしたカリキュラムを考えられる能力をもっている学者と文部官僚がいないんだ」と。「だからこれも必要だね、これも必要だねと継ぎ足し方式でやってきて、あれこれ増えただけなんだ」ということなんです。

「自分がこの分野で日本一」と思っている学者の数だけ、いろいろな領域が増えているんです。そしてお互いに交流をせずに、それぞれでやっているんです。でも、やっていることはほとんど同じ。そろそろこういう無駄なことをやめたほうがいいんじゃないでしょうか。

嶋﨑◆はい、賛成(笑)。

諸富◆ウィルバーという人がインテグラル理論を唱えています。この理論では、「実は僕らが実体と思っているのは実体ではない。すべてはパースペクティブの違いなんだ」と言います。「どういう角度から見るかの違いなんだ」と。例えばいろいろな意見の衝突が起きますね。キャリア教育はこう言うとか、生徒指導はこう言うとか、道徳はこう言うとか。インテグラル理論では、「どういう角度から見るかの違い」にすぎず、実体の違いではないと考えます。

嶋﨑◆ほんとうにそう思いますよ。

諸富◆視点の違いですよね。別々のことをやっているという錯覚をしないほうがいい。ガラガラポンで新しい統合モデルにして、子どもたちの人格形成をするために、何がほんとうに大事なのかを考えたいですね。そしてそれが校務分掌にもちゃんと下りていくという、そういうモデルをそろそろ作るべきではないかと思うんです。

教師に何ができるのか

教師は機織り機

嶋﨑◆僕は教師というのは機織り役だと思っているんです。私の学校ではいま、縦糸を四種類に分けています。**1**◆学業面、**2**◆進路面、**3**◆社会面。ここまでの三つは、アメリカのスクールカウンセラー協会の国家基準からの受け売りです。これにもう一つ、**4**◆健康安全面というのをつけ加えました。

教師は横糸を担っていて、進路指導で、特別活動で、授業で、といったいろいろな横糸で紡いでいく。これが教師の役目だと思うんです。それを子どもの成長とともにずっと紡いでいって、最終的に一枚の布が出来上がる。この布がいわゆる自己実現ということでしょうね。

人格が最終的に出来上がるのは、布が仕上がったときだろうと思います。それから、やはり発達段階がポイントだと思うんですね。発達段階によって、ここではこういうのに力を入れよう、というのがあって、きれいな布が仕上がると思うんです。

諸富◆機織りですか。いいたとえだと思います。

「環境」とは人と人との関係

嶋﨑◆心理学で「レヴィンの公式」B＝f（E、P）というのがありまして、これは「行動は環境と性格の関数である」というようなものです。個がもっている性格（P）と、周りの環境（E）で人間の行動は決まってくる、と。

僕が五十代半ばでようやく悟ったのは、「環境というのは人と人との関係だ」ということでした。ネオンがいっぱいあるから非行に走るとか、そういう問題ではないんです。どういう友達関係で、どういうおじさんにどういう声をかけられたとか、そういう人と人との関係が「環境」なんだろうなと。

諸富◆環境と性格は、相互作用だと思うんです。環境との相互作用が人間なんだと思うんです。人間が、環境と切り離されたところに存在しているわけではありません。

嶋﨑◆「A」という人間がいるわけじゃないんですよね。

諸富◆環境と人間は別々のものではありません。あるのはただ、相互作用のプロセスそれ自体です。社会状況と一人の人間がどう相互作用しているかということから、のっぴきならない問いが生まれてくる。そこは分けて考えてはいけないです。

不登校の関係力学

嶋﨑◆不登校の問題も、相互関係で考えられると思うんです。これが学校ですよね。子どもが行きたいんだけれども、拒否していると。この場合はこの部分（A）の力だけを見ているんです。そうではなくて、子どもが家に引きつけられる力（B）があるじゃないですか。最近では、「学校へ行きなさいよ」という力が、そうとう減っていますでしょう。

私の子どものころなどは、逆に家になんか絶対いられなかったですよ、何もないし、働かされるし。

諸富◆いまは、家にパソコンもあるし、ゲームもありますからね。不登校の初期に、休み始めてすぐならば子どもからゲームやスマホを取り上げてみてくださいと僕は言うんです。長く休んでから取り上げると反動があるし、暴れ始めます。依存する前にゲームやスマホから切り離せると、「まだ学校のほうが楽しいや」と思って学校に行く可能性がありますからね。それをどの段階でするかということが重要です。

嶋﨑◆開善塾教育相談研究所の金澤純三先生は「城壊し」という言葉を作っています。家庭の中にこの子にとってのお城があると。お城から抜け出せないということであれば、

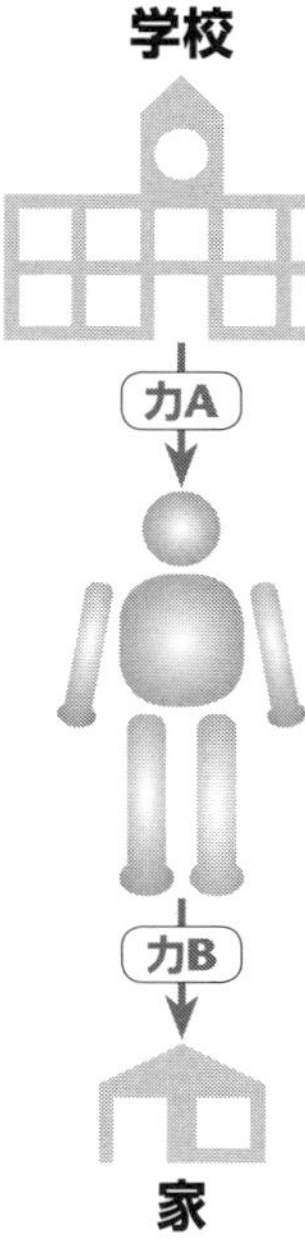

お城の要素を取り上げてしまえば、少なくともニュートラルにはなるだろうと。

理論ベースの論文か、実践ベースか

諸富◆これまで学校教育相談学会の中心になってきた先生方は、高校の先生が多かったでしょう。嶋崎先生は中学校ですが、中学と高校はだいぶ違うんじゃないですか。

嶋﨑◆違いますね。中学校は、どちらかと言えば小学校とのほうが距離は近いんです。小・中の先生はどちらかというと実践志向、高校の教員のほうは理論志向の傾向を感じます。僕なんかは、いい実践はどんどん載せなさいよと言うんだけれども、実践ベースのものより理論的なものが好まれるようです。

ファースト・パーソン・モデルの核

諸富◆本来、心理学の研究って何かというと、深くその人の心の中に入っていくことによって、何か新しいことがわかってくる。あるいは教育実践に本気で取り組むことによって何かが見えてくる。これがほんとうの質的研究じゃないでしょうか。ジェンドリンという哲学者が言っていますが、いま、新しい科学ができ始めている。ちょうど中世から近代に移るときに、科学のパラダイムが確立したのと同じように、いま、新しい一人称モデルを提唱しています。

三人称モデルというのは、いわゆる量的研究が基本であったけれども、そこに何かが抜け落ちているとみんなが感じ始めています。ジェンドリンはそこで抜け落ちていることを中心にしながら、新しい一人称モデルというものを考えているんです。

これまで一人称モデルは、「私はこう思う」という単なる感想文でした。もう少し深いところに入って、そこから共通項を取り出していくような、三人称も一人称に含み込むような、新しいファースト・パーソン・モデルを提唱しているんです。

教育相談は、まさにその分野だと思うんですよ。そうしないと、研究と実践が何か変に乖離してしまうんです。

嶋﨑◆そうなんですよ。それでいま悩んでいるんです。

諸富◆量的部門と質的部門の二つに、部門を分けたほうがいいと思います。質的な部分は、実践の中で新しいものを見つけていく。質的な研究でいちばん大事なことは「潜り込む」ということです。これをジェンドリンは「indwell」と言っています。どっぷり漬かるということですね。

ロジャースがあの理論をどうやって作り出したかという

と、彼は録音した面接のテープを何千時間も聴き続けたんです。そこから「理論」が浮かび上がってくるのです。どっぷり現象に漬かるということなしに研究はありえません。

数量処理が得意な人がいいカウンセラーになれるんだったら、事務職のほうがカウンセラーに向いているはずです。僕はやはりいい文学小説を読んで涙を流したり、映画を見て浸るような経験が、いいカウンセラーになるためには必要だと思います。

嶋﨑◆絶対そうですよ。

コーディネーターで学校が変わる

諸富◆先ほど嶋﨑先生がおっしゃったように、役割を分担してコーディネーターをおくのではなく、すべての分野を総合的にできるコーディネーターがすごく重要になってくるでしょうね。それによって僕は日本は変わると思います。嶋﨑先生はさすがだなと思いました。

嶋﨑◆ほんとうにそこを何とかしたいなと思います。

諸富◆できればその分野の中に、僕は道徳も入れてほしいと思います。例えば「先生は今日、人生でいちばん伝えたいことを言うから、目をつぶって十分間俺の話を聞いてくれ」という告白スタイルでもいい授業になりうると思います。自己開示です。

嶋﨑◆立派な授業になりますね、それ。

諸富◆そのときに子どもたちが感じたことを、作文に書かせて提出させる。それだけですごくいい授業ができる。できれば学期に一回、無理だったら年に一回でいい。ほんとうに自分が子どもたちに伝えたいこと、自分がこれまでの人生でいちばん感じていることを、ストレートに熱く伝えるのです。

何か今日は違うぞ、ということが子どもたちの心に伝わらないはずはないです。スキルも大事だけれど、「先生が人生でいちばん大事だと思うことは、ほんとうに伝えたいことは、これだ!」と伝えることができれば、道徳になりうると思うんですね。その意味でいうと、生徒指導だって教育相談だって、最後は人間と人間のかかわり合いじゃないですか。

嶋﨑◆まさにそうですよね。ほんとうにそうですよ。

教育相談の核心

子どもを切らない、見捨てない

諸富◆教育相談の講演で、現場の先生方にいつも言うのは、「子どもを決して切らない、見捨てない姿勢こそ、教育相談の命綱だ」ということです。

中学だとリストカットする子や摂食障害の子どもがいます。養護教諭がいちばんかかわりますね。先生方が「一日何時間相手にすると思っているんですか」「毎日手がかかるんですよ。もう面倒くさくて」と言うのは本音なんです。「もうあなたは教室に戻りなさい」「もうかかわりたくない、うんざりだよ」と。そこで僕はいつも「決して切らない、見捨てないでください」と先生方にお願いするのです。

僕は高校生のとき、國分康孝先生に手紙を書いたんです。「僕は人生でこういうことに悩んでいます」というようなことを便せんに三枚書いたら、便せん五枚のお返事をいただきました。すごく感動しましたね。それから不安なことがあるたびに、國分先生に手紙を書きました。ある日、わざと読めない字を書いたんです。読んでくれるかどうかと思っていました。そうしたら、すぐ返事をくれましたが、「今回の君の字は読めなかった。次から読める字を書くように」と書いてありました。

僕はこれでいいと思うんですよ。つまり、指導していいんです。けれども、決して切らない、見捨てない。お前のことは、どんなに俺を裏切っても、決して切らない、見捨てない。これが教育相談のいちばんの基本精神だと思います。

嶋﨑◆三十年前かな、二十五年ぐらい前か、その言葉はうちの学校のキャッチフレーズでした。

諸富◆あ、そうなんですか。素晴らしい。

嶋﨑◆いや、僕が言ったんじゃないんですよ。当時の教頭先生の言葉です。「決して見捨てない。だからこそ、見逃さない」。

諸富◆切らない、見捨てないね。

ある先生の諄々と説く指導――ほんとうの教育相談

諸富◆生徒指導教師のある先生が、「お前、この前話したけどよ、十八歳で結婚して子ども欲しいんだよな。でもお前、今日やったことを考えてみろ。お前、何やったんだよ。あと二年でパパだろ、お前。子どもに今日やったこと言えるか。お前、父ちゃんだろう」。こう、一時間に五十回ぐらい同じことを言って、粘り強く粘り強くかかわっていくんです。するとその子が、じわーっと立ち直っていくんです。

嶋﨑◆そうなんですよね。

諸富◆自尊感情とか自己肯定感を育てるうえで、ほんとうに大切なのは、こうしたかかわりだと思うんです。

人間の深い実存的な部分というのは、エンカウンターの「いいところ探し」では無理だと思うんです。それはその子がいくらひどいことをしても、何度裏切られても、先生方が決して切らない、見捨てない、そのかかわりでしか育たないと思うんです。

「わかる」ことと「わかろうとする」ことは違う

嶋﨑◆僕が教育相談を最初に習いに行ったのは、いまから三十七～八年前です。最初、ロールプレイングをやらされましたが、シンナーを吸っている子のシンナーを取り上げる教師の役でした。シンナーを吸っている役の人がまたうまくてね、柔道部でこんなに背が高くて。僕が「お前、だめだよ、シンナーなんか吸ってたら、頭がバカになっちゃうから、ほら、よこせよ」なんて言って取り上げようとしたんですね。途端に講師の方が、「はい、いいです」と。「あなたは教育相談をする資格はありませんね」と言われました。

諸富◆ああ。

嶋﨑◆その後、「見本を見せるから」と言われました。すると講師の方は、シンナーを吸っている子の肩に手をやって、「あなた、今日はシンナーを吸いたいほど、気持ちがむしゃくしゃしているのね」と言ったわけです。そんなのを現場でやったら、シンナーを吸っている子どもは、「バカ野郎、うるせえ！」で終わりですよ。

それを僕はよくわかっていたから、「気持ちがむしゃくしゃしているのね」とは言わない。シンナーを取り上げようとしながら、「どうしたんだよ」と言おうとは思ったけれども、「取り上げようとすること自体がいけない」「子どもの気持ちをわかってあげなきゃいけないんだ」と言うんです。

僕はその先生に、「何で子どもの気持ちがわかったんですか」と聞きたかったです。「教育相談って、そんなに簡単に子どもの気持ちをわかっちゃっていいんですか」と。

諸富◆具体的には、見本ではシンナーをどうするんですか。

嶋﨑◆「あなた、今日むしゃくしゃしているのね。先生、あなたの気持ちがよくわかるよ」なんて言ったら、シンナーを吸っている役の先生が、「はーい」なんて言って急におとなしくなりましてね。それでシンナーを教師役に渡してました(笑)。

僕の考えとしては、子どもの気持ちは「わかる」のではなく、「わかろうとする」ものなんじゃないでしょうかね。

諸富◆気持ちをね。

嶋﨑◆ええ。わかろうとすることが教育相談の姿勢であって、そんなにすぐにわかっちゃっていいのか、というところが出発点でした。

諸富◆なるほど。「わかる」ということと「わかろうとする」ことは違うんだということですね。

嶋﨑◆それ以来、教育相談を勉強する人は、そこのところは気をつけてほしいなといつも思っているんです。

諸富◆大事なのは「わかろうとする」ことですね。決して切らない、見捨てないでつき合うことが、ほんとうの実存的レベルの自己肯定感になるんですね。

コーディネーターの一本化とシステム連携

諸富◆縦軸が「自分を見つめる」、横軸が「他者とのかかわり」。基本的には、自分の内面と他者とのつながりという見方で、教育相談も考えていくということで、よろしいですか。

嶋﨑◆いいですね。僕は大賛成ですね。

諸富◆嶋﨑先生との今日のお話のメインは「コーディネーター一本化モデル」ですね。これは日本ＬＤ学会事務局長だった下司昌一先生の遺言みたいなものですよ。ほんとうに現場のことを考えると、各団体をつながなきゃいけない。教育相談コーディネーターと特別支援コーディネーターが別々にいるのはおかしい。

特別支援というのも、最初は「すべての子どもに個別支援が必要だ」という発想から始まったのに、その後「特別な子には個別支援が必要だ」というふうに誤解されていませんか。

嶋﨑◆そう、いまはそういう雰囲気ですよね。

諸富◆それから日常連携で仲のいい先生同士が連携するのは当たり前ですが、それをシステムとしても作っていかないといけない。結局は子どもに被害が及ぶわけだから、システム連携を欠くことはできない。学校教育相談学会もそれはされていますよね。

嶋﨑◆もちろん、取り入れています。

アメリカのSCは日本の担任の仕事をしている

嶋﨑◆ＡＳＣＡ、アメリカスクールカウンセラー協会の人に話を聞くと、アメリカのスクールカウンセラー（ＳＣ）は、日本の学校で言えばまさに「担任」の仕事をしています。授業をもたない担任と思っていただければいい。逆に授業をもつ先生たちは、担任の仕事をしていません。すべてお任せですね。

諸富◆アメリカ型の「学習指導意外の面は、スクールカウンセラーが行う」というやり方については、あれが理想だとも思わないんですよ。日本の学級担任制は、日本なりの素晴らしいシステムです。

嶋﨑◆日本の「担任教師」は、スクールカウンセラーでもない、教育相談の専門家でもない、ごく普通の担任のはずです。それでも子どもたちが安心したり信頼したりするわけですから、やはり日本のいいところは残していきたいと思いますね。

学校チームにSCが入る意義

諸富◆教育相談の中心はあくまでも教員であるべきだと思うんですね。一人の子どもに対して、教師チームが一緒にいろいろな面から取り組み始めたときの立体的な動きを見たときに、「これはすごい」と思いました。私が病院心理士などにならずに、学校関係にかかわったのはなぜかというと、教員同士が連携してことを始めたときのすごさを実感したからです。

嶋﨑◆あれはすごいですね。

諸富◆すごいですよね。あれは個人ではとてもできない。

嶋﨑◆「一人で何もかもできる人はいない。必ず一人じゃなくてやりなさいよ」と言っているんですけどね。

諸富◆そこにSC、臨床心理士や専門家が入る意義があるとしたら、さきほど言ったように、学校と地域をつなぐことでしょうか。

嶋﨑◆そうなると、広域的に使えるかなと思います。非常に有機的になっていくような気がしますね。

諸富◆校長に対してもきっちりとアドバイスができないと、専門家たる資格はないですよね。校長に対しても、「ここはこうですよ」と、揺れず、譲らずに、一歩も引かずに言えるぐらいの人間でないとSCはなかなか務まりません。教育相談所などで個別教育相談を五年ぐらい経験して、三十五歳ぐらいからSCに行くのが理想ですね。

　三十年後、三十五年後に、何か日本の学校はよくなったなと感じて死にたいんです。年に何回か、いろいろな分野の人間が集まって、「朝まで生テレビ」みたいな感じで討論する。「これからの日本の教育をどうしようか」「学校をどうしたらいいのだろう」といったテーマで話し合うイベントを、年に二回ぐらいやったらいいのではないかと思います。

第10章 子どもたちの未来を開き、学校を変革する枠組みとしてのキャリア教育

それぞれの学校が、いま目の前にいるこの子たちに何が必要で、この子たちの将来に向けてどんな支援ができるかということを真剣に考えてほしい

藤田晃之 Fujita Teruyuki

キャリア教育というのは、子どもの生涯を見通して学校教育を考える一つの「視点」なんですね

諸富祥彦 Morotomi Yoshihiko

解説

藤田晃之氏は、日本のキャリア教育のリーダーである。キャリア教育は、本書で提案している「コンピテンシー・ベースト な考え方」を他の領域に先駆けていち早く提唱した領域である。「仕事」「職業」という社会の流れと密接に関係した領域であるだけに、「これからの日本社会を生きていく人間には、どんな力を育成することが必要か」に常に敏感にならざるをえない。

それを端的に示すのが「小・中・高校のキャリア教育」と「大学のキャリア教育」を一つにつなげたことである。経済産業省が提案した「社会人基礎力」、厚生労働省が提案した「就職基礎能力」を「大学でのキャリア教育」のみに影響するものではなく、「小・中・高校のキャリア教育」にもドッキングさせたのである。そのことで「課題対応力」、すなわち、自分がいまいる社会や所属している組織の抱える課題を発見し、対応する力等が強調されるようになった。

学校教育にせよ、家庭教育にせよ、教育の本質は、「子どもが五十歳、六十歳、七十歳になったときに、幸福な人生を

自分で生きていることができる力」を育成していくことにある。そして「そのためには、いま、この段階、この時期にどのような力を育てておく必要があるか」を考え、カリキュラムを練り、教育を行っていかなくてはならない。「キャリア教育」という考えは、教師に近視眼的な姿勢を捨て、教育の本道に戻るように迫ってくるものなのだ。

したがって、「キャリア」ということを職業生活にとどまらず、結婚や子育てなど、私生活の側面も含むものと考えるならば、「キャリア教育」=「教育」と言ってもいいほど幅の広いものである。言い換えれば、「キャリア教育とは、教育というものを、『子どもの生涯にわたる幸福』という視点からとらえなおし、いま・この段階でどのような力を育てておくべきかを考えるために必要な視点」のことである。それは、きわめて現実主義的な発想であり、「夢」を育むなどという甘ったるいものではないのである。

社会の現実と直結したキャリア教育のリーダー、藤田氏の発言は、ときに驚くほどシビアなものであった。「私、アイドルになりたい」といった「夢」を語っていればいいのはせいぜい小六か中一くらいまで。中二以上になればそのための「戦略」をもたなくてはならない。中三からは「どんな家に住みたいなら、どれくらいローンが必要か」も考えさせる必要がある。非正規雇用で生きていくためには、経営者の「明日から来なくていい」という解雇宣言がルール違反であることを知り、身を守る術を身につけなくてはならない。とても印象に残ったのは、職場体験をさせる際に、「学校は『どんな体験をさせたいか。それによってどんな力を身につけさせたいか』を職場に伝えなくてはならない」という指摘である。「何でもいいのです」という学校が多いが、はなはだ失礼である、という言葉に納得した。［諸富祥彦］

キャリア教育の答申で何が変わったか

キャリア教育のこれまでの課題

諸富◆平成二十三年の一月に新たなキャリア教育の答申（「今後の学校におけるキャリア教育・職業教育の在り方について」）が中央教育審議会から出されました。平成十六年版に比べて新しくなったところを教えてください。

藤田◆これまで広く「四領域八能力」と呼ばれてきた表、「職業観、勤労観をはぐくむ学習プログラムの枠組み（例）」には、大きく二つの課題が指摘されていました。

一つは、高校で終わってしまっていることです。キャリア形成とかキャリア開発は、幼児期から成人に至るまでずっと継続しますが、これが高校で終わっているので、あたかも高校が完成形であるかのようになっているのが一つの大きな問題です。

もう一つは、書かれた「例」がそのまま使われてきた実態です。いちばんわかりやすいのは、人間関係形成能力ですが、小学校の低学年を見ると、「自分の好きなことや嫌いなことをはっきり言う」とか、「友達と仲良く遊び助け合う」と書いてある。

実際には山間地域の小さな学校と、子どもが六百人、七百人いるような小学校だと、もととなる人間関係が違います。そこに人間関係形成能力をつけるためのプログラムを構想するときに、当然プログラムの内容も違うし、ゴールも違ってくるわけです。あくまでも「例」としてここに掲載されているんですが、「あ、これをやればいいんだ」と金科玉条のように扱われてしまっている。詳細に書きすぎましたね。

諸富◆ああ、なるほど。詳しく書きすぎて、かえって自由度をなくしてしまったんですね。

藤田◆「四領域八能力」が出たあとに、主として大学生を対象に、経済産業省から社会人基礎力、厚生労働省から就職基礎能力が出されました。この二つはよくよく見ると共通部分も多いんですが、学校の先生からは、それぞれ別個の能力のようにとらえられてしまった。いくつもの「〇〇能力」がバラバラに示された印象です。いったん全部横並びにして、共通項目を探そうということになりました。

諸富◆つまり、大学で行っているキャリア教育とドッキングさせたんですね。それが大きな変化なんですね。

能力を発揮する分野を広げた

諸富◆いちばん変わったのはどの辺ですか。

藤田◆いちばん変わったのは、「課題対応能力」です。

「四領域八能力」にも「計画実行能力」「問題解決能力」など、似たものがありましたが、よく読むと進路とか将来設計に関する計画、進路の実現に向けての課題解決です。「計画実行能力」は「目標とすべき将来の生き方や進路を考え、それを実現するための進路計画を立て、実際の進路選択行動等で実行していく能力」、「問題解決能力」も、「意思決定に伴う責任を受け入れ、選択結果に適応するとともに、希望する進路の実現に向け、自らの課題を設定してその解決に取り組む能力」です。

今回の「課題対応能力」は、大学で言われてきた社会人基礎力などから出ていて、いまやらなければいけないことに対応できる能力も広く含まれています。

例えば、クライアントから要求されて、明日までにプレゼンテーションをしなければいけないときに、何をするか。資料を読んだり、分析したり、上司の意見を聞いたり、マーケティングの資料を読みあさったりしなければいけません。これも「課題対応能力」ですよね。

これまでの「計画実行能力」「問題解決能力」は、「自分の進路を実現するための」というのが強く出ていました。より一般的に、いましなければいけないこと、いま取り組まなければいけないことを、広く考えようというのが「課題対応能力」です。ここがいちばん大きく違うところです。

自己理解だけでなく、自己管理も

藤田◆もう一つあるんです。いままでは、「自他の理解能力」といって、自己理解や他者理解をしましょうと言っていたんです。それが今回は、「自己理解・自己管理」として、例えばストレスマネジメントなども含めるようにしました。

忍耐力とか、いままではそういうものが入っていなかったんですね。自分を理解するとともに、自分をコントロールしよう、嫌なことでも嫌だと言わずに歯を食いしばる、そういうものも必要だよねと。発想としては、大人になって広く使う力を養おうということです。

幼稚園、保育所から大学に至るまで、子どもたちにこれらの能力を身につけさせたい、みんなで議論ができるように、共通言語にできないかなというのがあったんです。

新しいキャリア教育のポイント

「例」は作らず、学校独自の取組を促す

藤田◆現場の先生方から「『例』に相当するものは作らないんですか」とよく聞かれますが、いまのところ作るつもりはありません。

諸富◆大枠しか示さないんですね。

藤田◆あとは、現場で子どもたちの現状を踏まえて目標を設定し、目標準拠の評価を立てて、ＰＤＣＡサイクルを回しながらやっていきましょうということです。発想としては総合的な学習の時間と同じですね。かつての「例」が金科玉条のように扱われてしまいましたので。

現実的な検討力を身につけさせたい

諸富◆現場の先生方がこの答申を参考に授業実践をしていくときのポイントや強調したい点はありませんか。

藤田◆やはりキャリア教育である以上、キャリアプランニング、将来を見通す力は絶対的に必要だと思います。子どもの夢や将来なりたいもの、それと現実との接点が、考えられていない場合が多かったんですね。

諸富◆「アイドルになりたい」とか、そんな感じだったんですね。

藤田◆そうそう。それもいいんだけれど、アイドルになるためには、彼女たちがどれほどの倍率で選抜をくぐり抜け、どういうところが評価されてアイドルになったのか、そういうことも視野に含めたうえで、タクティクスを立てなければいけません。そこまで立ててアイドルになるんだと言うなら、それは「おお、がんばれ」という話です。

小学校一年生でアイドルになりたいのは大歓迎です。しかし六年生になったら、タクティクスの「タ」ぐらいは考えなければいけないし、中学三年生くらいになったらしっかりタクティクスを考えてほしい。マーケティングとしてアイドルがどのような社会的役割を果たしているのか、などですね。

諸富◆なるほど。現実をよく知ったうえでということですね。

藤田◆その戦略(タクティクス)に従って努力し、足りないものは補い、それでアイドルのオーディションを受けるというのなら、僕はそれでいいと思います。

諸富◆大学生に「どうして心理カウンセラーになりたいの?」と聞くと、「何となくカウンセラーになりたい」とか、「大学院に入っておきたい」と言うことがあります。それでは困るんですね。

藤田◆そういうのは、せいぜい小学校六年生ぐらいまでにしてほしいですね。

諸富◆「自分は将来こうなりたい」と明確なビジョンをもってほしい。「勉強が大変なんだ」「カウンセラーの年収はあまりよくなくて、このぐらいなんだ」。そういうことをちゃんと調べたうえで、それでもやりたいのかを考えてから、来てほしいです。

藤田◆カウンセラーの仕事は、自分が追い込まれることもあって大変だよ、それを処理しなきゃいけないよとか、そういうのを知らないといけませんね。

諸富◆それがキャリアプランニング能力ですね。

人間関係形成能力、社会形成能力は必要

藤田◆結局、社会は人と人とのつながりで構成されています。そして社会という横軸の中でしか人間は生きられません。そのことに気づいて、その中で折り合いをつけるべきところは折り合いをつけ、自分で変えられる部分は変えていかなければいけない。その意味で、新しい社会関係、人間関係をつくっていくことも含めた、人間関係形成能力、社会形成能力は絶対必要だと思います。

現実的な側面として、経済性の検討を

諸富◆さきほど「現実をよく知ったうえで」という話がありましたが、これにも限度はありますね。あまりにも現実的すぎてもね。

藤田◆それはそうです。

諸富◆以前、小学校六年生に「二十年後の私」をイメージ

させる授業を見たことがあります。すると、「何千万円の土地に何平米の家を建てて、間取りはこうして、何年ローンで返す」と書いた子どもがいました。小学校六年生でローンの話ですよ。

藤田◆それは中学三年ぐらいからやってほしいな。

諸富◆中学三年でもうローンの話ですか。

藤田◆ローンの話は、僕はしていいと思うんですよ。なぜなら、金の介在しないキャリアプランニングはありませんからね。

中学三年生は、義務教育の最後の年です。社会に巣立つ子もいるでしょう。その子たちが、まったく金のことを介在しないキャリアプランニングをしているほうが、非現実的です。小学生から中学一年生くらいまでは、金の話は関係なく、壮大な夢はたくさんもたせてあげたいですが、中学二〜三年、「自分は何者なのか?」といった問いが始まるころから、金の話も含んだ現実の社会のシビアさも、少しずつ組み入れていきたいと思います。

「現実的」とは、狭い範囲でのリスク回避ではない

諸富◆びっくりさせられるのは「結婚はしたくない」と言う学生が男女問わずに多いことです。自分たちの将来のことを考えてもらったら、株と不動産をどう運用するかという話になりました。リスクのない人生をどうやってつくっていくかという話なんですね。僕から見ると、ほんとうに夢がないなあと思ってしまいましたね。

藤田◆それは悲しいですね。いまの話はすごくもったいない。たぶん彼らの視野が日本国内限定なんですよ。視野を世界に広げたら、日本の株とか不動産とか、危なくて……安定どころじゃないですよ。

諸富◆日本の人口はこれからどんどん減るから、不動産の価値は下がるに決まっています。

藤田◆そうです。昔、日本人の貯蓄率はすごく高かったけれども、いまは欧米並みに低いんです。生産人口も減っているし、消費に使うお金も減っているし、日本のマーケットはほんとうにシュリンクしているわけです。

そんななかで、東南アジアも含めたアジア全域やBRICs諸国、そして、アフリカ。そういうところを視野に収めながら、キャリアを考えたほうがいいと思うんです。

例えば、いまの若い人は、外国人とのコミュニケーションを、すごく面倒くさいと思うらしいんですよ。

諸富◆面倒くさい。海外へも行かないですしね。

藤田◆でも、いま、例えば就職して会社に入ったとします。すると入った会社が中小だろうが零細だろうが大企業だろうが、アジアとまったく接触のない会社は多くありません。発展性を高めよう、利益を上げようと思ったら、アジアをマーケットにしないわけにはいかないです。そのためには、アジアの人とコミュニケーションを取ることになりま

す。「外国人とコミュニケーションを取りたくない」という発想はどこから出てくるんでしょうね。そんな時代じゃないんですよ。

英語が「嫌い」とか「好き」とか言っている場合ではなくて、仕事をするうえでは、流ちょうではなくてもいいから、英語を正確に話す力はますます求められる。

そういうことも、キャリア教育と言えばキャリア教育です。自分の将来のビジョンを描く範囲をどこまで広げるかという話です。「あなたの言う『社会』というのは、どの社会?」と。高校生くらいになったら、日本国内だけではなくて、もう少し全体をとらえる視野があったほうがいいと思うんです。

諸富◆現実的に世界からの要請に応えていかなければいけないということですね。

藤田◆そこで息をして、生きていくしかないわけですから。

工夫次第でキャリア教育に

キャリア教育も総合も道徳も根っこは一緒

藤田◆これまでの第1章～第9章を読んで非常に重要だと思ったのは、総合学習、キャリア教育、道徳教育、生徒指導、これらはすべて「人間形成をしましょう」「新しい次の世代を育てましょう」という点で、結局根っこは一緒じゃないですか。重複したり発想が似かよってくるのは当然ですね。それを分断して、ここは生徒指導、ここは道徳、ここはキャリアというふうに分けて考えようとすること自体がすごくもったいない気がします。

諸富◆研究指定を受けているある学校に、講演で行ったんです。研究冊子を見るでしょう。そうしたら、ほんとうにやりたいのはキャリアなんだな、とわかる内容でした。でも道徳教育でもあるし、生徒指導でもあると書いてある。「この授業はキャリア教育のこの観点からすると、この発問はここに当たる」「道徳教育の四つの視点からするとここに当たる」「生徒指導の機能論から言うとこう」と、全部の表が別々に作ってありました。ものすごく手間がかかったと思います。

藤田◆それはもう、作るだけで精一杯で、授業に入る前に疲れてしまいますね。

諸富◆何と言うか、学者のエゴによって現場を振り回しているような気がしたんです。

藤田◆それはそうかもしれない。先生方は、目の前にいる子どもたちに、いまこのクラスで何ができるのかということを考えますね。考えを組み立てた後で、あるいは組み立てて実践をした後でもいいと思いますが、「あっ、これはキャリア教育としても力がついたはずだな」と後から振り返ることでもいいと思うんです。

見ていて痛々しくなるような指導案がありますね。備考欄にびっちり「○○能力」などと書いてあって、それをすべてこなして、生徒が不規則発言を一つでもしたら、後が続かなくなるような指導案。やはり、まずは子どもを見ましょう、と言いたいです。

諸富◆自分なりにキャリア教育のことをまとめてみたんです。それがこの七つの力と、この授業モデルになるのかなと（拙著『「7つの力」を育てるキャリア教育』図書文化社）。

藤田◆実際そうだと思います。この本は僕も購入して、読ませていただきました。

諸富◆ありがとうございます。

藤田◆確かにおっしゃるとおりだなと思いました。これはすごく切り口がわかりやすいですし。

諸富◆いまお聞きすると、キャリア教育の「大人との接続」は、この本を作った時点ではなかったですね。当然、実践もありません。この本はこの辺の観点が少し希薄ということになるかもしれませんね。

ゲストティーチャーにはインタビューをさせる

諸富◆講演にゲストティーチャーを呼んだときに、とくに中学校で、講演して終わりのことが多いでしょう。あれはもったいないと思います。

あれではテレビを見ているのとあまり変わらない。せっかくゲストティーチャーを呼んだのであれば、生徒がインタビューする場を設けたほうがいい。人間というのは、一対一で直接会話をした人に影響を受ける可能性が大きいです。だから「必ずインタビューの場を設けてください」と僕はお願いしています。

藤田◆まさにそのとおりだと思います。生徒がインタビューをするときに重要だと思うのは、子どもは生活経験も浅いし社会体験の幅も狭いので、その狭い範囲の中からしかインタビューの話題が出てこないと思うんです。だから最大限の事前の働きかけをして、彼らのもっている知的関心や好奇心を広げてから大人に出会わせる、そういう事前の耕しはとても重要だと思うんです。事前指導といいますか。

事前の働きかけがないと、子どもたちが聞く耳をもてないというか、アンテナを張れないんですね。するといい情報をキャッチできないんです。それがすごくもったいないなと思います。

親のネットワークでキャリア教育

諸富◆アメリカの子どもが日本の子どもといちばん違うのは、親の友達から影響を受けている子どもが多いことですね。

例えば証券トレーダーをしている友人と、ホスピスの看護師をしている友人を僕が家に連れてきたとします。すると、うちの娘と話します。そうすると、娘は「こんな面白い仕事があるんだ」ということに気づいて、例えば自分も証券トレーダーをめざすとか、ホスピスで働くことをめざすとか、そういう影響を受ける可能性があります。けれど、日本では「掃除が面倒くさい」と、ほとんど親が自分の友人を家に連れてこないじゃないですか。

ホームパーティーなどでのキャリア教育、これもすごく重要だと思うんです。だから僕は、そういう課題を家庭に出してもいいのかなと思いますね。

藤田◆ほんとうにそう思います。近隣の力、親のネットワークの力はとても大きいと思います。ただ、そういうことを日本でする場合に、父親ではなく母親のネットワークの力に依存することになりがちだと思うんですね。

諸富◆基本、父親不在の家庭が多いですからね。

藤田◆そうでしょう。だからPTA活動なども、お母さん活動になってしまっている。そこを打破する社会的な合意はつくりたいですね。「子どもと接するための時間」「子どもにかかわる時間」を企業側もちゃんと保証するということです。格好よく言えば、ワーク・ライフ・バランスの促進ですね。企業の社会的責任を果たしたうえで、そういうシステムを投入することはとても重要だと思います。

いろいろな家庭人の存在を、子どもは肌で感じるべきだと思うんです。いまの日本では、仕事をもたない人たちのネットワークの中で子どもが育つことが多いんです。すごくもったいないことだと思いますね。

諸富◆だから、子どもたちが具体的に知っている仕事が少ないんですよ。子どもたちが身近に感じられる仕事といえば、学校の先生、スポーツ選手、あるいは親の仕事、それくらいです。知っている仕事がすごく少ない。

藤田◆そうそう、そこが問題なんです。小学校で「将来、何になりたいですか」と聞くと、テレビで知っている仕事と、あとは普段接している仕事くらいしかあがってこないです。数がすごく少ないんです。もったいないことです。

諸富◆どうしたら広げられますかね。

藤田◆職をもった人間が家庭に帰って、家庭に自分の友人を呼んで、家庭のコミュニケーションの中で「働くってどういうことなのか」「仕事ってどういうことなのか」を子どもに知らせることですね。例えば「会社員」といっても、多種多様な業種の集まりじゃないですか。一つの製品を作っていくのにも、いろいろな人がかかわって作りますよね。そういうことって、子どもたちは実はあまり知らないんです。だからそういうふうな話題が、ごく普通に家庭の中で出ることがまず重要だと思うし、前提ですね。

中学校での職場体験の際は子どもの希望を聞かない

藤田◆中学校での「職場体験」は、そういうことを経験させるとてもいい機会です。しかし子どもたちに「どこで職場体験をしたいか」と聞くと、自分の知っている範囲の職場しかあがってこないわけです。だから意図的に聞かずに体験させる。こういう仕事には関心をもっていないだろう、こんな仕事に就くことなんて考えてもいなかっただろう、そういう仕事を中学校現場でどんどん体験させる。

諸富◆それはいいですね。

藤田◆全然興味・関心がなかった仕事でも、実はその中にたくさんバリエーションがあって「あっ、こういう仕事はいままで関心がなかったけど、こういう瞬間があるのか、こんな仕事の場があるのか」ということに気づいていくじゃないですか。

そこで全然知らなかった自分に気づく。視野がすごく狭かった自分に気づく。自分の将来を考えるときも、狭い視野で限定して考えてはいけないことに気づきますね。

「偶然」に心を開く

諸富◆スタンフォード大学で教授をされていたクランボルツ博士の調査で、大成功したビジネスマンの研究があります。それによると、大成功したビジネスマンのうち、十八歳の時点でめざしていたもので成功した人は、わずか二%しかいないんです。プランド・ハプンスタンス・セオリー、あるいはラック・イズ・ノー・アクシデント・セオリーといわれています。自分が成功した節目になった出来事を分類していくと、意図的計画的に努力した出来事はわずか二割だったのです。人生の成功や幸福にはたまたま偶然の要素がすごく多いということなんです。こう考えると、いまのお話のように、自己限定するのがいちばん怖いんです。

藤田◆そうですよ、そうなんです。

諸富◆オープンにしておくと、何かよくわからないけど、まだまだ面白いことがありそうだ。まだ私はよくわからない。でも、ちょっと興味があるからやってみようかな、と人生探索、世の中探索のつもりでいろいろやっているうちに、いつの間にか天職を見つけていたということもありますね。

藤田◆そう。結局やり続けていくことが重要ですね。ある程度やってみると面白さがわかるじゃないですか。

諸富◆やらないとわからないですよね。

藤田◆新卒が入社三年未満に四割辞めていくという現実があります。あれはもったいないです。

「自分は何に向いているか」を考えるから偶然をつかめる

藤田◆プランド・ハプンスタンスの話に戻りますが、十八歳の時点でめざしていたもので成功した人は、わずか二%というお話でした。そのとおりだとは思いますが、だからといって、「自分は何に向いているんだろうか」とか「自分はどうしようか」と考えることは、無駄ではないんです。

諸富◆全然無駄とは思わないです。

藤田◆「あっ、それ、面白いな」と心が動く瞬間に、「あ、俺それやってみるよ」「俺にやらせてよ」という言葉が出るじゃないですか。面白さに気づくということは、やはり自分の興味や関心、したいなと思っていることを考えた経験があるからだと思うんですよ。

諸富◆そうですね。絶えず考えて、感受性を開いていないと……。

藤田◆そう。感性を開いて、そういう情報に反応する心があるから、「あっ、面白い」とか、「あっ、この人すごい」と思えるわけです。それがないと、面白い話を聞いても通り抜けていってしまう。そういう意味では、「俺って何をしたいんだろう」とか、「何ができるんだろう」、「将来どうしようかな」などと考えることは、出会いを出会いとして認識するうえでものすごく重要だと思います。だから僕は、キャリアプランニングを立てるということは、たしかにそのとおりにはならないことが多いんだけれど、だからこそ重要だと思うんです。

諸富◆そうですね。そのとおりにはならないが故に、いつもプランニングをしておくことで、センシティビティーを高めておくことができるんです。

藤田◆そうそう。よく幸運の神様は前髪しかないというじゃないですか。その前髪をぴゅっとつかもうと手が伸びるのは、考えているからこそ伸びると思うんです。

キャリアの実践例

A中学校――「しんどい」子たちを育てる

藤田◆目の前の子どもたちに照らし合わせて、「教師は、この子たちにどういう力をつけなければいけないのか」と考えている学校の話をします。

紹介するのは、関西地方にあるA中学校です。A中学校の校区には、二つの小学校と、一つの幼稚園、それにA中学校があります。校区内の幼稚園に行った子どもは、二つある小学校のどちらかに行き、二つの小学校に行った子は、九十％以上、A中学校に来るんです。

この地域は、小さい町工場がたくさんあるというメリットがある一方で、経済的な意味で潤沢とは言えない家庭も少なくありません。また、以前から外国籍の子の割合も他の地域に比べて高い。だから、「うちはしんどい地域だから、キャリア教育はしません」「職場体験もできません」と仮に言っても、誰も全然責めないでしょうね。

これまでの学校や地域の教育をベースにしたキャリア教育

藤田◆ただこの地域、A中学校区は、かなり前から人権教育に取り組んできたんです。ですから「キャリア教育を、人権教育をベースにしてやればいいのでは」ということになりました。結局、人権教育もキャリア教育も、この子たちの自立を支援する教育ととらえてくださったんです。「自分たちがずっとやってきた人権教育をベースにして、このA中学校区の子どもたちが二十歳になったときに、どういう子にしたいのかを、幼稚園の先生と小学校の先生と中学校の先生で話し合おう」と。「国が言っていることをベースにしながら、自分たちは自分たちで考えたい」と、「十の力」をA中学校区では立てたんです。

「十の力」を立てて、幼稚園から中学校までのそれぞれ発達段階に合わせた目安を作りました。幼稚園卒園までにこの辺まで、小学校卒業までにこのあたりまでをと。しかも、学校段階の切れ目が「中一ギャップ」や「小一プロブレム」を生むので、指導としては、幼稚園から小学校二年生までをセットにして考えようと。同様に、小学校五年、六年、中学一年をセットにして考えようというように。学年の区切りと学校の区切りを少しずらして、ユニットをずらして、系統的なキャリア教育に取り組んでいるんです。

そこでは当然、地域学習もするし、職場体験もするし、キャリアプランも話します。中学校を卒業するときには、「将来の私」について考えます。そこにある、就職差別の問題も、彼らの視野には当然入っています。いままであんまり顕在的には言わなかったけれども、子どもたちは知っていたわけです。それを言語化して、「就職差別の問題もあるけれど、私はこんなふうにしてそれを乗り越えたいと思う」とか、「たとえこんな問題があってもこうしたい」ということを、クラスで発表させることをゴールにしたんです。

すると「本名と日本名の問題」などに当然ぶつかってきます。実際その子にとっては、就職差別の問題は「私の問題」です。キャリアプランの話をすると、本名を名乗ることによってどういうことになるか、それを承知のうえで本名を名乗るかどうかということになるんです。とても微妙な問題ですが、それができるのは、幼稚園からのキャリア教育の積み重ねがあったからなんです。みんなでみんなの人生を支え合おう、尊重し合おう、苦しいときには協力し合おうというのが積み重ねてあって、はじめてできる話じゃないですか。

幼稚園からそれをずっとやってきたからこそできる、すごいキャリア教育なんですよ。もう僕は三回も四回も話を聞いて、二回ぐらい訪問しましたけど、何回話を聞いても感動して涙が出そうになります。

子どもをどんな二十歳にしたいか考える

諸富◆一番の勘どころはどこですか。

藤田◆やはり、「うちの子たちは苦しいけど、二十歳までにどんな子にしたいか」ということを、幼稚園から中学校までの先生方みんなで考えることでしょうね。

諸富◆すごい。

藤田◆年に四回くらい合同の教員会があるんです。でもそれは、キャリア教育から始まったわけではなくて、人権教育の時代からずっとやっているんです。「人権教育もある、キャリア教育もある、両方大変で」ではなくて、「子どもたちのために何が必要かと考えたら、根っこは一緒だな」というところから始まっているんです。

諸富◆はあーっ、それはすごいですね。幼稚園から中学校までというのは、なかなかないですからね。

藤田◆まさに草分け的な実践ですね。

B高校――「クリエイティブスクール」での実践

藤田◆関東地方にあるB高校は、中学まで不登校傾向があった子も積極的に受け入れる「クリエイティブスクール」です。つまり困難を抱えてきた生徒にもチャレンジする環境を提供する高校なんですね。

キャリア教育でよくあるのが、「フリーターになると生涯収入が一億円だよ。正社員になると生涯収入が三億円超えるんだよ。フリーターと正社員と三倍違うんだから、みんなフリーターじゃなくて正社員になろう」という話です。高校でよく言われるんですね。

しかしB高校に限ったことではありませんが、そんな教育をしたところで、卒業して非正規労働者になる子も少なくありません。「非正規労働者をやめて正社員をめざそう」と言ったところで、現実の壁があるわけです。

このまま非正規労働者で生きるかもしれない。だったらその中で、よりたくましく生きるためには何が必要か。まず法律を知ろう、権利を知ろう、それから勤め続ける忍耐力をつけよう、社会的ルールを学ぼう。B高校では、そういう現実に即したキャリア教育を熱心に行っています。

例えば、非正規労働者は「クビ切り」の対象になりやすいです。

諸富◆ルールを守れなかったり、遅刻ばかりする人もいるんでしょうね。

藤田◆そうそう。そういう人は企業としても避けたいんです。ただ、そういうのがなくても、やはりクビを切られやすいんですよ、非正規労働者だから。

しかし「君、もう明日から来なくていい」という言葉は、経営者が絶対に言ってはいけない言葉です。「明日から来なくていい」と解雇宣言をしてはいけないんです。ただ、その「違法な解雇宣言は無効である」ということを非正規労働者が知らなければ、「わかりました」で帰ってしまうじゃないですか。帰ってしまってはいけないんです。

諸富◆そういう規則も学ぶんですね。

藤田◆そうです。自分を守らなければいけないことを学ぶと同時に、自分も社会に受け入れてもらわなければいけない。そういう、ほんとうにこの子たちの現実に即したことを学んでいく。巣立っていって三年後には離職する子がたくさんいるわけですから、その子たちの現実に即したキャリア教育をしているんですね。大学生も斜めの関係として入れながら、地域のさまざまな企業や団体の協力も得てやっているんです。B高校、がんばっています。

C高校──進学校でのキャリア教育

藤田◆進学校の例として、東北地方のC高校を紹介します。C高校では一時期、有名・難関大学に行く進学者の数が少し減りました。そこで先生方が一念発起して、予備校に近いような朝補習、放課後補習、夏期補習、冬期補習などを行いました。

その結果、難関大学への進学者の数は回復したんだけれど、先生方には、子どもたちが目に見えて疲弊しているのがわかったそうです。このまま大学に送り出しても、力尽きてしまう、これではいけない、ということになって、そのときに校長先生が提唱したんです。「うちに必要なのはキャリア教育と言われるものではないか」と。

C高校では二年生全員がインターンシップを三日間経験します。最初は反対意見も出たらしいんですけれども、今日では定着しています。進学校ですからOB、OGのネットワークも使って、医者、弁護士、公認会計士など、在学生が関心をもつ職場をできるだけ多く確保するよう努力をされています。これらの仕事を優先的に体験させるのには、思わぬ効果もあるんです。

普通、「医学部へ行きたいな」と思って中学校時代、学年で一番、二番の成績だった子も、進学校に行くと学年で三百番の成績になったりして、「医者になりたい」という夢が崩れてしまいます。でも、崩れかけたところで、インターンシップで医師に出会うから、「やっぱりあの先生みたいな医者になりたい」ということになって、勉強をがんばるんです。それで難関大学への進学率が上がってくるんです。

困難を抱える学校も、進学校も、地域的な問題を抱えるところも勘所は同じです。それぞれの学校が、いま目の前にいるこの子たちに何が必要で、この子たちの将来に向けてどんな支援ができるかということを真剣に考えてほしい。その際に、国が示したたたき台を先生方がうまく使っていただくといいんじゃないかと僕は思うんです。

D高校のドリカムプラン

諸富◆九州地方のD高校のドリカムプランも有名でしたね。最初に、生徒たちに自分が将来なりたいものを語らせます。そして、将来の希望が同じ人たちとしばらくの間、一緒の班で活動させるんです。将来の希望やキャリアの志望が似た者同士で共同で活動させると、それは真剣になりますよね。修学旅行も「『将来こんな人になりたい』という人に会いに行く」という修学旅行を行っていました。あれは影響を受けるでしょうね、自分の将来に。

藤田◆やはり高校生は会話を交わすとか、その人とともに過ごすとかが、とても重要だと思うんです。進学校は進学校なりのインターンシップのやり方があり、専門高校は専門高校なりの仕方があると思います。どこかの学校のやり方をコピーするのではなくて、先生方が目の前の子どもたちをちゃんと見ることで、やるべきことは見えてくる気がするんです。

キャリア教育と生徒指導の関係

社会体験をすることで、学校での疎外感が相対化できる

諸富◆キャリア教育と生徒指導の関係はどのようなものでしょうか。積極的な「育てる生徒指導」と「キャリア教育」とは、どう見ても結びつきがあると思うんですが。

藤田◆おっしゃるとおりです。開発的・予防的・積極的な側面の生徒指導において、キャリア教育の役割はとても大きいと思います。中学生や高校生の場合、問題行動のいちばんの根源は、不安感や焦燥感だと思うんです。とくに同質性の高い集団の中での疎外感とかですね。

インターンシップなどの社会体験をすることは、同化圧力の高い集団からいったん出て、外から自分をとらえ直すことに繋がると思います。すると、自分のこだわっていることや自分が悩んでいることの相対化ができると思うんです。

がんばっている大人に会うと、希望がもてる

藤田◆社会には、昔やりたかったこととは違う仕事にいまは就いているけれど、それでも生き生きと働いている、がんばっている大人たちがいます。そういう大人に出会うことは、夢が見えなくて焦っている子どもたち、夢があっても実現の可能性が見えなくて焦っている子どもたちにとって、大きな救いになると思うんです。

働く人間の生の姿は、子どもたちにすごく大きな救いになる気がします。問題行動それ自体の相対化もでき、自らの幼さに気づく機会にもなると思いますね。

個人のビジョンにかかわらず社会は成り立つことがわかる

藤田◆いま社会で活躍している大人たちは、全員が明確なキャリアビジョンをもって、それに従って生きているわけではないですよね。

諸富◆ええ、そんなことはないですよね。

藤田◆それでも生きています。それでも社会は成り立っています。だから子どもたちに、ビジョンが見えなくてもこの世の終わりではないということは、ぜひ知ってほしいん

です。「自分は何がしたいのかな」と考えてみること、トライしてみることは重要だけれど、決定できないからといって、この世の終わりではないんです。

キャリア教育は学校教育の一つの柱

諸富◆キャリア教育は、学習指導ではなく生徒指導の一部という位置づけでいいんですか。

藤田◆そこが結構むずかしいところです。いままでは、「生徒指導の一部に進路指導が入っています」という言い方をしてきたんです。でもその言い方は、生徒指導側からの見方でしかありません。進路指導と言われるものも、キャリア教育と言われるものも、もともと全教育活動を通して行いますから、教科指導の中にもその要素は入っているわけです。実は生徒指導も全教育活動の一部なんですよね。

やはりそれは「通して行う」ものなので、二層に分けることは結構むずかしいかなと僕は思っています。

諸富◆先生の理解では、生徒指導と学習指導、両方にまたがるものと考えてよろしいですか。

藤田◆両方にまたがるんだろうと。

諸富◆つまりキャリア教育は「生徒指導の柱」などと考えずに、「学校教育の一つの柱」であるというふうにとらえたほうがいい。

藤田◆そう思います。キャリア教育というのは、学校教育を改善する、あるいはよりよいものにするときの、一つの視点だと思うんです。「この子たちの将来にとって、いまやっていることの意義は何だろう」「この社会科がどういう意味をもっているのだろう」「この運動会を通してどんな力を育てようとしているのだろう」といったキャリア教育の視点は、子どもたちの将来という視点じゃないですか。すごく重要だと思いますね。

日本のカリキュラムを根本から考える

キャリア教育の三大実践場「総合」「道徳」「特活」

藤田◆サブジェクトマター自体がキャリア教育だったりすることもあるんですよ。さきほどの、B高校で教えている「労働者の権利」は、公民科の学習、社会科の学習ですね。ワーク・ライフ・バランスだって、家庭科の学習内容です。

諸富◆そう考えると、キャリア教育をやる時間枠というのはどうなるんですか。

藤田◆特活のなかの、学級活動やホームルームが中心的な活動の時間枠ですね。また、調査によると、中学校の職場体験のほとんどが、「総合的な学習の時間」を活用しています。

諸富◆道徳も、例えばAの視点やCの視点はキャリア教育になりますね。

藤田◆「総合的な学習の時間」「道徳」「特活」は、キャリア教育の三大実践場だと思うんです。各教科等に散らばったキャリア教育の断片をつないで関連を図ったりするんですね。

縦軸の自己理解にも横軸の広がりは必要

諸富◆第5章の奈須正裕先生と縦軸(自己理解)・横軸(人間関係)の話をしたんですが、キャリアプランはどちらかと言えば縦軸だと思います。そして「社会の要請」や「課題対応」、「世界からの問いかけ、呼びかけに応える自己」という観点で考えたときに、これらは横軸にあたりますか。

藤田◆縦軸の「自己理解」というのは、自分の経験を見つめますよね。ところが「一人でする経験」というのはあまり多くなくて、社会の中で他人と一緒に何かする経験がほとんどじゃないですか。だから自分を見つめること自体が、縦でもありますが横を見ないと見つめられもしない。

諸富◆なるほど、真空の自己理解なんてありえないですものね。

道徳、キャリア教育、生徒指導、育てるカウンセリング、いろいろな分野で自分を見つめたり、社会とのつながりを考えたり、人間関係づくりをしたりしているけれど、結局どれもすごく似たことをやっているんじゃないかと思います。同じことをしているんだったら、もう少し整理統合ができれば現場はすっきりすると思いますね。それぞれ別々に、みんな「自分はこれをやっているんだ」と言って、隣の畑のことをほとんど知らないんですね。

カリキュラムの改善を求めて——品川区の「市民科」

諸富◆「熟議」なんかは、特活といえば特活だけど、総合といえば総合という感じもしますね。何だかいろいろ、ぽこぽこできてしまっていることは、ある意味では自由でいいと思うんです。いろいろな人がいろいろなことを自由に言っていて。国があまり規制していないのはいい。

しかし規制していない割に、国がかかわっているので、学校はしなくちゃいけないような感じになって、結局、現場が振り回されているように感じています。奈須先生が言っていたのは、「こんなにカリキュラムを何十年もいじっていない先進国は日本だけだ」と。そろそろ、どういう力(コンピテンシー)が必要なのかをゼロから考えて、ガラポンが必要じゃないだろうかと話し合いました。藤田先生はどう思われますか。

藤田◆品川区の「市民科」などは一つの例ですね。品川区なりに、いろいろなものの共通性を統合して、さまざまな教科領域を「市民科」にしたわけです。キャリア教育もそこに含めています。品川区の一つの見識として悪くないと僕は思うんですよ。「市民科」で誰を講師に呼んでいるかというと、道徳専門家、社会科専門家の先生、キャリア、総合的な学習の時間……それぞれの知見を統合して「市民科」をつくっているわけです。

それぞれの専門家から見れば、足りないところがあるかもしれないけれど、品川区が「うちの区ではこれが必要だ」と言っているわけですから。各自治体や学校がそういう力をつけていくことが重要で、我々のような「専門家」と言われている者は、いいように使われればいいと思います。現場から「いま私たちの学校ではこれが必要なんです。お話してください。こちらで使いたいところを使いますから」と使ってくれればいい。

諸富◆いいですね。ただ現実を考えると、現場はやはり文部科学省の意向を気にしますね。「文部科学省は、どういうふうに言っているんだろう」と。

藤田◆それはありますね。

国任せでなく現場で自立を

藤田◆我々が医者にかかって、病状を聞かれて診察が終わりました。そうしたら医者が厚生労働省に電話をかけて、「すみません、こんな患者が来ているんだけれど、どう治療しましょうか」と。こんな医者は信用できません。

諸富◆それはそうですね。

藤田◆やはりその先生が医者として判断して、僕の治療方針を決めてくれないと、僕はその先生を信用できない。教師というのは、そのくらいの専門性をもっていると思うんです。「うちの学校をどうしようか。こうしよう」と決めて、学習指導要領をベースにしながら、それをアレンジしてやっていく力があるような気がするんです。

諸富◆国が、こういうふうにやってもいいし、ああいうふうにやってもいい、というモデルを二十個ぐらい示してほしいですね。

藤田◆そのくらいあってもいいですね。

諸富◆そういう感じで国が示さないと、自分たちでゼロから考えるというのはちょっと……。

藤田◆厳しいかもしれませんね。

諸富◆厳しい感じがします。

藤田◆でも僕は、現場の先生方がゼロから考えるくらいのことはしてもいいんじゃないかとも思うんですよ。プロですからね。むろん、現実問題としてはむずかしいと思います。学習状況調査もあるし、教育委員会の先生方のチェックも入るでしょう。どういうカリキュラムなのかチェックが入って、いろいろなことについてのエビデンスを示さなければならないときに、妥当で無難なものをやってしまうのはすごくわかります。国が求めるものに反応してしまうのはわかるんですが、もうそろそろ、それがうまくいかなくなりつつあるのではないかと思うんです。

先生方が一念発起されて、「よし、やっぱり僕はもうちょっと自由にやってみるか」というふうになることが、一つの道ではないかなと思いますね。

キャリア教育のこれから

キャリア教育の担当教諭を導入するなら高校で

諸富◆最後に、キャリア教育の担当教諭をつくったり、キャリア教育のカリキュラムを導入することについては、どうお考えでしょうか。

藤田◆イエス、ノーだと思うんですね。

諸富◆イエス、ノー。面白い。

藤田◆やるならやる方向に、やらないなら腰を据えて、ということです。一つの例ですが、アメリカのスクールカウンセラーはキャリア教育の専門家として位置づけられますから、高校での進路に関する相談は、一手に引き受けるんです。一方、日本では学級担任制が、いわゆる全人的な教育を引き受ける存在としてありますね。そうある以上、キャリア教育を担任以外の一人の先生が担うことは、担任教諭との役割分担がしにくいというのがある。

アメリカの場合は担任教諭がいないので、スクールカウンセラーが一手に担うことに意味がありますけど、担任教諭がいる国で、キャリア教育を主軸に担う人が出てくるというのは、よほど考えてやらないとうまくいかないだろうと思うんです。

例えば週に一回、特定の学年で「キャリア教育の時間」というのを設けるとします。そうすると、学校規模にもよりますが、その先生は週に七～八時間くらいはもつことになると思うんです。

高校の場合だと、ほかの先生方のもつ時間の半分です。残りの半分の時間で、地域社会とのネットワークづくりとか、職場体験のアレンジとか、全体のカリキュラムづくりをします。さきほど言ったように、キャリア教育は社会科にも家庭科にも、それからホームルーム活動の中にも要素があるわけです。さまざまな要素を統合していくようなカリキュラムづくりを担う。そういうことをやっていくというのであれば、専任でもいいなと思います。

諸富◆とくに高校ならありえますね。

藤田◆高校だったらありえると思うんです。

もう一つの方向性としては、専任の先生は置かずに、いまのようにすべての教科領域で担うやり方もあります。「みんなで力を合わせよう」「クラス担任がそれぞれの中核となって、それぞれの学びを統合しながらやっていこう」という、日本的な担任制度を生かしながらやっていく方策もあると思います。諸富先生がおっしゃったように、高校は専任制もあるかもしれないが、小中はいままでの流れで、もう少しがんばれるかもしれないですね。

キャリア教育コーディネーターは必要

諸富◆今後キャリア教育を推進していくにあたり、「キャリア教育コーディネーター」という発想は必要ではないかと思います。

藤田◆やはり我がこととして、キャリア教育を自分の主軸として認識できる人は、どんな形であれ必要ですね。

諸富◆一人は必要ですね。

藤田◆コーディネーターは必要です。専任であれ、専任ではないのであれ。

諸富◆キャリア教育に関しては、やっている学校とやっていない学校の差が非常に激しいです。本気で進めるのであれば、やはりコーディネーターは置いたほうがいい。それこそ文部科学省が「キャリア教育コーディネーターを必ず置くこと」と言ったほうがいい気がしますね。

藤田◆そうかもしれないですね。「コーディネーターぐらいはせめて小中高に置きましょう」という方策はありうると思います。

現場の先生と話をする幸せ

諸富◆先生自身がいちばん幸せを感じるのは、どういうときですか。

藤田◆いちばんうれしいのは、現場の先生と話をしているときですね。この仕事に就くまでは、僕は現場の先生と直接話す経験があまりなかったんです。いまは現場にお邪魔したり、研修会に呼んでいただいたりが多いんですが、僕の話が終わってから「なるほど、キャリア教育とはこういうことだったんですか」と、わざわざ言いに来られる先生がいるんですね。「今日の話を聞いて、ほんとうによくわかりました」「よかったー」と言われたときに、「よかったー」と思います。人生のいちばん楽しい瞬間です。

体験活動を充実させるために――小・中学校の管理職の先生に向けて

体験活動では事前の働きかけが重要

藤田◆小・中学校の管理職の先生に申し上げたいのは、体験活動は非常に重要であるということです。職場体験もしかり、社会人と接触することもしかり。学校の外で、何らかの刺激を受ける体験はすごく大切なんです。そしてその体験の価値を子どもに認知させるための「事前の働きかけ」もとても重要です。

「事前の働きかけ」がないと、子どもたちは結局何も学ばないんです。よく「職場体験に行って、心を開いて見てきなさい」と言いますけど、それだけでは何も学ばない。例えば、どんなに心を開いていても、ルールのわからないスポーツは、訳がわからないですよね。僕がオセアニア諸国に行ったときにいちばんつらかったのは、クリケットの試合を見ることでした。みんなが「クリケットが楽しい」と言うから見るんですけど、苦痛で苦痛でしょうがない。

諸富◆僕もあれはどうなっているのか全然わからない。

藤田◆全然わからないんです。だから子どもにわからないことを「見なさい」と言っても、見られないんですよ。見るには見るための働きかけが必要なんですね。

子どもたちは働いたことも、大人になったこともないので、「職場」というのは未知の、クリケットみたいなものなんですよ。クリケットを見るためには、そのルールをある程度知っていないといけないし、どこが面白いのかわからないと見ていられないですよ。だから職場体験に行くときも、「見どころはここだよ」「ここを見たら最高に面白いんだよ」ということを、子どもたちがちゃんと腹に落とし込んでから行かないと、すごくもったいないんです。

いま、職場体験の前に子どもたちが言われるのは、「あいさつをちゃんとしなさい」「時間を守りなさい」。まさにソーシャルスキルです。要はつつがなく体験を終わらせるためのものです。

諸富◆失礼がないように。

藤田◆失礼がないようにすることは絶対に大切です。けれど、「失礼はなかったが何も学ばなかった」ではもったいないと思いませんか。

諸富◆もったいないですね。「事前の働きかけ」として、具体的には何をしたらいいですか。

藤田◆いろいろな切り口があると思います。「三年間でこういう力をつけたいから、我々教員としては職場体験にこれを期待している」ということを明確にすることで、事前の働きかけの幅も出てくるし、力点をどこに置くかもわかってくる。そうすると、勤労経験、職務経験のない、生活経験も浅い子どもたちでも、職場をとらえる目ができてくると思うんです。

体験先の職場にも仕込みが必要

藤田◆受け入れる職場にとっても「こういうことを期待して、子どもたちの受け入れをお願いしています」と言われるほうがありがたいんですよ。中学校の先生方は職場に遠慮して、よく「何でもいいですから、お願いします」と言いますが、「何でもいい」と言われることほど嫌なことはないんです。「こういう子たちを三日間お預けしますが、できればこういう気づきを与えてくださるとありがたいんです」と言ってくれると、「あ、そういう気づきが欲しいの。じゃあ、こういう体験をさせようか」となりますから。

例えば出版社に「何でもいいです」と子どもたちが来たとします。職場の方はいい方なので、「せっかく来たからミニ雑誌を作らせてやろうか」となって、時間をかけて誌面構成をしたりします。でも、もし「どんなに細かい校正でもがんばっていることを見せてください」と期待されたら、「一緒に校正をやろう」と言って同じ校正をさせるでしょう。三時間後に、ゲラが真っ赤になっているプロの校正と、ぱらぱらしか見つけられなかった自分の校正、両方を見て「うわーっ」と思うだけでも違います。やはり中学校が、「こういう気づきを与えていただきたいんです」と言ったほうが、迎えるほうもやり方が見えてくるんです。

「何でもいいです」と言われてしまうと、何をしていいのかわからないので、負担感がとても大きいです。体験は、扱い方によってとてもいい経験になるので、何のために送り出すのかを子どもにも伝え、事前に指導し、預けるほうにもそれを伝える。伝えるためには意図が必要なので、三年間のなかで、この三日間なら三日間、五日間なら五日間、何を期待するのかをはっきりさせておくことです。

諸富◆大変なことを職場にお願いするんだから、それぐらいちゃんと考えないといけないですね。

藤田◆ソーシャルスキルの「あいさつをしよう」「時間を守ろう」だけでは足りません。でもそれだけで済ませている学校はすごく多いんです。

「何でもいい」と言っても、「座ってて」というわけにはいきません。何かさせなきゃいけないわけですから。

これからどのような能力を育てるか

最初に、各学校で育てたい力を考える

藤田◆キャリア教育推進としての戦略でいうならば、おそらくコンピテンシーベースドの考え方というものを、いち早く表に出した点だろうと思うんです。

諸富◆ああ、出しましたね。

藤田◆先生方がおっしゃっているようなことも、おそらくコンピテンシーベースドの方に落とし込まれていくんだろうと思います。そうして、全体を俯瞰して見たときに、「同じではないか」というところがたくさん出てくると思うんです。僕はそうなるべきだと思うし、そうなっていくだろうと思います。

だからこそ「うちのカリキュラムとしてどう落とし込むか」ということは、学校ごと、自治体ごとにばらばらでいいし、それを後で説明する力を先生方がもってくだされば いいと思うんです。例えば「うちは、総合をこうとらえてこうアレンジしました。その中にキャリア教育をこのように組み入れてデザインしています」ということが後から説明できればいいんです。

諸富◆つまり最初に出すべきなのは、「うちの学校ではこの力をつけたい」ということを、各学校で考えるのがいちばん先ということですね。

藤田◆いちばん先だと思います。だって目の前にいる子どもを預かっているのは先生方ですからね。

世界的に見ても、トレンド変換の時期

藤田◆僕がなぜこのように言うかというと、アメリカでもヨーロッパでも、カリキュラムの統合はすでに起こっているんです。まさに諸富先生のおっしゃったとおりで、世界的な大きな流れでもあるんですね。

諸富◆コンピテンシーベースで。

藤田◆そうそう。コンピテンシーを軸にして、区分けはそれぞれの学校で考えようよと。生活科、総合的な学習などはその考え方のあらわれの一つかもしれないですね。そういう流れがいま、断片的にだけれど見えてきているのではないか。それがどんなビジョンで、何年先なのかわからないですけど、いずれそういうことが起きうるだろうと思います。

諸富◆いま、トレンド変換の時期なのかもしれないですね。

藤田◆時期なのかもしれない。

各学校なりのカリキュラムをデザインする

藤田◆そのときに、従来型の国語の研究者なり専門家、理科の専門家、あるいは道徳や総合やキャリアなどの、いわゆる専門家といわれている人たちの役割がなくなるかというと、そうでもないと思うんですよ。やはり総合医療だと言いつつも、それぞれの専門家がそれぞれの知見を出しながら貢献しているように、我々もその分野分野ごとで、力を合わせて統合させていくような形で提言していけばいいだろうと思います。

そういった形でおそらく共存していくのではないかと、いまのところは思っているんです。

諸富◆そのうち研究指定校などでも、「うちの学校では○○力を育てたい」となるかもしれませんね。それを各学校で明確にして発表するようになるかもしれない。コンピテンシーをベースにしてということでいうとね。研究指定を受けた学校の役割は、そういうことかもしれないですね。

藤田◆そうかもしれませんね。さきほど諸富先生がおっしゃったように、そういうのが二十も三十もあるということは、将来的にはそれをモデルとして使って、各学校がある程度自立的に、カリキュラムをデザインできるようになっていくのかなと思います。

諸富◆いま、そういうトレンドが起きてきている。

藤田◆と、僕はそんな気がします。

第11章

自明性が崩壊した社会での学校教育

自明性に乗っかった教育はもう通用しない

宮台真司
Miyadai Shinji

マニュアルに頼るな。ミスをしてもいいから、最善を尽くせ。率先的避難者となれ

鈴木 寛
Suzuki Kan

お二人はどうしてそんな日本から逃げないのですか?

諸富祥彦
Morotomi Yoshihiko

解説

対談の最終回は、日本を代表する論客の一人である気鋭の社会学者・宮台真司氏と、最も現場に精通しシャープな思考がもち味、コミュニティスクールと熟議を推進する元・文部科学副大臣の鈴木寛氏をゲストに招いて行われた。

エキサイティングなこの対談は、日本の未来の不確かさと、それを見据えて日本の学校は子どもたちにどのような力を身につけさせるべきか、についての議論となっていった。

私も含め三氏に共通していたのは、日本社会は「もはや自明性を剥奪された社会」(これまで当たり前とみなされてきたことが、もはや当たり前ではなくなった社会)である、という認識であった。これからおそらく十年以内に、いまの便利快適な社会は失われる。経済危機なり、自然災害なり、パンデミック(公衆衛生上の危機)なり、何かしらのことが起こって、これまでどおりの生活が送れなくなっている可能性がきわめて高い。一九九〇年代後半のアジア通貨危機を経て韓国がいったん破綻した。ＩＭＦが入って財閥中心のシステムが崩壊し、そして再生し、ある意味日本以上の教育が行われるようになった。この「崩壊と再生」のプロセスと同様の過程を、これから日本も経なくてはならなくなる。その中で、これまでどおりの日本がこれからも続いていくという自明性にのっかった教育はもはや通用するはずはない、というのである（宮台）。

では、どうすればいいのか。これまで自明（当たり前）とされてきたことがもはや自明でなくなったとすると、これからの学校教育は、何をめざすべきなのか。どのような力（コンピテンシー）を子どもたちに育んでいくべきなのだろうか。

鈴木氏が提案したのが、防災教育の三つのポイントが、自明性が崩壊した日本の学校教育で育むべき力を端的に示している、という考えであった。すなわち、従来の「マニュアルを守れ」という考えから「マニュアルに頼るな」へ、「ミスをするな」から「ミスをしてもいいから最善を尽くせ」（ベストエフォート）へ、「指示を待て」から「率先的避難者となれ」へ。こうした発想の転換がまさに求められている。

いま、学校では、「マニュアルに頼らず考える力」「ミスをしても最前を尽くし続ける力」「率先的避難者となる力」の育成こそが求められているのである。

「率先的避難者」とは誰か。「みんないっしょだ。沈むときもいっしょだ」と待ち続けるのではなく、自分から「空気の支配」（宮台）を破り、「俺は逃げる。生き残る。お前たちも逃げろ」と言える者である。そして周囲の人だけでも救える人間である。まず教師自身が「率先的避難者」となり、「率先的学習者」とならなければならない。教師は、「自明性が崩壊した暗闇の中の真理」（鈴木）を求め続け、勉強し続ける真の学習者のモデルとならなければならない。そういう教師だけが、自分と周囲の人間、そして子どもたちを救えるのである。〔諸富祥彦〕

マスター必須の制度のあり方は

文部科学副大臣を務めて歯が落ちた

鈴木◆文部科学副大臣の仕事は、ほんとうにくたびれました。奥歯が一本落ちたんですよ。副大臣の仕事を終わって、歯医者に行ったら、「割れていますよ」と言われました。

諸富◆歯が割れるほど苦労されたんですね。

教育実習の期間を長くし、できれば通年に

諸富◆ある教育大学の教職大学院に授業に行って思ったことですが、教職大学院はストレートで行くと意味がないなと思いますね。たとえ教育実習に何度行ったとしても、しょせんは教育実習です。そこで、例えば現場の経験を十年積んだら一年大学院に行かなきゃいけないとか、教員生活の中でどこかで二年間行かなきゃいけないというふうにしたほうがいいんじゃないかと思うんです。

鈴木◆僕は福井大学教職大学院の教育実習はいいなと思うんです。松木健一先生が指導されています。

一週間のうち、学生は月・火・水は実習先の中学校の鍵が開いてから閉まるまでずっと現場にいます。木曜日に大学に戻って、月火水の振り返りをして、金曜日に少し研究的な、アカデミックなことをします。これを一年通してやっておられるんです。お話を聞くと、九月くらいになると、実習をしている学生たちがちょっと変わってくるそうです。翌年の一月くらいになると、まあ、一応子どもの教育を任せてもいいかなという感じになるそうです。四月から三月まで、同じクラスとかかわって、人はどういうふうに育つのかを学びます。

いま中学校の教員免許は、一年間五万人分を出していますけど、これは出しすぎなんです。

諸富◆明らかにそうですね。

鈴木◆だから十分の一の五千人に絞って、教育実習の期間を十倍にしたらいいと思うんです。それなら四十週できるわけです。

諸富◆本気で教員になりたい人だけが取るということですね。教育実習の長い期間を大学四年生のときにさせるというのはだめなんですか。

鈴木◆いや、それでもいいんですよ、はまるんだったら。だけど、現実的にははまらない。だから四年プラスアルファと言っているんです。

諸富◆いちばんおっしゃりたい点は、教育実習の期間を長くするということですね。

鈴木◆はい。それから、できれば通年でやってくださいと。

教職大学院に行く者に奨学金を

諸富◆教師は公務員なので、保守的な家庭の子どもが教師

になることが多いんじゃないかと思います。教師になるためには大学院まで行って六年間かかるとなると、経済的に余裕はないけれど教師になりたいという優秀な子が、教師になることを諦めて違う道に進むケースが増えるんじゃないでしょうか。

鈴木◆僕は教職大学院は特別な奨学金があってもいいんじゃないかと思うんですよ。昔のプロフェッションは法学、医学、神学でしょう。現代のプロフェッションは、教育、医学、そして法学。少なくとも法科大学院以上には、奨学金はあってもいいと思う。

奨学金の選考には、教育委員会や地域の保護者、地域のコミュニティースクールのボランティアにも関与してほしいですね。大学院を出たあと、そのまま教員になれば奨学金は返さなくていい、民間に行ったら返してくださいということで。

諸富◆いまのご意見にはおおかた賛成ですが、やはり経済的に余裕がない家庭では、大学卒業ですぐ教員になれるなら、というのはあると思います。

鈴木◆教育委員会に余裕があれば、大学卒業時に先に採用して、初任者研修をくっつければいいわけです。

諸富◆実質、四年間を卒業した後にすぐ教員にするのもオーケーなんですね。

鈴木◆ええ、採用はしていいと。ただ人前に立たせるのに、一年間きっちりやってくれということです。

教員免許更新制にかかる費用を、生涯で二年間の大学院通学費用に振り替える

諸富◆基本的に賛成なんですが、私が見ていると、研修はあくまでも研修なんですね。だからすぐに担任をもたせたほうがいいのではないかと思うんです。僕は現場で十年以上働き続けるのは無理だと思うんですよ。現場は疲れますからね。十年たったら現場を離れて、リフレッシュも含めて研修期間として一年間大学院へ行く。これを、生涯で二回、合計二年間取らなきゃいけないようにする。長い目で見ると、このやり方が教師の成長にはいちばん有益かなと僕は思いますね。

鈴木◆私も大賛成です。最初の十年間はまず自分のもち分、クラスや教科をちゃんとやる。次の十年は、学校全体をリードするために一年間学び直してくる。

諸富◆学び直す。いま、教師の免許更新制がありますね。私もかかわっていますけど、正直、あまり意味があるとは思えないんですね。

鈴木◆ええ。

諸富◆免許更新のためにかかる費用を、十年に一度、一年間大学院に行かせるために使えばいいんじゃないでしょうか。

大学院には選ばれたエリートだけが行って、そうじゃない人はずっと働き詰めでうつ病になってというのが多いで

す。十年に一度、現場から強制的に離れるシステムにしておくのがいいと思うんです。ただ、今度はお金の問題が絡んできますね。

鈴木◆予算の問題は、政権の意志でやれるんですよ。

教員免許更新制をいまの案に振り替えるのがいちばんいいですよね。教師本人も充電ができるし、バージョンアップしてもう一度戻ってきますからね。それは子どもたちにもいい影響を与えますね。教師がすり切れたままでは、それが子どもたちにも反映しますから。

一年間の教育実習を経て、副担任からスタートする

諸富◆僕は、うつ病になってしまった教師のリワークの仕事をやってきました。一生懸命やっている教員ほど、うつになりやすいんです。

鈴木◆一五〇％賛成です。それから、新人がいきなり担任をもつのはたいへんだと思います。まずは副担任からのほうがいいと思います。

先ほどお話に出ましたが、福井大学のやり方を見ていると、一年間いるから実習生でも戦力になると思います。二週間や四週間ではやはりお客さんですよね。一年いる間にひととおりの経験ができますからね。子どもたちとの関係も、蜜月の時期もあれば少し冷めた時期もあり、そしてまた深まる時期があります。そして必ず危機というかトラブルは、大なり小なりあって、それを乗り越える経験もできるわけです。

諸富◆一年間というのは大きいですね。

鈴木◆教育実習を意味のあるものにするためには、最低一年間は必要だと思うんです。

これからの社会――三者それぞれのキーワードは

宮台のキーワード「人材育成の失敗」

諸富◆これからどんな社会をつくっていく必要があり、そのためには学校でどんなことをしていく必要があるのでしょうか。今日は枠にとらわれずに、言いたいことをどんどんおっしゃってください。

最初にキーワードを出していただいて、それで進めていきたいと思います。まずは、宮台先生、お願いします。

宮台◆「人材育成の失敗」。これがキーワードだと思います。今後もこの失敗から回復する見込みはないんじゃないでしょうか。

社会システム理論に従えば、教育には、「当の個人が幸せになるという観点」でなされる議論と、「社会にとって前途有望な人材を、選別と動機づけによって調達するという観点」でなされる議論があります。教育学会は前者に傾

きがちですし、教育社会学会は政策論を通じて後者に傾いてきた歴史があります。社会システム理論の観点では、「個人が幸せになるという観点」に立つ教育に関する論議は、意味がありません。理由は後ほど説明します。

鈴木のキーワード「熟議とコミュニティスクール」

諸富◆鈴木先生のキーワードは何でしょうか。

鈴木◆「熟議とコミュニティースクール」ですね。いま、正解のない時代を生きていかなければならなくなっている。これまでは正解を覚えて、それを速く正確に作業すること、暗記力と再現力が近代工業社会の生きる力でした。宮台先生のおっしゃった「社会に調達する側からの意向」により、そういう要請をしてきました。

一九七〇年代まではある意味これが成功して、日本は工業立国ナンバーワンになったわけです。しかしこれからの日本は、電力エネルギーを大量に使用しての大量生産、大量消費、大量廃棄文明からは卒業せざるをえないというのが社会の要請です。そして一方で「人間の幸せ」を考えたときに、多様なコミュニケーション、いろいろな人たちとコラボレーションすることが、宮台先生のお話にあった「二つの立場」の要請に近い可能性があると思います。「コミュニケーション」が個人の幸せでもあり、同時に社会全体の平和に資するのだと思います。ケイパビリティアプローチということを大事にしています。

ある問題についての認識、情報、見方は、人それぞれで違うと思います。しかし立場が少しずつ異なった当事者が集まって、自分たちのもっている情報や自分たちに見えているものをお互いに交換共有することで、自分たちの社会が直面している問題を立体的かつ動的に把握することができます。そして熟議を通じてそれぞれが深く学んでいき、自らが問題解決を総括させていく。こういう「熟議と総括的共同」のプロセスをどのように体験していくのかが、これからは大事です。そのためには、学校自体をコミュニティーにしていく必要があると思いますね。

そういう「コミュニティースクールをつくろう」という運動論は、十数年前は私たちが書いた本しかありませんでした。けれどもいまでは、狭義の意味のコミュニティースクールが全国で二〇〇〇校、学校支援地域本部で三五〇〇校、放課後子ども教室が一万校を超えています。そしてそういう学校現場を支えるボランティアの方も、いまでは年間のべ六百万人くらいに増えています。

諸富のキーワード「敗者復活が許される社会とリアリティのある学校教育」

諸富◆私もキーワードを一言。「敗者復活が許される社会とリアリティのある学校教育」。いま若い世代の人たちは、少し生活におびえていますね。就職するのも大変だし、結婚したくてもなかなか生活が安定しないから、できない。

人口はこれからどんどん減っていきます。東京が四十年後にはスラム化しているという予想もあります。そんななかで、学校は相変わらず「みんなで夢をもちましょう」とやっている。かなり現実とは遊離した、リアリティのない学校教育をやっていると思うんですね。このギャップをどう埋めていくかが大事なことだと思います。

二〇一一年に『答えなき時代を生き抜く子どもの育成』（図書文化社）という本を出しました。子どもたち一人一人に、原発の問題のような、リアリティがある問いを突きつけていく。これがいちばん重要ではないかと思っています。

空気に縛られる日本のシステムを変えよ

協調性重視教育の成れの果て

宮台◆日本の教育は、基本的に失敗しています。先進国のなかで、産業構造改革にも、財政構造改革にも失敗しているのは、日本だけです。それだけではなく、僕が知るかぎり、福島の原発事故に見られる政府の原子力政策も、日本だけがおかしいんですね「内心忸怩たる思いはあったが、いまさらやめられないと思った」の反復なんです。
例えば、園子温、塚本晋也といった映画監督は、いま海外であれこれ賞をもらっていますけれど、興味深い発言をしています。ヨーロッパでもアメリカでも、映画祭で上映された映画がよければ「うおーっ」とオベーションするし、悪ければブーっと言うんですね。ところが日本では、映画が終わると、空気を伺う数秒間があってから、おぼろげに手をたたきます。これが日本の協調性重視教育の成れの果て。それで当の個人たちが幸せでも、そんな個人からなる社会は今後まともな形で存続できません。
僕たちが「熟議」とか「コミュニケーション」という言葉を使っても意味がありません。なぜなら、民主主義の概念を勘違いしているのに、それを正していないからです。敗戦直後の一九四七年に文部省が小中学校に配ったパンフレット『あたらしい憲法のはなし』には、恐ろしいことに、「みんなで決めたことはたいてい間違わない」と書いてある。これは近代民主主義の基本原則に真っ向から挑戦するでたらめです。みんなで決めたことは基本的に間違っているんです。イギリスの政治家、ウィンストン・チャーチルが「民主主義は最悪の制度である」と言った議論の意味はここなんです。ところが僕たちは相変わらず勘違いをしたまま。この日本人的な勘違いを温存したまま「熟議」をしても意味がありません。
諸富◆「熟議」をしても、空気を読むだけだということですね。

空気に縛られないために
「専門家に決定させないシステム」をつくる

宮台◆そう。僕たち日本人は民主主義を誤作動させないための基本的な戦略をもたないのです。いま僕は、デンマークに由来するコンセンサス・デシジョン・メーキングという具体的な手順を導入しようとして、いくつかのワークショップをやってきています。日本では、「専門家が決定する」と称して、実際はその専門家を選んだ官僚が決定している。どの研究者を選んだかによって、シナリオどおり進められるかどうかが決まるからです。

コンセンサス会議では、まずは専門家が専門的な意見を市民にわかりやすく伝えます。そして人々が専門知におびえずに、その真髄をそれなりに理解した段階で、専門家を排除し、非専門家の市民だけで合議して決めます。

ともすれば、行政官僚の意を受けた研究者の意見が通ってしまう状況に対抗して考えられた手法です。ほんとうのことを知りたい人々に、ほんとうのことを知らせることを可能にする。こういう完全情報化に向けて歩むプロセスが、実は「熟議」の本質にかかわることです。

「みんなで話し合えばいい知恵が出てくる」かといえば、出てきません。人は専門家がしゃべれば口をつぐみます。とりわけ日本の場合、「みんなはどう考えているのかな」と空気を読んで、発言の内容が変わったりします。

コンセンサス会議のような戦略なくしては、みんなで決めると称する民主主義は基本的には成果を残せず、多くの人は民主主義に絶望してしまう。

日本では「コミュニケーション」とか「熟議」というと、それ自体が意味のあることをやるかのような議論が横行しています。成果を出すために、どういう工夫が必要であるのかは、あまり取り上げられない。確かに、民主主義があまりにもでたらめな結論を出すのなら、専門家が決めたほうがいいわけですが、専門家が決める現在のシステムがどういう結果を招いているかは福島第一原子力発電所の事故などを通じてよく知っているわけです。そういう意味で、「専門家に決めさせないシステム」をつくらないのは明らかにおかしい。

増税論議もでたらめです。焼け石に水じゃないですか。日本の公務員の人口比は、先進国で最も少ない。社会保障費の割合も、アメリカと並んで先進国で最も少ない。なのに、政府の借金は、先進国、中進国を含めて最も多い。「なぜこうしたでたらめが存在するのか」を解決せずに増税ですか。メディアを含めて、気が狂っている。

「淘汰と選別のシステム」をつくる

諸富◆宮台先生が最近言っていることで、「任せて文句を垂れる作法ならざる 引き受けて考える作法、空気に縛られる作法ならざる 知識を尊重する作法」という言葉がありますね。

宮台◆「淘汰と選別のシステム」を設計します。「任せて文句を言うだけの作法」や「空気に縛られるだけの作法」が優越する企業や自治体が淘汰されるような、ゲームに作り変えていきます。淘汰と選別が非常に重要です。

諸富◆空気に縛られる作法が、やはり日本を左右していますね。

システムを変えるエリートとは、共同体の期待を背負った人

宮台◆師匠の小室直樹先生は会津の出身ですが、母子家庭で家が大変貧しく、高校に行くお金もなかった。それで近所の人たちに学費を援助してもらって高校に行き、受験料も電車賃も出してもらって京都大学に行ったんです。

このように共同体の誉れとして神童扱いされ、それ故に共同体に恩義を感じる人間が、共同体にリターンを返そうとして、パブリックマインドを発揮した、というのが柳田國男の図式です。

小室先生は恩義を感じるが故にリターンを返そうとして必死になりました。出撃基地でもあり、帰還場所でもあるホームベース、自分に動機づけを与えるホームベースがあるんです。

こうした地縁性と結びついた公的精神の醸成を、日本はすっかり忘れたようですね。「～べき論」では日本社会を変えることはできません。エリートは、能力があるだけでは共同体に貢献はしない。

人材育成のポイントは動機づけ「何のために生きるのか」「誰のために生きているのか」

共同体意識の弱体化

諸富◆いまのお話で、共同体がホームベースの役割を果たす必要があると思いました。私が先ほど申し上げた「敗者復活が許される社会」にもつながるかもしれませんね。それから、日本は知的なリソースをもった外国人が定着しない社会ですね。優秀な人がなかなか日本に入ってこられないシステムになっています。これはいちばん大きな問題だと僕は思っているんです。これが変わらないかぎり、日本という国が変わることはないんじゃないでしょうか。

宮台◆ワシントンのピュー・リサーチ・センターによる有名な国際調査で、五十四カ国を比較したデータで、「経済的に困っている人を政府が助けるべきである。イエスかノーか」で、ノーと答えたパーセントがあるんです。日本はノーが34%、アメリカでも27%、イギリス、フランス、ドイツはすべて10%以下、アジア諸国はもうすべて10%前後、エジプトのような途上国は10%台の後半でした。日本

は「困っている人を助けてはいけない」と答える人が世界のどの国よりもダントツで多いんです。アメリカよりも多いんですね。

どこの国でも、政府は、個人を直接助けるものではなく、共同体の自立を助けるものです。政府が誰がどう困っているのかを詳細に把握するのは無理だし、共同体が自立して初めて個人の自立があるからです。だから、貧困はどこの国でも共同体の問題として理解されます。ところが日本では貧困が個人の問題だと理解され、「俺のほうが困っているのに、なんでアイツがもらうんだ」と浅ましく騒ぎ立てる。こういう社会では国が何をしても幸福度は上がりません。これは教育の失敗です。

人材育成のポイントは、単なる道徳教育ではなく、「何のために生きるのか」「誰のために生きているのか」にかかわる動機づけです。動機づけを欠いた知識教育をした結果、残念ながら途中でリタイアしたり、なかなか就職しなかったりできなかったり。これは彼らが悪いんじゃない。教育に問題があるんです。

自己責任・自己決定の前提のフレームがでたらめ

諸富◆学生たちも、「なかなかうまくいかないけれど、私が悪いんです」という自己責任の概念に染まっている感じが強いです。

宮台◆自己責任でいいんですよ。「共同体にどう貢献するかということについて、自らの責任を果たす」、これが自己責任ですよね。「自分自身の自己決定能力を何のために使うのか」が問われているのであって、そこでは共同体的自己決定という構えもありうるわけです。

ところが日本の場合、「自己責任」「自己決定」の前提になるフレームがでたらめです。以前僕が自己責任・自己決定の話をしているときに、「では、親は子どもには何も言えないんですね」なんて言う人が多かった。そうではない。「最後に決めるのはお前だからな」というのが「自己決定」です。だからこそ、親は言いたいことを何でも言えるんです。

残念ながら、日本には「何を背負うのか」、あるいは「どのように貢献したいと願うのか」ということと、「自己責任」「自己決定」の自明な結びつきがない。グローバル化した資本主義を最も果敢に戦い抜いているのがユダヤ系と中国系。共通して分厚い血縁主義社会です。彼らがどこに留学する場合も現地の分厚いネットワークに支援されます。彼らは、埋め込まれ、背負うがゆえに、リターンを返そうという強い動機をもつ。馬鹿な日本人だけが「グローバルな資本主義は共同体を頼らない個人にしか戦えない」などとホザく。国際標準的にありえません。

熟議、コンセンサス会議で自明性を解体する

熟議は現場知〔リアリティ〕をもつ当事者が行う

諸富◆鈴木先生、宮台先生のお話を受けて、どうでしょうか。

鈴木◆宮台先生がおっしゃったことは、私の思っていることと基本的に同じです。これまでの時代の「専門家」に対抗するためには、当事者が熟議をすることが大事です。

専門家は現場から遠いんです。自分のフレームワークに入らないリアリティは捨象して、あらかじめ定められたステレオタイプのシナリオに都合のいいリアリティの断片を拾っていくんです。当事者が大事だというのは、まさにリアリティをもっているのが当事者だからです。専門家は専門知をもっています。しかし熟議は、専門知をもつ専門家ではなく、現場知（リアリティ）をもつ当事者が行うほうがいい。

日本型コミュニケーション作法を脱する熟議の方法――❶自問自答から、❷七人で

鈴木◆いままでの日本は、あまりにも専門知を偏重しすぎでした。当事者が集まること、熟議することが大事なんです。専門家会議に対するアンチテーゼということで、私は始めました。

それから、「空気を読む」ことをさせないために、いろいろな手法を考えています。議論の前に、「まず、黙って自分の思っていることを書いてください」とやるわけです。人の書いているものを見ずに、自分はどう思っているのかということをまずきちっと紙に書く。「熟議というのは自問自答から始まります」とみなさんには申し上げているんです。それでみんな書いたところでいっせいに出すと、周りを見る、空気を読むことができなくなります。

もう一つ、日本人は会議に参加する人が二十人以上になると、会議がつまらなくなります。

諸富◆それは経験上そうですね。

鈴木◆ですから熟議は七人で行います。多少増えても絶対に十人は超えません。まずは自分で自問自答し、それぞれが違った見解をもち寄ることで、物事を立体的に理解するのが目的です。この目的については徹頭徹尾強調していきます。こういったコミュニケーションの環境を身につけていくことが重要です。

従来の日本型のコミュニケーション作法からいかに脱して、自分で考えて自分で物を言うかということですね。トレーニングされれば紙などはいらないんですが、専門家のなかには自分の発言を制御できない方もいますから。そういう人たちを黙らせるために、「書くこと」と「しゃべる

こと」と、うまく合わせ技を使って、現在の懸念を少しずつ解消するような環境設定をしています。

実際の熟議では、現場の当事者、リアリティをもっている人が二人以上集まると、必ずコンフリクトとかジレンマに追い込まれます。予定調和的なきれいな物語などありえない。リアリティというのはコンフリクトでありジレンマであるということを理解してもらいます。人間は、置かれた現状も立場も違う、何を幸せと思うかということも違います。背景にある価値観が違いますから。そのうえで、ではどうするのかと。

日本のエリートは熟議ができない

鈴木◆いつも熟議は盛り上がります。「コミュニケーションというものがこれだけ充実した経験は初めてでした」という感想を多くいただきます。ただ、これまでに一度だけ失敗したことがあるんです。僕が仕切った熟議のなかで唯一の失敗でしたが、これが丸の内の著名な優良企業の社員研修でした。コミュニケーションが、最初に書いてもらったものの文体も含めて、完全にモノトーンといいますか……。

彼らが二十何年にわたり身につけてきたコミュニケーションスタイルが、いかに型にはめられたつまらないものだったのか、と思いました。そしてこの人たちはそのモードで、四十代になるまでルーティンのパターン認識を続け、それに基づくまさに思考停止のアイヒマンというものを生産してきたことを、ほんとうにまざまざと見せつけられたんです。

「自明性の解体」が成功のカギ

宮台◆いまの鈴木先生のお話の背後には、二つのポイントがあるんじゃないでしょうか。まずは、「自分たちがいま立っているプラットフォームは永続する」という根拠なき自明性への依存。もう一つ、我々の心の習慣で決定的によくないことですが、「人々のニーズに応じることがよい」と、当事者主義を勘違いすることです。

当事者主義の勘違いについては、町づくりなんかが典型です。ヨーロッパやアメリカでは、人々のニーズに応じて町づくりをしたら、でたらめな町になるということは自明なんです。さきほど専門家に対して否定的なことを言いましたが、自分たちとはまったく違う視座や作法をもった人間をいかに連れてくるのか、ということが、知恵の見せどころなんですね。

コンセンサス会議では、議論のフォーカスごとにファシリテーターを決めます。僕たちの目からうろこが落ちるような、自分たちのニーズが間違っていると確信させるような、そんな人間をいかに連れてくるかを競うんですね。

「我々」と言う場合に、「我々」の範囲は誰なのか。そうしたことを議論していると、「同じ話題について我々が話している、ということも幻想ではないか」と覆ってしまう。そういう絶えず自明性を解体していくようなセッションができるかどうかです。
　鈴木先生のセッションがうまくいくのは、ファシリテーターである先生が、自明性を解体するのがたいへんうまいからではないでしょうか。
　熟議の参加者みんなが対等な資格で参加して、それで熟議がうまくいくというのは、かなり進化した形態です。最初のうちは必ず力のあるファシリテーターがいて、「自明性を壊す」モデルを示したほうがいい。
諸富◆ファシリテーターは必要だと。
鈴木◆ええ。それからやはり人選が大事ですね。教師というのは、かなりウェルエデュケートされてきましたが、さまざまな立場の違う人たちが混じったメンバーで熟議を行うことで、おおいに自明性を破壊してほしいんです。熟議のメンバーシップで、どういう熟議になるか、ほぼ半分は決まりますね。
諸富◆熟議がうまくいくために、ファシリテーションとしていちばん工夫しているところはなんでしょうか。
鈴木◆やはりメンバーシップです。とにかく多様にする。教育・性別・年齢・立場・仕事等。
諸富◆誰を集めるか。
宮台◆自明性を覆すということです。
鈴木◆熟議をやっていて、いちばん熟議を盛り下げるのは大学教員、その次が高校教員ですね。いいのは、自分の知や能弁さに自信はないが現場経験豊富な人がいいですね。専門家ではない現場の当事者、とくに子どもや、日本の教育を受けていない人が入ると盛り上がります。

人間を越えたものの視点で合議する

「便利快適」を断念すると「尊厳」のレベルが上がる

諸富◆この本を読む読者の大半は、学校の教師です。すると「じゃあ、私たちは授業でどうすればいいんだ」ということになります。例えば自明性の枠からはみ出たような子どもの発言があればいいんでしょうか。
宮台◆一口で言えば「便利快適」と「幸福尊厳」が区別できないからおかしくなる。「内在」と「超越」といってもいいでしょう。
　ベアード・キャリコットという、環境哲学倫理学の大家がいます。彼は京都学派に影響を受けたんですが、「なぜニーズに応じてはいけないのか。それは人を主体として考えると、人の尊厳が奪われるからだ」と言います。彼はその代替提案として「環境や町づくりのことを考えるのであれば、その場所を主体として考える」。
　東京の代官山でいえば、江戸時代以降、代官山という生き物がどういう経緯をたどって、いまここまできたのかを、みんなで議論をしながら振り返ります。人を主体として考えてしまうと、ここにこんな大木がある、枯葉も積もるしうろにボウフラもわく、という「便利快適」の議論が出てきます。しかし代官山という場所を一つの生き物として考えると、その場所にこの大木があることが、代官山という生き物にとって、いかに大事なのかがわかる。

それがわかれば、人々は自分が主体となったニーズを手控えます。こうして人々が代官山を主体として考えることで、「尊厳値」は上がる。なぜなら、人々の尊厳は、生き物としての代官山に結びついているからです。「便利快適」を断念することで、「尊厳」のレベルが上がる。

ベアード・キャリコットは日本の思想を出発点として、思考形成したんです。ところがこういった発想がいま最も欠けているのが、日本人です。自分のニーズが満たされれば幸せになるというのはありえない。

キリスト教文化圏やユダヤ教文化圏では、「神のまなざし」と「人のまなざし」という分離が、いま言った規範を生み出します。日本では森が非常に重要でした。

沖縄にはウタキという神社の原型のようなものがありますが、鎮守の森にあたる森を切り開くと、途端に力を失ってしまう。森って理不尽で不条理で訳がわからない、えたいの知れないものです。暗いし怖いし。とくに夕暮れ時になってくると、あれ、やっぱり妖怪はいるのかな、みたいになってくる。つまり森という主体を意識できたことが、僕たちの「内在」に埋没しがちな傾向を取り払ってくれていた。

それを僕たちは破壊してしまった。北欧には自然信仰がありますが、これはゲルマン古来のものです。しかし日本とよく似ていて、それがあると、人々は自分のニーズにあまりこだわらないで別の視座を取れるんです。

「尊厳」という言葉は日本ではあまり使いませんが、視座の二重性がないからです。自分が気持ちいいとか、自分にとってうざいとか。そんなどうでもいいことをベースにして、物事を決めている。こういう合議には意味がないんです。

郷土教育の身体性を大事にしたい

諸富◆いま、土地とか場所という概念が出てきましたけど、多くの日本の学校でも郷土教育はいますごく重要視されていると思います。「私たちの地域にはこれがある。そういうのはもうやっていますよ」と言いたくなる先生もいると思うんです。

宮台◆それは単なる知識なんです。マイケル・アリアスというアメリカ人が監督をした『鉄コン筋クリート』という松本大洋原作の素晴らしいアニメがあります。そこに宝町という町が描かれているんだけど、町自体が一つの生き物で、共同身体性と僕は言っていますけど、町全体を人々が一つの大きな体としてシェアしているんです。

僕は小学校の四年間、京都の山科にいましたけど、山科盆地の隅から隅まで、ローラースケートで走り回っていました。その当時の感覚を思い出させる映画なんです。

諸富◆山科はそんなに森が多いんですか。

宮台◆僕が住んでいた近所には、毘沙門堂や諸羽神社がありましたが、こうした寺社仏閣には森がつきものです。それだけではなく、北に行くと安祥寺池という自殺の名所があり、東の山肌には行くと性犯罪にあうと言われる白岩があり、南に行って線路を渡ると在日と被差別部落の人たちが住んでいるという（すべて当時）、どこに行くと何があってというのをほんとうにリアルな身体性として感じました。

郷土教育はそういう身体性と結びつくなら意味がある。「身体性」は、生き物としての町と関係がある。物の配置と人の配置が結びついた有機的な構造体です。

諸富◆身体性ですか。私がしている心理療法というのは、それぞれの専門ですね。土地そのものが命をもっていて、それと一体化したり、その場所に足を運んで自然と一体化するワークもあります。現場の先生方でもやっている方はいるんですよ。そこが一つの原点になるんでしょうか。

鈴木◆学校教育というフレームワークを通した瞬間に、郷土教育の身体性がはぎ取られて、知識だけを伝授するということになってしまう傾向が強いと思います。

諸富◆全部がそうではないですけどね。

戦後の学校教育における身体性の剥奪

鈴木◆もちろん教員のなかでも、わかっておられる方はちゃんとやっておられます。しかしその「身体性」というものを郷土教育の中でやるというところまでは、明示していないんじゃないでしょうか。

では教師はどうしたらいいのかというと、自分たちが受けてきた教育、あるいは自分たちが育ってきた社会は、たかだかこの五十年間のきわめて特殊な近代工業社会であり、きわめて偏ったものであった、という自己認識をもつ。

熟議では、自分のなかにある複数の立場を認識することがきわめて重要で、まさに視座の多重性ということなんです。

諸富◆自分のなかでの対話が必要なんですね。

鈴木◆アダム・スミスの『国富論』の「見えざる手」が誤解されたんですね。個人が利益を追求すれば、「見えざる手」によって社会全体の利益になる。そこからニーズ、効用を最大化すればいいんだと考えたんでしょう。その結果、学校では、ニーズや効用に沿うことがいいと教えてきた。

学校でそういうことを教えても、家庭や地域ではおじいちゃんやおばあちゃん、身体性をもった先人たちに囲まれていたので、バランスがとれていた時期もありました。しかし、少なくとも戦後後期は、身体性の部分が欠落したまま自分のニーズが肥大化するなかで、いろいろな問題が起こっているということです。

諸富◆学校教育だけではなくて、日本人全体が身体性を剥奪されている感じですね。

鈴木◆僕は最近、官僚でもメディアでも、二千人以上の組織はすべて破綻していると思います。すれ違ったときに、この人が自分のコミュニティーの一員であるかどうかがわからない数になってしまっている。実名性が失われて匿名化され、ナンバリングされて工業社会システムのなかできわめて扱いやすいようになっている。

身体性のないモンスターを合議で収める民主主義

はずれものが生きられない社会

宮台◆以前僕がブルセラ援助交際の少女たちを調べていたとき、僕は彼女たちと共同身体性をシェアしていました。それは町にアンダーグラウンドゾーンがたくさんあったからです。

警察もアンダーグラウンドを生きる人たちから情報を得ていたので、町の全体を把握できていた。ところが、八〇年代後半になると、社会や共同体がどう回っているかを知らない人たちが、暴力団の事務所を排除するとか、店舗風俗をつぶせと言い始める。八三年に結審した有名な三重県の「隣人訴訟」をきっかけに管理者責任や設置者責任を問う訴訟が連発、公園遊具撤去や屋上施錠や放課後校庭利用禁止が進んだ時期に重なります。

一九九〇年代半ばに大阪府警の方とお話ししたとき、「宮台さん、もうだめになってきた。いままでのやり方はもう続かないな」とおっしゃっていました。裏世界の人たちと警察の人たちとの交流が途絶し、アンダーグラウンドがどうなっているのかまったくわからなくなってしまった。そこで何もかもつぶすしかないという状態に追い込まれた。これが暴力団排除条例です。

昔から日本の共同体でうまく生きられない人はいました。村八分もそう。けれどセーフティーネットとして、裏共同体があり、表共同体を生きられない人たちが運転手や電話番として組事務所に抱えられていました。要はそれをつぶせということになっちゃった。

簡単に言えば、暗いところは全部消えて、人々は光の中で行動すると。これが僕たちのいまの社会です。そこでは、昔は裏を生きるしかなかった人が、表の人と混ざって生活する。トラブルだらけになって当たり前。

諸富◆歌舞伎町でさえ暗い場所がなくなりましたね。

宮台◆なくなりました。

「正論」を主張する少数者によって「全体性」は失われた

宮台◆その帰結としては、身体性を失った人たちが頭なし胴体とか胴体なし頭みたいになって、まったく社会の成り立ちがわからない状態でクレージー・クレーマーになっている。諸富先生と僕は同じくらいの世代ですか。

諸富◆宮台先生のほうが四歳上だと思います。

宮台◆僕らの世代は、打ち上げ花火の「水平打ち」ってやったでしょう。

諸富◆ああ、やりました。

宮台◆「Twitter」で調べると、僕らの世代の男の子はみんなやっている。何でそれをやらなくなったのか議論したんですよ。やはり「目がつぶれたらどうするんだ」と正論を言う少数者が出てきたからなんです。

そういう声だけデカい少数者の「正論」が主張されたとき、知恵のある者が「それは違うんだ」と言わなかったんです。

同じことは「全体」という概念にも言えます。我々は全体(大きな視点)という概念を戦後剥奪されました。全体主義はいけないということで。環境倫理学者のキャリコットは、「ある種の全体主義がなければ、諸個人が自分のニーズに従って全体を切り刻むことで、結局墓穴を掘って諸個人が尊厳を失う」と言っています。

コミュニティースクールで地域のシニアを活用する

鈴木◆いまは少数派のモンスターが、そのコミュニティーを食い荒らしている気がします。コミュニティースクールでは地域のシニアのおじさんおばさんを入れることによって、モンスターを何とかしているところもあります。シニアの方は身体性をもっていますからね。多数派も黙っていてはいけません。モンスターに対して発言して、コミュニケーションをとります。コミュニケーションの結果、モンスターを収めるのが民主主義ですね。こういったコミュニケーションの作法を、日本では教えてこなかったんですよ。

諸富◆僕は学校でスクールカウンセラーをずっとやっているんですけど、地域ですごく知恵をもっている人がいますよね。そういう人が尊重されない社会にいま、なっていませんか。

鈴木◆そんなことはないと思います。コミュニティースクールでも、保護者というのはどうしても自分の子どものことばかりに目がいきます。それはしょうがない。そんな中に、子育てを終えて地域でいろいろなことをしてきた実績のある人、きずなのある人が、理事長なり副理事長という形で入ると、コミュニティースクールがほんとうに落ち着きます。

そういった理事長や副理事長のもとで、ごく当たり前のことが指導されています。「モンスターペアレントにならない」「子どもの言い分だけを聞いて怒鳴り込まない」「コミュニティースクールも保護者も、子どもを育てる責任の一端を担う」とか、当たり前のことですが、ちゃんと書面にしてサインをするんですね。

諸富◆それができるような民度はありますか。

鈴木◆二十人いると人間はなかなか口を開きませんが、一人一人聞いていけば……。

諸富◆一人一人聞いていけばね。

日本の現状はどうなっているのか

空気を読む日本の文化

宮台◆二〇〇〇年に「日本人の性行動、性意識」というNHKの調査の設計をしたんです。そのときに、僕が以前から気づいていたことを申し上げました。例えば、「あなたは売買春はいいと思いますか、悪いと思いますか」と尋ねる質問項目があります。

鈴木◆何、何。

宮台◆すると、大半が「悪いと思います」と答える。次に、「周りの人たち、あるいは世の中は売買春をどういうふうに評価していると思いますか」と尋ねると、「悪いと思います」。最初の答えと一致する。ところが、最後の質問で、「では、あなたとしてのあなたは、ほんとうはどう思いますか」と尋ねると、「別に構わないと思う」と答える。

「どうでもいいと思う」というのが大多数なのに、周囲の望みだと思うものを、自分の望みだと勘違いしているわけです。日本におためごかしな道徳が蔓延しがちな理由です。

もう一つわかりやすい例。僕は麻布中高の教員と生徒と親の集まりでしゃべることがある。麻布もだんだん無頼の文化がなくなってきました。お母さんたちは、子どもにできるだけ負担を負わせず、勉強に専念できるように、個室を与えて快適な空間で育てていらっしゃる。要は、普通の進学校になってきました。ところがお母さんたちに「みなさんがいま、中学生女子や高校生女子だったとして、お宅の息子さんのような存在に魅力を感じられますか」と聞くと、ほとんどの人が「ありえません」と答えます(笑)。やはりあれこれ経験してきた存在に魅力はありますよね。「じゃあ、みなさんそう思っているなら、何をやっているんですか」と聞くと「そうなんです」と言うんです。

お母さんたちが言いだしたのは、「たぶんみんなどこか変だなとは思っている」「成功者であるはずの自分の息子には彼女はできない。魅力がないから」「何か変だとは思っているけど、お母さんたちの集まりでそういうことを言うと『空気が読めない人』と思われそうで言えない」と。宮台みたいなのが来て言うと、「ほんとうは、そうだと思っていたんです」と言いだす。一事が万事。結局、日本の世論なるものは、しょせんはこの程度のものです。

日本のマスコミがステレオタイプを加速させる

鈴木◆わが国で美人投票を加速しているのは、やはりマスメディアだと思うんです。

マスメディアというのはステレオタイプを是正するどころか、それを悪用して自らの発行部数を増大させます。美人投票がどんどん加速するようなメディア環境を、メディアがつくり出しているんです。そうすると、メディアがまき散らすステレオタイプに対して反論する、勇気のある、かつ、割の合わないことをする人が誰もいなくなりますよね。

諸富◆そうですね。

鈴木◆ドイツの哲学者、ハーバーマスが、代議制民主主義下における選挙は見せ物であり、公衆はその選挙結果を消費するだけだと言っています。同じようにいまの政治状況は、メディアに盾突くと、メディアからの抹殺を受けますから、見ているだけですね。

同じことが教師の世界でも起こっています。世のステレオタイプがどんどん加速されるシステムに、誰かが歯止めをかけなければいけない。

教員の評価システムが身体性を剥奪した

諸富◆いまの話を聞いていると、教員の評価のシステムが導入されたころから、学校から身体性がどんどん剥奪されていったように思うんです。生々しい教員同士の話し合いがなくなって、ステレオタイプの授業をやっているのがいい教師なんだと。

鈴木◆そうそう。

諸富◆子どもたちが形だけ、挙手の回数を競うようになりましたよね。それと同じようなことを、教師も校長の目を気にしてやるようになりました。

鈴木◆昔は変な先生がいっぱいいたんですけどね。それでも、人気者だったんですよね。

宮台◆師匠である小室直樹先生は、授業に三十分以上遅刻してきて、おまけにアルコールのにおいをぷんぷんさせていましたね。

鈴木◆それを別に誰もたたかないし。

諸富◆宮台先生は授業に遅れませんか?

宮台◆僕は遅れまくりです。

鈴木◆だけどいまそんな人がいたら、メディアは直ちにバッシングして、それを取り締まらない大学は何をしているのかと言い続けるでしょう。そこをどう止めるかということは非常に重要だと思います。私、文部科学副大臣のときに、教員の不祥事がニュースになると、すぐに新聞記者が「あの不祥事をどうするんだ」と言ってくるんですね。不祥事を起こす教員は、全体からすればごくごく一部です。

　私が唯一気をつけたのは、「関知しない」ことでした。それは校長の仕事で、文部科学副大臣の仕事ではないと。あなたのような質問にいままでつき合って答えてきたことが、学校現場の99・9％の人にとって無用な、新たな負担をかけてきたんだと。あなたの質問に対しては、これは私の仕事ではないとしか答えないと。

給与に差をつけてはいけない

諸富◆教員の人事評価をしても、その評価によって給与の差はつけないでほしいですね。
鈴木◆私も給与の差をつける必要はまったくないと思います。そもそも教員という仕事はそんな次元でやっているものではないです。
諸富◆僕は前に荒れた中学校にスクールカウンセラーとして勤務していましたが、中学校では、先生方は自分の評価とか気にしていられないですよ。みんなで一体となって歯を食いしばり、汗を流して、ようやく学校が立ち直ります。だからチームとして評価して、全員の給与を上げるなら上げてもいいと思います。
鈴木◆私は在任中に、第三者評価をやめて当事者評価にしました。いくら専門家とはいえ、年に一回しか学校に来ない人たちに評価は任せられません。
諸富◆ただ、当事者評価の場合、校長が一人で全部評価するとなると、偏りが出ませんか。
鈴木◆いいえ。当事者評価をするのは、地域住民であったり、保護者であったり、ちゃんと学校を日々支え、コミットメントしている人たちが、評価をするんです。
諸富◆しかし直接教師を評価させるほど、地域住民に信頼をおいていいものでしょうか。例えば学校選択制度がありますね。学校選択制度で、あの学校は荒れているという風評が立つと、一気に人数が減って部活も成り立たなくなりましたね。あれも地域住民が選んでいるといえば選んでいるじゃないですか。
鈴木◆私は少なくとも小学校においては、明らかに通学範囲を超える選択制は反対ですね。選択性は当事者になる前の人がイメージで選んでいます。
諸富◆なるほど。
鈴木◆せいぜい中学校単位で、顔の見える関係の中で、思い込みではなくちゃんと一定期間、学校づくりにコミットメントした人たちが、参画と対話と自治によって学校をつくっていく。

どうやって立て直すか

スモールユニットでものを決めることから、立て直しが始まる

宮台◆民主主義では、社会の規模が見通せないほど大きくなると、社会的な決定をいかにも正論的なものに着地させるしかなくなりがちです。

決定の単位がスモールユニットであれば、例えば「身体感覚をシェアしていない人が、それを不条理だ不合理だと言っても、無視しましょう」となる。屋上にも鍵はかけないし、運河に柵も付けないし、ガードレールも付けませんと。我々が子どものころはそうだったでしょう。僕の弟は小川でマムシにかまれましたけど、うちのおやじは「あそこにはマムシがいると言っただろう、この野郎」で終了。管理者責任なんて問題にしなかった。それが世界標準です。そういう意味でスモールユニットが大事だと思います。

鈴木◆コミュニティースクールというのは、そのスモールユニットで物を決めてくださいということです。先生の不祥事も保護者のわがままも、それは現場で仕切ってくれと。

諸富◆でも「決めてください」と言うと、「じゃあ、標準はどうなんだ」となるのが日本人の思考ですよね。

鈴木◆そうです。だけどそれは、「それを決められないんだったら、そのユニットの責任者はやるな」と言い続けるしかないんです。そこを耐えないかぎり、ほんとうにこの国を立て直すことはできないと思いますね。

グループ学習の効果が大きいのは、異質な人間の集まりだから

宮台◆東京大学名誉教授の藤田英典先生が「グループ学習の軽視」ということをおっしゃっています。PISAとかTIMSSなどの国際学力比較調査で上位の国はフィンランド、シンガポールなどですが、グループ学習を重視します。フィンランドは、日本の班学習を見本にしていました。フィンランドは人口が六百万人いないので、全員が能力をもたなければいけないからです。

実際にグループ学習をすると、百人いたら真ん中の五十人よりも下の人間たちの学力が上がる。それを能力別編成にしてしまうと、上半分の実力はほとんど変わらないのに、下半分がものすごく落ちる。結果、国際学力比較調査の成績が悪くなったんです。

それに対し、「学校選択制をより強めればいい」と言う人がいるところに、実は問題がある。僕は子どものころ、京都で共産市政の下で班学習をさせられたのでわかるんですが、班学習は有効なやり方なんです。「お前のせいで足を引っ張られとるんや」などと言うと、ぼかーんと蹴飛ばされたりしました。

諸富◆僕も経験があります。

宮台◆ありますよね。昔はそういうのが当たり前。「俺がこいつにうまく教えなかったら、俺たちの班は負けるんやな」と思えば必死になって教えます。それを通じてコミュニケーションの力も身につくし、知識も獲得できる。なぜグループ学習が大事かというと、班にいろいろな人がいるからです。

グループ学習が重要で効果的だということがわかっていれば、「同質的な人間たちが集まった学校に入れたい」と学校選択制度を使う保護者は、これほど多くはならなかったと思いますね。

諸富◆むしろ公立を応援されているんですね。

宮台◆もちろんです。

鈴木◆コラボレーションが重要なんです。コーポレーションではなくてね。異質のさまざまな人たちが、協働して学ぶ。もちろん子ども同士も多様であるし、地域の多様な人たちも一緒になって、異質な人たちが一緒に学ぶ。

宮台◆僕は京都の班学習のおかげで、ものすごく教え方がうまいんですよ。「分数の割り算がわからない」と言われたら、「じゃあ、これでわかるか」「これだったらわかるのと違うか」「これもだめか」と言って、教科書に書いてある教え方はまったく無視して、あらゆるやり方を導入します。それは班学習のときにやっていたからです。

子どもを引きつける学びのカスタマイズを

鈴木◆ちょっと話が飛びますけれども、子どもの学びを引きつけておくには、学び方のカスタマイズが非常に重要です。

小学校低学年なんて、算数の教科書に出てくるのはリンゴだろうが、バナナだろうが、「ピカチュウ」だろうが何でもいいわけです。そのときに自分の好きな「ピカチュウ」キャラクター、あるいは「トトロ」だったら、子どもたちはもう教科書を抱きしめて寝ますよ。そこをカスタマイズするだけで全然違ってきます。

私の弟子のNPOカタリバが、中学三年生の子どもたちに英語を教えるのに、全部アイドルでキャラクタライズしたら、みんな大喜びではまったそうです。学びなんてそんなものですよね。だけどそういうことをやると、著作権がどうのこうのと言い出す人がいる。学校教育では認められているんですが、放課後学習で使うとなると、グレーゾーンなんです。

エンカウンターやアウェアネストレーニングを使って

諸富◆この本を出している図書文化という会社は、あのエンカウンターを学校教育に導入した会社なんです。エンカウンターを全国に広めて、学校教育における「グループ化」と「身体化」の復活に貢献したんです。

宮台◆僕はエンカウンター第二世代で、アウェアネストレーニング、自己啓発セミナーの最初の段階からかかわっていた。ライフダイナミクスとかｉＢＤとかがありましたよね。まあ、オウム世代ということです。

諸富◆まさに身体同士の接触とか、メンバー同士の本音の語り合いとかをしています。それを学校教育に導入し、定着させる構成的グループエンカウンターという方法が全国に広まっています。全国の現場の教員もほとんど知っていると思います。

宮台◆映画でジェイソン・ボーン・シリーズ、『ボーン・アイデンティティー』『ボーン・スプレマシー』『ボーン・アルティメイタム』という三つの作品のシリーズがあります。実はアウェアネストレーニング批判なんです。

ヒューマン・ポテンシャル・ムーブメントから実業家向けのアウェアネストレーニングが開発された経緯を簡単に説明します。人間は弱いから、病気になったりくじけたりすると、つい誘惑に負ける。これまでは誘惑に負けないように、強い意志を養成しようとしていた。でも、それをやめて、欲望自体を変えるメソッドをつくろうということなんですね。

欲望自体を変えるのは簡単で、変性意識状態に自分を置いたうえで、スクリプトとかフレームとかゲシュタルトとかストーリーと呼ばれるものを書き換えてしまえばいい。脳機能学者の苫米地英人がコンフォートゾーンとかプライミングという言葉を使って表現していますけど、日本人のだめなところは、目標を強く思念しないこと。目標を強く思念すれば、目標に資することは苦難であっても喜びになる。これも欲望を変えることです。アメリカでそれが企業研修に使われたんですね。

しかし問題があります。「なぜあなたはその目標を立てるのか」「なぜあなたは欲望を変えてまで前に進もうとするのか」。そこに実は洗脳による書き込みがあるというのが、ジェイソン・ボーン・シリーズのメッセージなんですね。「アウェアネストレーニングや、エンカウンター的な手法を使って前に進もうとする人間自身、実はそれ以前の段階で洗脳されている」という。

最近出版される本の七割以上は自己啓発本です。その99・9%はダメですね。なぜダメかというと、いま僕が申し上げたようなことを問うていないからです。「欲望を我慢するのではなくて、欲望を変えてしまえというが、何のためなんだ」「最初に目標を強く思念すればいい。じゃあ、なぜその目標を思念するのか」、それを問え。

それを問わないかぎり、アウェアネス・トレーニングは兵隊をご都合主義的に使うための洗脳手段になりうるわけです。

自明性を疑い、目標そのものを問う

諸富◆いまおっしゃったこととも関連するかもしれませんが、例えば「十年後の自分がどうなりたいか」をワークシートに書かせて、五人一組のグループでお互いに本音で語り合わせたりするのが、グループエンカウンターです。

宮台◆そこに「目からうろこ」があるかないかがとても重要ですね。日本人ならたいていの人がある自明性の上に載っています。「この社会が今後も続く」という前提で、十年後とか言っているでしょう。どうでしょうねえ。十年以内に日本はおそらく……

諸富◆変わりますね。

宮台◆実際、買い手がいなくなった円は半分以下に暴落して輸入品の値は倍以上になり、長期金利も何倍にもなるかもしれない。すると第二のGHQが入ってきて、裏の予算システムである特別会計なんかばらばらにされます。

諸富◆お互いに本音で語り合わせるというエンカウンターの手法に問題があるのではなくて、自明性を疑わせるような問いを子どもたちに投げかけようということですか。

宮台◆エンカウンターの手法にも問題はあるんです。エンカウンターには、目標そのものを吟味するための方法がない。

諸富◆でもやり方次第だと思いますけどね。

宮台◆そうです。エンカウンターはもともと、ベトナム戦争から帰ってきた人のケアをどうすればいいかという喫緊の課題と、〈ここでないどこか〉を希求するカウンターカルチャーとの、六〇年代後半から七〇年代前半にかけての幸福な一致があって、目標を問わなくて済んだんです。当時のアメリカ的自明性の中でそれはスルーできたんですが、レーガノミックス、あるいはサッチャーリズム以降はそうはいかなくなった。自由主義と違って、新自由主義の主体は人というよりもシステムですから、価値ある最終目標がシステムによって洗脳的にインストールされたものである可能性が、否定できなくなったからです。企業研修はすべて疑わなきゃダメです。企業研修なんて全部エンカウンターの成れの果てですからね。

教師のあり方は

教師は自明性を疑うのが苦手

諸富◆自明性を疑うということが共通する一つのテーマになってきたように思うんですが、教師というのはある意味、自明性を疑うのがいちばん苦手な職種、人たちでもありますよね。

宮台◆まあ、そうですね。

諸富◆自明性を疑うような発言をしたら教員採用試験に受

からない。僕の尊敬している宇佐美寛先生は、「この先生のテストでAを取ったら、教員採用試験には受からない」という面白い授業をされていました。ほんとうかどうかはわかりませんが。そんなふうに言われるぐらい、自明性に載っからないと教員採用試験には受かりません。「常識どおりに動かないと受からない」ようなところがありますね。ジレンマですね。

宮台◆いや、それはジレンマじゃないです。僕は『就活原論』(太田出版)に書きましたが、そんなのはプリンテンド、「ふり」でやればいいんですよ。

諸富◆ああ、なるほど。

宮台◆つまり日本のだめなところは、適応を要求するところですが、適応なんかしなくて、「適応したふり」が大事なんですよ。

諸富◆なるほど。

適応ではなく「適応しているふり」をせよ

宮台◆僕も若い時分にはお前は色物になるから数理社会学者のふりをせよと指導教員の吉田民人先生にしつこく言われました。お前、数理社会学者のふりをする才能があるんだから、それを使ったらいいと。

諸富◆だいたい仕事ができる大学教員というのは、結構「ふり」をしていますね。

宮台◆ええ。

諸富◆「ふり」をして教員採用試験に受かることを学べと。

宮台◆そうです。

諸富◆教育実習でもちゃんと「ふり」をしろと。

宮台◆「ふり」です。世の中をうまく生きるなんていうのは、事柄の半分、あるいは半分以下でしかない。ユダヤ・キリスト教文化圏で、世俗でなぜみんなパワフルに戦えるかというと、演技だからです。そんなものは別に魂を懸ける価値があるわけではなく、あくまでも手段的なものです。そう考えているからがんばれる。

諸富◆たかが世俗のことで、と。

鈴木◆私、実は駒場小劇場で芝居をやっていたんですが、優秀な役人と役者は似ているところがありますね。四月一日で辞令をもらって財務省の主計官になった瞬間に、人の予算を切りまくるんですね。ただ、問題なのは、二十二歳でその仮面をかぶってしまうと、七十歳までそれをかぶり続けて、どれが自分の肌でどれが仮面なのかがわからなくなってくるということなんです。最初はわかっていても、だんだん同着してきていることに私は危機感をもったので、役人を辞めたんです。

諸富◆うまくこの世を生きしのいでいくために、「ふり」をするとか、ロールを演じるというのは、やはり一種の能力ですね。

諸富◆しかし学校の教師は、そういう「ふり」をすることに対して、マイナスイメージをもっていると思います。「ふり」を始めるのは思春期からだと思うんですが、「ふり」をしているのが教師に見抜かれると、何となく冷たい視線を感じませんでしたか?

「ふり」の知恵をどこで使うか

宮台◆僕が入学した麻布中学校の校風もあって、「ふり」をすることは、教員からも生徒からも推奨されていました。

さきほどの、鈴木先生が途中でお役人を辞められたという話は、大事なポイントだと思います。「ふり」をするにもコストがかかるし、さまざまなサイドエフェクトが伴うので、いつまで「ふり」をしていればいいかということが問われます。

鈴木◆いつまでもは無理です。

宮台◆ほんとうにね。

鈴木◆人間やめますか、役人辞めますかということを突きつけられるわけです。

宮台◆価値のセットが大事です。価値のセットがちゃんとできていない人が「ふり」をしても、それは「軽い、軽い」と自分に言い聞かせて状況をしのぐものでしかありません。自分が実存的にかかわらなくて済むので、楽になってがんばれるわけです。

その知恵をどこで使うかです。こんなところで「ふり」をしている場合か、と辞める。僕もある時期、学会へのコミットを完全になくした。

諸富◆「ふり」をするのが面倒になったんですね。大学教員になったのも、「ふり」をする時間が短くてすむからですか。

宮台◆そうです。社会学者のごとき「ムラ」には、もともと何の関心もなかったんです。

諸富◆僕も同じです。

究極のジレンマに向き合う

鈴木◆もっと板ばさみにタフにならないとダメですね。タフになるためには、二十二歳から七十歳まで、何の判断もしないというのではなく、もっと究極のジレンマに向き合わないといけませんね。「自分が大事にするものは何か」とかね。

安住している人は、究極の価値選択とか、究極の人生選択というチャンスがないわけです。そういう人たちはこれからの激動の時代、価値が多様化するなかで、どのように生きるか、そのすべを教えることはできないと思うんです。

しかし教員には、親の介護の問題、子どもの問題、少しこちら側の意識を変えれば、ジレンマはあるわけです。子どもの日々、リアリティーのなかでは、毎日がジレンマの連続です。そのときに、「これこそまさに、自分たちのクラスがそうした問題を学び取る格好のチャンスである」というふうな受け止めができるかどうかですね。

自分たちでアソシエーションをつくる

宮台◆子どもたちが学校にかかわるときには、いろいろな視座をうまく組み合わせなければいけないと思うんです。たとえ僕が学校の教員に内心批判的であったとしても、自分の子どもの前では絶対批判しないと決めています。親の気持ちが子どもに伝われば、子どもは何も知らないまま、教員を軽んじるようになります。教員を批判したいから、そのまま批判する、というのはちょっとおかしい。

諸富◆いわゆるモンスターペアレントみたいなものですね。

宮台◆ええ。逆に学校の教員を頼りすぎるのも危ない。いま、僕の周りでは、私塾を開く大学教員がけっこういます。大学では講義に十分遅れただけで「授業料を返せ」などと言う愚かな学生が多く、まともな授業ができませんから、私塾をやっている。

これから日本国を、東京全域をどうするかではなくて、志ある者がコミュニティースクールに相当するようなもの、簡単に言えば「場」をつくってしまえばいい。「国は何をやっているんだ」「東京都は何をやっているんだ」と言ってもどうにもならない。人々の〈感情の劣化〉が進んだので、マクロな制度改変によって可能なことが限られてきたからです。

諸富◆「場」をつくるのは教師ですか。

宮台◆当事者は誰でもいいです。大事なことは、「国はどうしてくれるんだ」ではなく、自分たちがアソシエーションをつくって、価値を共有し、何がいいのかについて徹底した試行錯誤をしていくこと。僕が親しい人たちが内閣に入って、さぞ素晴らしいことになるかと思ったら全然ならなかった。そんな単純なことではないんだと、ほんとうによくわかったので、僕は考え方を変えました。昔は「人よりも制度に働きかけろ」と言っていましたが、いまは「制度よりも人に働きかけよ」と言います。

諸富◆例えばこれを読んでいる教師が「このままではまずいんじゃないか」と思ったら、自分たちだけでアソシエーションというか、つながりをつくっていくことも考えられますね。

宮台◆必須でしょうね。

諸富◆まず志を同じくする仲間をつくれと。

日本が破綻することを前提に、知識・つながり・金を準備する

諸富◆さきほど、これから十年の間に日本は破綻するかもしれないとおっしゃいましたね。いまの小学生が四十歳、五十歳になるころには、例えば千葉県でいえば、千葉市より南には、鉄道がないかもしれませんね。

宮台◆以降は韓国を見てください。一九九七年、アジア通貨危機もそうなりました。

鈴木◆例えばソ連は一九九一年に破綻しました。ベルリンの壁崩壊が一九八九年です。そして二〇〇一年にプーチンが出てきて、「一回破綻したけれどもまたBRICsの一員になった」と。ここまでの歴史をきちっと学べば、いまのシステムがそのままいかないということはわかります。韓国の例を見てもそう思います。

何のために歴史を学ぶのか。韓国はアジア通貨危機で一度崩壊し、IMFが入ってきて、財閥がきれいに整理されました。そしていま、まともな教育がいろいろ行われています。

宮台◆破綻処理が大事です。破綻すれば、動かすまでもなくついえてしまう。問題は、そこから後、何をつくるのかについて、あらかじめどれだけ準備しておけるかです。いまのシステムが続くという前提で、沈みかけた船のどこの座席に座るかと言っている場合ではないんです。

破綻した後に新しいものをつくるときにはリソースが必要です。リソースは人、物、金ですね。最大のものは、人、つまり関係性です。それらをどれだけ用意しておけるのか。金も準備しておくべきだし、知識社会的なデータベースも。

諸富◆知識と、つながりと、金ですね。

宮台◆そう。それで機会が来たら着火すればいい。

判断力とコミュニケーションを鍛える

鈴木◆私は判断力とコミュニケーションだと思うんです。創造的復興教育協会という一般社団法人を、東日本大震災後に立ち上げました。ヒントになったのは釜石の防災教育です。防災教育は、次にくる復興教育のきわめて本質的なところをすでに実現しています。

防災教育のポイントは三つあります。

1◆マニュアルに頼るな。

いままではマニュアルを覚えろ、マニュアルを順守しろでした。

2◆最善をつくせ。

ベストエフォートですね。いままではミスをするなという教育をしてきました。これからはミスをしてもいいから最善をつくせということですね。

3◆率先的避難者になれ。

いままでは、言ったとおりにやれ、指示を待てという教育でした。

これまでは、「指示がくるまで何もせずにじっと黙って口を開けて待っているように」という教育をしてきたんです。これからは、「先生の指示がくる前に自分たちで判断して、自分たちで考えて、いいと思ったことをやるように」となるわけです。

これから経済的クライシスやさまざまなパンデミック、健康、公衆衛生上のクライシスが毎年のようにくるでしょう。そのときにこのコンセプトは通用します。

宮台◆ほんとうにそうですね。

鈴木◆釜石小学校の小学生はもう下校していたんです。魚釣りに行っていた子どもも含めて、全員が助かっているんです。小学生でも十分な判断力とコミュニケーション能力が発揮できることが実証されました。

諸富◆これは震災だけではなくて、例えば経済破綻とかいろいろなことに対して応用できる考えだと。

鈴木◆はい、「これこそがまさに防災教育だ」とマニュアルのように普及させるのではありません。釜石の防災教育の意味するところをメタレベルまで理解して、それを自分たちの文脈に咀嚼して再編集、再構成できる教師力が必要なんです。

諸富◆そのためには、教師自身がまず「マニュアル好きな自分」を壊さなければいけませんね。

空気を壊して、まず自分が生き残る

宮台◆冷たいことを言いますと、人を変えるのは非常にむずかしい。変われる人はごく少数。マニュアルもネガティブチェックも指示待ちも、自明性を背景にしているんですよ。

自明性が役に立たないときには、どれもまったく機能しない。鈴木先生がおっしゃったように、これから自明性はどんどん消えます。**1**◆マニュアルに頼るな、**2**◆最善をつくせ、**3**◆率先的避難者になれ、の三つの原則がますます重要になりますが、心の習慣とは恐ろしいもので、それで当たり前だと人生四十年生きてきた教員が、いまから変われるか。変われません。

ただ、**3**の率先的避難者はロールモデルになります。釜石の小学生たちがばーっと逃げれば、中学生たちがそれを見て「逃げなきゃ」となって逃げる。そうすると老人や保育園の大人たちも、子どもを連れて逃げなきゃとなって逃げる。

率先的避難者のいいところは、簡単に言うと空気の支配をブレークスルーする。「そうだ、逃げていいんだ。あいつも逃げている」。これです。

諸富◆空気を壊すということですね。

宮台◆そう。空気が壊れたときに、一部の人間は「そうか、逃げていいんだ、逃げようじゃないか」となる。全体を何とかはできない。まずあなたが逃げる。

鈴木◆この次に来る国難に対して、みんなばらばらでいいからまず自分たちが生き残れ。生き残れるやつらが生き残れ。

諸富◆まず教師自身が「俺は生き残るぞ」と。そしてそういう危機感を日ごろから子どもたちに伝えていくことが重要ですね。

鈴木◆「僕と君たちはとにかく生き残ろうね」と。

教師は率先的学習者になって、勉強する姿を子どもに見せる

鈴木◆世の中がいま変わってきていて、いままでの自明性が破綻しています。ですから教師は「率先的学習者」になることですね。「俺も勉強する」「俺も学ぶよ」。その背中を子どもたちは見ることになります。いままであまり勉強しなかった先生が、死ぬほど勉強している姿です。

宮台◆勉強していると、言うことが結構変わったりします。「僕は以前こういうことを言っていたけれど、やっぱり違った」となる。いつも同じことを言っているのは、自明性の中に埋没して頭を使っていないということでしょう。

鈴木◆これからの時代、自明性が崩壊した暗闇の中の真理とは何なのか、死ぬほど学んで考え続ける。それが子どもたちに伝搬します。

諸富◆「僕はこの前こんなことを言っていたけれど、それからいろいろな本を読んだら、考えをこう変えたよ」ということを子どもたちに示すんですね。

鈴木◆そう。

諸富◆教師自身が日々、危機感を募らせ、自分で対策を練っている姿を子どもに見せることが大事だというわけですね。

鈴木◆そういうことです。今日は「これが正しい」と思って全力で勉強して子どもたちに言ったけれど、果たしてそれがほんとうに正しいのか謙虚に振り返り、自分の理論や認識や手法、方法のどこが至らなかったのか、日々点検していくことです。1％でも改善するために、世の中にはいくらでも学ぶべきものがあります。まず教師たちが率先的学習者になると。

親、教師が「自分は間違っているかもしれない」「わからないことがある」と言えるか

宮台◆自分の子どもたちにいつも言うのは、「パパが言うことはだいたい間違っているから、自分でよく考えろ」です。ゼミでも「だいたい俺の言うことは間違っているという前提で聞いてくれ」と言います。「人を幸せにできるのは細かくないヤツだけだ」ということも言います。

諸富◆なるほど、素晴らしい。

宮台◆大事なんです。物が言いやすいんですよ。どうせ間違っているから言わせてもらうということで。

諸富◆それはぜひ今度まねさせてもらいます。

鈴木◆「先生もわからない。だからみんなで勉強しよう、考えよう」ということでしょう。

諸富◆「俺の言っていることは、間違っているかもしれない」という言葉を口にすることを、教師は恐れますよね。

宮台◆「過ちては改むるにはばかることなかれ」ですよ、孔子の。どうでもいいことを恐れるのが「細かいヤツ」です。

鈴木◆この間、東京大学の物理の教授と対談したんですが、そこでこういう話が出ました。「優れた物理学者の何が偉いかというと、アインシュタインは『俺はここまでわかった。でもここからわからない』という峻別がものすごくはっきりしていた」と言うんですね。

諸富◆どこからがわからないか、わかっていることが大事ですね。

鈴木◆「どこからがわからないか」がわかっていることがやはり大事です。それを突き詰めてやった人でないとわからないということですよね。

最後に

「人間〔自分〕は間違える」ことを前提に、本気で語る

諸富◆最後に一言お願いします。

宮台◆しょせん人間が知りうることは限られています。「俺の言うことが正しい」などと言っている人の気が知れない。「俺は正しいと思っているけれど、ほとんどが間違いなんだ」と言えるかどうか。言えれば人は自由になる。

諸富◆本気で物を言うことが大事ですね。俺の言っていることは間違いかもしれないけど、俺は本気で言うと。

宮台◆ベストエフォートなるものは、ミスを恐れていたらできない。俺の言うことは間違っているかもしれない。経験的には八割ぐらい間違っていた。それを承知で聞いてくれるの前提だったら、俺は何でも言わせてもらうよと。

諸富◆ただし、本気で言うんですね。

宮台◆本気で言います。

諸富◆一時期、教師の間で「自分の失敗談を語る」というブームがあったんですよ。そうしたら、子どもが教師を軽んじるようになったんです。

宮台◆「自分の失敗談を語る」には、互いの寛容さも含まれますが、失敗を回避したがる意識への媚びも含まれます。そうではなく、何事も本気で確信をもってしゃべるんです。ただ、ミスを恐れない。ミスを先取りすればいいだけ。だいたい人が考えることは間違えている、お前たちも同じだ、と。

最善をつくして、結果にはこだわらない

諸富◆鈴木先生、最後に一言。

鈴木◆最善をつくしていればいいんですよ。俺は最善をつくした、結果は知らない、それはみんなが評価してくれればいいと。それから現実に起こっていることは、「起こっている」ということだけは事実なんですよ。地域のコミュニティーで、いろいろな人が生きているわけで、そのリアリティーはとても重要です。「あのおじさんは、なぜ、あいうことをしながらちゃんと人生を生ききっているの

か」とか。

見えないふりをしない、空気に縛られない

宮台◆「罰が当たる」という言葉があります。部族段階の最も古い宗教の表象は、「見る神」です。「見る神」がなぜいるかというと、人が見ていないと思っても、神は見ているからです。

人が忘れても神は覚えている。罰が当たるというのもそういうことですが、我々はその重要性を忘れてしまっている。我々は見たくないものを見ていない。原発はこのままではどうなるか、誰も見ていない。特別会計はどうなるか、誰も見ていない。見たら見えるんですけど、見えないふりをする。

諸富◆見えないふり。

宮台◆太平洋戦争のときのインパール作戦が象徴的だけれど、作戦どころの話じゃなく、武器、弾薬どころか水も食料も補給がない。そんな状態では、誰が考えても負けるに決まっている。でも誰も見ようとしなかった。それで、東京裁判でそれを問われて「内心忸怩たる思いはあったが、いまさらやめられないと思った、空気には抗えなかった」とほざいたわけです。

それがいちばんよくない。問題なのは、見なければいけないものを見ないことです。

諸富◆空気に縛られて。

宮台◆そこが問題です。

諸富◆私はトランスパーソナル心理学を専門にしているんですが、スピリチュアリティーの根源は、見る、見られるという関係性にありますね。

宮台◆見られているんですよ。見られているという体験を意識する。見ていないお前も見られている。必ず裁かれると。

しようと思えばできる選択にしておく

諸富◆畏怖の念。恐れの念。そういったものをもちながら生きること、それが人格形成の根幹にあると思います。

宮台◆そうです。ノアの洪水のエピソードの原型は、周期的に襲う大洪水です。それでいえば地震と津波は必ず周期的に襲ってくるんですね。二千六百万年ごとに種の大半が死滅する大絶滅も必ず起こる。必ず周期的に起こることを、見て見ないふりをする人と、見る人がいます。誰も見ようとしないものを、あえて見ようとしたのが、ノアです。

諸富◆僕、自分自身にも問うときがあるんですよ。東京に大震災が来る可能性は高いじゃないですか。

宮台◆必ず来ます。

諸富◆なぜ宮台さんは東京から逃げないんですか。

宮台◆大事なものがあるんです。例えば人間関係、あるいは僕が扱っているリソース。もちろん状況次第では逃げられるようにしています。東日本大震災のときも近所の子ど

もたちを連れて山荘に行きました。可能性はいつも考えているし、何をどうすればいいかは自明です。水を確保すれば、自分が独占しないで近所に分ければいい。山荘があれば、近所の子どもたちを連れていけばいい。

箱舟のエピソードが示したいのは、そういうことではないか。周りの人たちが忘れたふり、見ないふりでも、見る人たちで備えようと何かをつくる。見る人たちだけで「逃げる」というのは違うと思います。

鈴木◆だけどどこへ逃げますか。逃げた先にもまた別のリスクがあるし、そのまた先にもリスクはついて回ります。結局、回り回ってどこへ行ってもリスクはある。だったら、いま、いたいところにいるしかないでしょう。逃げるのではなく、自発的にいまのところでリスクと向き合う。

諸富◆いまの話、正直に言って、僕自身も答えが出ないんです。何で逃げないのか。でも逃げたくないんですよ。

鈴木◆そうでしょう。

諸富◆ええ。でも答えはないです。愚かだなと思うこともあります。

宮台◆愚かではないと思います。例えば、当初から除染にはあまり意味がないことがわかっている。他方、低線量内部被曝のもたらす危険性についても、実は定説はない。「除染の有効性が証明されていないのに、福島から逃げないお前は愚かだ」と言うのは間違っています。逃げたい人(とくに子ども)を逃がすことができる選択肢はつくる。

いろいろなことがよくわからない。でも逃げたほうがいいと思う場合は、逃げられるようにしておく。しかし逃げないという選択肢もある。このように言うべきです。

子どもには選べないからです。親の選択を聞くしかないからです。子どもの権利条約の精神にのっとるのであれば、子どもがやはり尊重されるべきです。とりわけ乳幼児の放射能感受性は少なくとも三十倍といわれます。

「諸富先生が千葉県にとどまるのは愚かだ」などと言う権利は誰にもない。ただ、諸富先生が逃げたいときに逃げられるようなリソースを、行政あるいは公的な領域ができるだけ準備しておくことは重要です。

鈴木◆ケーパブルにしておくと。

諸富◆しようと思えばできる。選択できるという感覚をもてるようにしておくことが大切なんですね。本日はどうもありがとうございました。

お知らせ

人間形成にかかわる教師は、自らの自己成長、人間的成長をはかっていく必要があります。
自己成長、人間的成長を目的とした心理学の体験的学習会（ワークショップ）を年に数回行っています。
ご関心がおありの方は、
私のホームページ［http://morotomi.net/］の研修会コーナーをご覧のうえ、
メール［awareness@morotomi.net］もしくはFAX［03-6893-6701］にお問い合わせ／お申し込みください。
郵送の方は、左記まで92円切手同封のうえ、お知らせください。

〒101-0062　東京都千代田区神田駿河台1-1
明治大学14号館
諸富研究室内「気づきと学びの心理学研究会」宛

執筆者一覧［2015年1月末日現在］

＊は収録当時の肩書き・所属

諸富祥彦
明治大学文学部教授

梶田叡一
人間教育研究協議会代表｜奈良学園大学学長＊兵庫教育大学学長｜中央教育審議会副会長

國分康孝
東京成徳大学名誉教授｜NPO日本教育カウンセラー協会会長＊東京成徳大学副学長

日置光久
東京大学大学院教育学研究科特任教授＊文部科学省初等中等教育局視学官

奈須正裕
上智大学総合人間科学部教育学科教授＊上智大学教授

杉田 洋
文部科学省初等中等教育局視学官＊文部科学省初等中等教育局教科調査官（特別活動）

押谷由夫
昭和女子大学大学院教授｜日本道徳教育学会会長＊昭和女子大学教授｜元文部科学省教科調査官（道徳）

永田繁雄
東京学芸大学大学院教育学研究科教授＊東京学芸大学教授｜元文部科学省教科調査官（道徳）

森田洋司
大阪市立大学名誉教授｜鳴門教育大学特任教授｜日本生徒指導学会会長

磯谷桂介
文部科学省大臣官房審議官＊文部科学省初等中等教育局児童生徒課長

嶋﨑政男
神田外語大学国際コミュニケーション学科教授｜日本学校教育相談学会会長＊立川市立立川第一中学校校長｜日本学校教育相談学会会長

藤田晃之
筑波大学人間系教授＊国立教育政策研究所生徒指導研究センター総括研究官

宮台真司
首都大学東京都市教養学部都市教養学科人文・社会系教授＊首都大学東京教授

鈴木 寛
東京大学公共政策大学院教授｜慶應義塾大学政策・メディア研究科教授＊参議院議員｜元文部科学副大臣

諸富祥彦
［もろとみ・よしひこ］
明治大学文学部教授。1963年福岡県生まれ。筑波大学、同大学院博士課程修了。教育学博士。
千葉大学教育学部講師・助教授（11年）を経て現職。
「現場教師の作戦参謀」として、抽象的ではない実際に役立つアドバイスを先生方に与えている。悩める教師を支える会代表。
著作・研修の案内はホームページ［http://morotomi.net/］、講演依頼はメール［zombieee11@gmail.com］にて。

これからの学校教育を語ろうじゃないか

学校における**人格形成**と育てたい**資質・能力**

2015年9月10日 初版第1刷発行［検印省略］

編著者◆**諸富祥彦**©
発行者◆**福富泉**
発行所◆**株式会社図書文化社**
〒112-0012 東京都文京区大塚1-4-15
Tel＊03-3943-2511 Fax＊03-3943-2519 振替00160-7-67697
http://www.toshobunka.co.jp/
印刷所◆**株式会社厚徳社**
製本所◆**株式会社厚徳社**
装幀◆日下充典

ISBN978-4-8100-5655-6 C3037
乱丁・落丁本の場合はお取り替えいたします。定価はカバーに表示してあります。